相信在强国建设、民族复兴新征程中，东北一定能够重振雄风、再创佳绩。

——摘自习近平同志在 2023 年 9 月 7 日召开的新时代推动东北全面振兴座谈会上的讲话

大东北

DaDongbei

中央广播电视总台《大东北》节目组 / 编著

辽宁人民出版社

图书在版编目（CIP）数据

大东北 / 中央广播电视总台《大东北》节目组编著 .
沈阳 : 辽宁人民出版社 , 2025.4. -- ISBN 978-7-205
-11533-3

Ⅰ . K293

中国国家版本馆 CIP 数据核字第 2025YD7313 号

出版发行：辽宁人民出版社

地址：沈阳市和平区十一纬路 25 号　邮编：110003

电话：024-23284325（邮　购）　024-23284300（发行部）

http://www.lnpph.com.cn

印　　刷：辽宁新华印务有限公司

幅面尺寸：210mm×265mm

印　　张：25.5

插　　页：8

字　　数：404 千字

出版时间：2025 年 4 月第 1 版

印刷时间：2025 年 4 月第 1 次印刷

责任编辑：娄　瓴　刘　明　贾妙笙　刘芮先　蔡　伟

装帧设计：丁末末

责任校对：吴艳杰 等

书　　号：ISBN 978-7-205-11533-3

定　　价：168.00 元

致敬东北

在中华人民共和国波澜壮阔的宏大叙事里，大东北曾是当之无愧的主角，她以一腔赤诚与热血，在时代的画卷中绘就光芒灿烂的图案，她那博大而雄浑的辉煌与奉献，像一首激荡的进行曲，流淌在我们悠远的血脉和记忆里。每当吟唱起这熟悉的旋律，我们的内心都不由自主地涌起一种无言的情感：向东北致敬！

时光荏苒，岁月如歌。

曾几何时，在那战火纷飞的年代，东北是一片热血滚烫的土地。东北抗日联军在白山黑水间与日寇展开了艰苦卓绝的斗争。杨靖宇、赵尚志、赵一曼等英雄先烈，在冰天雪地中，缺衣少食，却凭借着坚定的信念和顽强的斗志，与敌人浴血奋战。他们用生命捍卫着祖国的尊严，守护着东北人民的家园，他们的英勇事迹和崇高精神，激励着无数中华儿女为民族独立和解放而奋斗，让这个饱受欺辱的国家和民族看到了新的希望。

大东北的人民，以巨大的牺牲，为抗日战争的胜利做出了不可磨灭的贡献，点燃了全国人民走向胜利的火光！

正是依靠这样的坚强意志，中华儿女傲然挺起了脊梁。

回溯中华人民共和国建立伊始，祖国大地，万事萧瑟，百废待兴，一片苍茫。

　　就在此时，大东北挺身而出，生活在这片土地上的人们，怀着对国家的无限热忱，日夜坚守在岗位上，书写着属于自己的热血传奇。

　　在白山黑水之间，在简陋的厂房里，他们用汗水、勤劳与智慧，炼出了新中国第一炉钢水。炉火熊熊燃烧，映红了天际，也照亮了新中国工业起步的艰难道路。这不仅是钢铁的诞生，更是民族工业崛起的希望之光。一辆辆"解放"牌汽车从长春第一汽车制造厂驶出，它们满载着新中国的梦想，奔赴全国各地，填补了中国汽车工业的空白，为国家交通运输事业的发展注入了强劲动力。还有那一架架在沈阳飞机制造厂诞生的飞机，划破长空，成为捍卫祖国领空的有力武器，守护着边疆。

　　大东北，以其雄厚的工业基础和无畏的奉献精神，撑起了中国工业的天空，成为当之无愧的"共和国长子"，让新中国挺起骄傲的胸膛！

　　与此同时，她还以她博大的胸襟为我国的建设输送着给养。在漫长的地质构造变迁中，无数次的地壳运动在大东北这片土地上汇集出一座座富裕的矿藏。当这些深埋地下的宝藏重现中华热土，大东北的铁矿、油矿和煤矿，奠定了我国建设事业崛起的基石。每一块矿石、每一滴石油、每一铲黑煤，都像是一颗饱含能量的种子和燃烧的火焰，投入国家建设的每一个角落——从高耸入云的摩天大楼，到纵横交错的铁路桥梁，大东北丰厚的矿产支撑和引领着我国一步步走向繁荣富强。

　　大东北

大东北的土地，还开垦出了肥沃的"北大仓"。

　　曾经，这里是一片荒芜的沼泽地，野草连天，人迹罕至。但无数热血青年响应国家号召，奔赴北大荒。他们住窝棚、啃窝头，在艰苦的环境中，用锄头和镰刀，向荒原宣战。他们战天斗地，将昔日的北大荒变成了今天的"北大仓"，为国家的粮食安全提供着坚实保障。每一粒粮食，都凝聚着他们的辛勤和荣光；每一寸土地，都铭记着他们的奋斗与光芒。

　　大东北的树木也以其独特的贡献书写着壮丽的篇章。

　　大东北的林海，宛如一座取之不尽的宝库，为国家输送了大量优质木材。忆往昔，林业工人在冰天雪地中，迎着凛冽的寒风，穿梭于茂密的山林间。他们手持简陋的工具，却怀着满腔的热忱，每一次挥动斧头，都像是在为共和国的建设敲响战鼓。一根根粗壮的原木，顺着滑道，沿着河流，运往全国各地。这些木材，成为城市高楼大厦的坚实骨架，搭建起工厂车间的框架，铺就了铁路枕木的根基，支撑我国在一穷二白的基础上，奋力走上飞速发展的现代化建设之路。

　　在艰苦卓绝的奋斗中，东北人民铸造起了一座座精神的丰碑。

　　东北抗联精神、抗美援朝精神、北大荒精神、大庆精神、鞍钢精神、雷锋精神以及劳模精神，一座座精神丰碑如春笋般一代代绵延不绝地在这片热土上拔地而起。每一种精神的诞生都孕育出一种震撼人心的能量，那是一首首激昂的赞歌，在岁月的长河中久久回荡，激励着一代又一代的东北人奋勇向前，也为中华民族的精神谱系注入源源不断的新力量。

如今，尽管东北在经济转型的浪潮中面临着困境，但她曾经的奉献和光芒，永远不会被历史遗忘。

——我们不能忘记，东北人民在战争年代的英勇无畏和在和平年代的默默奉献；

——我们不能忘记，在国家最需要的时候，东北人民毫不犹豫地挺身第一线；

——我们不能忘记，东北的工业产品，曾支撑起国家建设的半壁江山……

向大东北致敬，是我们对那段波澜壮阔历史的深情回望，是对东北人民奉献精神的感恩与颂扬。

雄关漫道真如铁，而今迈步从头越！

新时代新征程，高质量发展的号角已然吹响，我们坚信，大东北，将会以更加豪迈的激情续写出新的辉煌！

大东北

目录
MULU

白山黑水、大国粮仓、老工业基地、林海雪原……
每个人的心里，都有一个不一样的东北。
如果一定要用一个词来概括她的风采，
也许就是——大。

锥子山长城的日出

何以东北

[第一章]

DADONGBEI

中华大地
傲然挺立的坚实脊梁

在祖国雄鸡版图的头部，大东北宛如一位豪迈而坚毅的巨人，顶天立地，以其独特的地理风貌，镌刻着岁月的沧桑与壮丽，成为中华大地不可或缺的坚实脊梁，承载着无尽的希望与梦想。

巍峨的大小兴安岭，那是大东北雄壮的臂膀，傲然耸立，抵御着北方的凛冽寒风。山峦连绵起伏，重峦叠嶂，每一座山峰都蕴藏着无尽的力量。

东北行政区划沿革

东北地区是全国范围内最早解放的大区域，被称为"共和国长子"。1949年东北全境解放后，东北人民政府公布新省级行政区划：东北地区辖沈阳、鞍山、抚顺、本溪4个直辖市，辽东、辽西、吉林、黑龙江、松江、热河6个省及旅大行署。1947年，内蒙古自治政府成立，第一次确定了内蒙古自治区的行政区划，管辖范围包括今天的蒙东地区及锡林郭勒盟、乌兰察布市的部分区域。

如今的东北地区包括东北三省（辽宁省、吉林省、黑龙江省）和内蒙古自治区东部五盟市（呼伦贝尔市、兴安盟、通辽市、赤峰市和锡林郭勒盟），是我国重要的工业和农业基地，在维护国家国防安全、粮食安全、生态安全、能源安全、产业安全方面的战略地位十分重要。

茂密的古老森林，松涛阵阵，那是她沉稳的呼吸。红松、白桦、落叶松等树木，像是忠诚的卫士，扎根于这片土地，守护着大东北的每一寸山河。

而长白山，则是这位巨人头顶的皇冠，圣洁而雄伟。它以磅礴的气势，屹立在大东北的东方。山顶的天池，宛如巨人深邃的眼眸，清澈而神秘，倒映着蓝天白云和周围的皑皑白雪。

天池的水，是大东北的生命之泉，滋养着这片广袤的土地。当火山喷发时，那炽热的岩浆，仿佛是巨人内心燃烧的热血，彰显着它的雄浑与力量。

广袤无垠的东北平原，是大

大东北

东北的胸膛，是巨人宽阔而温暖的怀抱。松嫩平原、辽河平原，沃野千里，那肥沃的黑土地，是巨人赐予我们的珍贵礼物。每一寸黑土，都饱含着丰富的养分，孕育着无数的生命。春天，播种的希望在这里发芽；夏天，茁壮成长的庄稼像是绿色的海洋；秋天，金黄的稻田、饱满的大豆、挺拔的玉米，诉说着丰收的喜悦。这片土地，不仅养育了世世代代的东北人民，还为国家的粮食安全提供了坚实的保障。

奔腾不息的黑龙江、松花江、乌苏里江，宛如巨人的血脉，在这片土地上纵横交错。黑龙江，这条北方的大河，江水滔滔，以其雄浑的气势，奔腾向东，它是大东北的生命线，见证了无数的历史变迁。松花江，水质清澈，蜿蜒流淌，它像是一条灵动的丝带，串联起大东北的城市与乡村。而乌苏里江，在阳光的照耀下，波光粼粼，它是大东北与世界交流的纽带，是流动的友谊之河。

黑龙江省大兴安岭地区的"龙江第一湾"

大东北的海岸线，是巨人伸向大海的手臂，它拥抱着渤海与黄海。大连、营口等港口城市，像是巨人手中闪耀的明珠，散发着独特的魅力。这些港口，是大东北连接世界的窗口，繁忙的码头，往来的船只，承载着大东北的经济希望，将这里的物产运往世界各地。

　　大东北，这位祖国版图上的巨人，以其独特的地理位置和壮丽的山河，谱写着一曲曲激昂的赞歌。

　　它的每一座山、每一条河、每一寸土地，都承载着东北人民的深情厚谊，见证着中华民族的苦难辉煌。新时代新征程上，大东北将继续以她的豪迈与坚毅，迈向更加美好的未来，为祖国的繁荣富强贡献自己的力量。

大东北，
何以为大？

天下粮仓

东北地区气候适宜、土地肥沃，是我国重要的商品粮生产基地，粮食总产量在全国占有举足轻重的地位，享有"天下粮仓"的美誉。国家统计局最新数据显示：2024 年东北三省的粮食总产量为 2953.6 亿斤。其中，黑龙江省粮食产量首次突破 1600 亿斤，连续七年稳定在 1500 亿斤以上，连续十五年位居全国第一，连续二十一年实现丰产丰收。吉林省粮食产量为 853.2 亿斤，单产连续三年居粮食主产省第一位；辽宁省粮食产量为 500.06 亿斤，粮食主产省地位进一步巩固。

山海关

位于今河北省秦皇岛市东北，是我国东北与华北的地理分野。明洪武十四年（1381）置关，因其倚山面海，故得名山海关。山海关城东依长城，其东为镇东门，西为迎恩门，南为望洋门，北为威远门。各门均筑有城楼，其中东门城楼上悬挂有明代书法家萧显所书巨幅匾额"天下第一关"。

大东北，这片广袤而神奇的土地，宛如一部厚重的史书，在白山与黑水之间，辽阔的平原、黑色的石油、广袤的林海、浩荡纵横的河流与雄浑大气的人文历史相互交织，共同书写着大东北的豪迈华章。

大东北，何以为大？

站在山海关的观景台，向东北俯瞰，关山之外，那一片波澜壮阔的大地，足以撑满你浩渺的想象。

传统地理意义上的东北包括黑、吉、辽三省及内蒙古自治区东部，地理面积广大。140 多万平方公里的广大地域，数千年积淀的浑厚文化，1 亿人口的庞大规模，"共和国长子"的大贡献，新时代里的大担当，还有东北人与生俱来的大气、大度、大胸怀，犹如一幅壮丽的画卷，在中国地理版图的东北部，昂首阔步，傲立东方。

大东北之大，在于她平原面积的辽阔。那一望无际的东北平原，像一首平铺直叙的叙事诗，毫不掩饰地铺展开来。如果站在大兴安岭的云端向南瞭望，目力所及，那铺展的平原足以覆盖整个地平线。在河流的冲积滋养下，东北平原面积达 35 万平方公里，空间广袤，沃野千里，是我国面积最大的平原。浑厚的黑土滋养着万千作物茁壮成长，收获着幸福喜悦。因此，大东北又被称为我国的大粮仓。

大东北之大，还在于她博大而丰富的自然资源，沿着大小兴安岭绵延的曲线，古老的原始森林在北方大地上蓬勃地生长，守护着祖国的生态安全。长白山宛如一条巨龙横卧在东部，天池宛如一颗璀璨的明珠镶嵌在山巅，湖水清澈湛蓝，神秘而迷人。

围绕着高耸的山峦，浩荡流动的河流像一条条动脉在东北的大

盛夏的呼伦贝尔大草原，碧空如洗，白云如练。
牛马相互做伴，点缀在茵茵草地上，
勾勒出一幅美丽和谐的生态画卷。

波光粼粼的浑河是沈阳都市发展的纬线。
夕阳余晖下的"一河两岸"，记录了历史的印记，
诉说着过往，也承载着今日与未来。

大庆油田抽油机在晚霞中绚丽多彩

地上欢快地奔腾，黑龙江、乌苏里江、松花江、嫩江、鸭绿江、大辽河等，一条条河流纵横交错，相互守望，它们和山脉、森林一起为这片土地输送源源不断的给养。为农业、工业、牧业和人民的日常生活提供清澈的水源，滋养了万千的生命，也孕育了灿烂的文明。

越过地表，走入地下，大东北的矿产资源更为壮观。石油、煤炭、铁矿石的储量一度支撑起了中国的整个江山。正因此，才诞生了像大庆油田、鞍山钢铁公司、阜新煤矿这样的骨干企业。

与其说这是一种奉献，不如说这是一份荣光和担当。

就是在这份荣光和担当里，大东北成为我国重要的工业基地，凭借丰富的资源优势，在钢铁、机械、石油化工等重工业领域成绩斐然，为国家

大东北

工业化建设立下汗马功劳！

大东北之大，还在于她悠远博大的历史和文化。

在漫长的历史长河中，大东北的人文历史不断沉淀、发展。远古时期，这里就有人类活动的足迹。从旧石器时代的金牛山人，到新石器时代的兴隆洼文化、红山文化，都展现了早期人类在这片土地上生存与繁衍的印记。红山文化的玉器、祭坛等遗迹，体现了当时高度发达的文明，先民们对龙的崇拜更是对后世中华民族文化产生了深远影响。

随着历史的演进，一个个北方民族在东北大地相继崛起，东胡、鲜卑、柔然、契丹、女真、蒙古、满洲等众多北方少数民族在这片土地上繁衍生息、相互交融。作为古老的游牧民族，他们逐水草而居，善于骑射，在创造了丰富多彩的北方民族文化的同时，还大大推动了民族的大融合，对中国历史产生了深远影响。

这诸多的北方民族文化与中原文化相互交融，共同铸就了丰富多彩的大东北文化，并最终浩浩荡荡地汇入了中华文明的浩瀚星河。

大东北文化，是一部生动的史书，记录着发生在这片土地上的变迁与发展；是一首激昂的赞歌，歌颂着东北人民的勤劳与智慧；是一幅绚丽的画卷，展现着独特的地域风情与多元的文化魅力。她在岁月的沉淀中越发醇厚，在时代的发展中不断传承创新，散发着迷人的光彩，吸引着人们去探寻、去品味。

大东北之大，还在于她精神的博大。

在连绵的白山黑水之间，在广袤的林海雪原，一个个东北儿女奏响炽热而磅礴的生命乐章，大东北以广袤的黑土地、壮丽的山川和凛冽的风雪，孕育出一种震撼人心的精神力量，那是一首激昂的赞歌，在岁月的长河中久久回荡，从而绘就出粗犷、豪迈、勇于担当的东北精神。

工业学大庆

大庆油田位于黑龙江省大庆市，是一个由萨尔图、杏树岗、喇嘛甸等52个不同规模的油气田组成的特大型砂岩油田，于1959年9月26日被勘探发现，1960年投入开发建设，被誉为"世界石油开发史上的奇迹"。大庆油田的发现和开发不仅为中国带来了巨大的经济利益，还展示了中国石油工业的强大实力。1964年初，毛泽东向全国发出"工业学大庆"的号召，树立起中国工业战线的大庆红旗。建党百年之际，大庆精神（铁人精神）被第一批纳入中国共产党人精神谱系，大庆油田的卓越贡献已经镌刻在伟大祖国的历史丰碑上，强国之志，代代相传。

辽河流域是辽宁省、东北地区乃至全国的重要经济区

在这片黑土地上，
文明的光辉从未熄灭

红色的山峰

在内蒙古自治区赤峰市的郊区有一座称不上巍峨的山，蒙古语名叫"乌兰哈达"，意思是"红色的山峰"。20世纪20年代开始，这里不断挖掘出陶片和玉雕龙，这座红色的山峰，成为中国考古史上最重要的发现之一。1954年，考古学家梁思永、尹达认定这里是新石器文化和仰韶文化的结合，定名为"红山文化"。1981年开始，考古学家苏秉琦、郭大顺发现和主持发掘了位于辽宁省朝阳市的牛河梁大型遗址群。40多年接续努力，使得中华文明上下五千年历史有了考古实证之依据。红山文化这颗照亮了中华文明史开端的耀眼星辰，又重现光芒。

在大东北的西部，有一条奔腾不息的河流——辽河。它宛如一条蜿蜒的水龙，穿越辽阔的平原，孕育出了灿烂辉煌的辽河文明，成为这片土地上世世代代人们的生命之源和精神寄托。

距今约8000年前，在辽河的支流西拉木伦河与老哈河流域，诞生了兴隆洼文化。那时的人们，以简单的石器为工具，在这片土地上辛勤劳作。他们狩猎、采集、种植黍和粟等农作物，开启了人类早期的农耕生活。

考古学家们在兴隆洼遗址发现了排列规整的房址，这些半地穴式的房屋，见证了远古人类从迁徙不定到定居的生活转变。屋内的石磨盘、石磨棒，描绘着他们加工谷物的场景；而那些精美的玉器，如玉玦、玉匕形器等，不仅展示了当时高超的工艺水平，更体现了他们对美的追求和精神层面的信仰。

时光流转，历经数千年的发展，兴隆洼文化之后，红山文化在辽河两岸兴起。这是一个充满神秘色彩的文化时期，以其独特的玉器文化和祭祀遗迹而闻名于世。

红山文化所散发的独特光芒，穿透了数千年的岁月迷雾，犹如寒冬里的一支火把，照亮了中华民族走向文明的征途，缓缓掀开了中华文明早期发展的神秘面纱。

红山文化主要分布在西辽河流域，涵盖了现今内蒙古东南部、辽宁西部、河北北部等地区。这片土地山川纵横，河流交错，既有广袤的草原，又有肥沃的平原，为远古人类的生存与繁衍提供了得天独厚的自然条件。

在公元前4000年至公元前3000年，红山文化便在这里孕育、

发展并走向繁荣。

红山文化的内涵丰富多样，令人叹为观止。从生产生活方式来看，红山文化时期的人们已经过上了定居生活，他们以农业为主，兼营畜牧和渔猎。在遗址中，出土了大量的石铲、石刀、石磨盘等农业生产工具，以及猪、牛、羊等家畜的骨骼，表明当时的农业和畜牧业已经有了一定的发展。同时，还发现了渔钩、渔叉等渔猎工具，说明渔猎在人们的生活中也占有重要地位。

在制陶工艺方面，红山文化的陶器独具特色。其陶器多为夹砂陶和泥质陶，以红陶为主，也有少量的灰陶和黑陶。陶器的纹饰丰富多样，有绳纹、刻划纹、附加堆纹等，其中最具代表性的是"之"字纹。这些陶器不仅造型美观，而且实用性强，反映了当时人们高超的制陶技艺。

牛河梁遗址，无疑是红山文化的一颗璀璨明珠。在这里，考古人员发现了大型祭坛、女神庙和积石冢群。

牛河梁遗址中的女神庙和祭坛，是红山文化时期人们进行宗教祭祀活动的重要场所。女神庙中出土的大量泥塑女性像残件，有的面部丰满圆润，有的双目炯炯有神，造型逼真，这些塑像不仅体现了红山文化时期人们高超的雕塑技艺，更反映了他们对女性祖先的崇拜。

女神像的存在，让我们仿佛看到了远古时期人们对祖先和神灵的敬畏与崇拜。这种祖先崇拜观念，在中国古代社会中一直占据着重要地位，成为中华文明宗教信仰的重要组成部分。而祭坛的发现，则表明红山文化时期的人们已经有了较为成熟的祭祀礼仪和制度，这种祭祀文化对后世中国的礼仪制度产生了深远的影响。

牛河梁遗址出土的彩陶盖瓮

红山文化的祭坛和积石冢遗址

祭坛

　　三层起坛，天圆地方。远远看去，牛河梁遗址的祭坛三层以立石为界桩，右外岛内，渐有高起，形成了三层同心圆坛体。外圈直径22米，中圈直径15.6米，内圈直径11米，这3个数是等比数列，其等比为根号2。自古就有"圆出于方"的说法，通过这座祭坛，我们仿佛寻到了上古数学的踪迹。

积石冢

　　红山先民用石块堆积成冢进行墓葬，学术名称为"积石冢"。积石冢全部位于山岗的顶部，冢群内部设有中心大墓、大墓、中小型墓、附属墓等，它们的大小、等级、陪葬品数量、墓的位置都有区别，反映出当时社会的等级差别。

龙的故乡

牛河梁红山文化遗址出土的玦形玉龙，为龙的起源问题提供了新的研究方向。

辽宁省文物保护专家组组长郭大顺说："从考古地域上来追寻龙的起源，会得出一个结论——龙出辽河源。"郭大顺指出，辽河流域发现的史前时期的龙时间最早，类型最多，序列最完整。在红山文化分布区，有玦形玉龙20余件，它们既高度抽象又十分规范，无论从总体形象还是细节处理来看，都惊人的一致。显然在这一时期，玉龙的形象已经形成规范并被固定下来。同时表明，红山先民已经向"礼制"迈出了重要一步，进入了古国时期，这是中华五千年文明起源的实证。

红山文化的玉器，更是达到了极高的艺术水准，对中华文明的玉文化发展起到了重要的推动作用。玉在中国文化中具有特殊的地位，被视为吉祥、美好、高尚的象征。红山文化的玉器不仅是装饰品，更是沟通天地的神圣媒介，体现了红山先民对自然与神灵的敬畏。

它们的出现，标志着中国玉文化的起源和初步发展。此后，玉文化在中国历史上不断传承和发展，历经数千年而不衰，成为中华文明独特的文化符号之一。

红山玉器多以岫岩玉为原料，采用圆雕、浮雕、透雕等多种技法制作而成。其造型简洁古朴，线条流畅自然，充满了神秘的艺术魅力。而红山玉龙的出土，更是震惊了世界。这条墨绿色的玉龙，造型独特，工艺精湛，整体呈C字形，吻部前伸，略向上弯曲，双眼凸起，背部有一道长鬣，龙首高昂，身体线条流畅，充满了动感与神韵，作为红山文化玉器的杰出代表，被誉为"中华第一龙"。

而玉猪龙则将猪的形象与龙的特征相结合，头部似猪，身体似龙，憨态可掬，又不失神秘威严，体现了远古人类丰富的想象力和独特的审美观念。中华玉龙和玉猪龙，作为辽河文明的重要发现，标志着中华民族龙图腾的起源。

红山文化在社会组织和经济形态方面也有了一定程度的发展。从牛河梁遗址的规模和布局来看，红山文化时期已经出现了较为复杂的社会组织和等级分化。积石冢中的墓葬规模和随葬品数量、质量差异明显，表明当时已经存在着贵族和平民的区别。这种社会组

红山文化C形玉龙

玉猪龙

玉猪龙高 10.3 厘米、宽 7.8 厘米、厚 3.3 厘米，通体呈鸡骨白色，局部有黄色的土沁。其头部硕大，环体肥厚，短立耳，大圆眼，有点像猪，有点像熊，又有点像鹿。器身蜷曲，首尾相连，龙首形象刻画细腻。由岫玉制成，构思精巧，造型生动，极具神韵，表现出非凡的工艺。是已知红山文化玉猪龙中形体较大、形制最规整的一件。

红山女神像

1983 年 11 月 2 日，红山女神像出土于辽宁省朝阳市建平县和凌源市交界处的牛河梁红山文化遗址。女神头像为黄土质，掺草禾一类植物搅拌塑成，其大小同真人脸，眼球用淡青色圆饼状玉石镶嵌。根据头像的面部特征分析，女神应属于蒙古人种，被考古界誉为"海内孤本"。从女神像背部断面及高高耸起的额头分析，女神像当时应该是贴附于女神庙的墙壁上方，以俯视状态示人。对红山女神像沉淀的光阴内涵，考古学家苏秉琦定论道："她是红山人的女祖，也就是'中华民族的共祖'。"

织和等级分化的出现，是人类社会发展的必然趋势，为后来国家的形成和政治制度的建立奠定了基础。

红山文化作为中华文明早期发展的重要阶段，以其独特的文化内涵、卓越的艺术成就和深远的历史影响，在中华文明史上留下了浓墨重彩的一笔。它是我们民族的瑰宝，是我们了解过去、把握现在、展望未来的重要窗口。红山文化的价值和意义，不仅仅体现在学术研究领域，更体现在对中华民族文化认同和民族精神塑造的深远影响上。

红山文化并非孤立存在，它与辽河流域的其他文化共同构成了大东北文明的多元一体格局。辽河文化以其独特的陶器、玉器和建筑风格，与红山文化交相辉映，共同推动了大东北地区文明的进程。

红山文化是中华文明多元一体格局的重要组成部分，正如苏秉琦的"满天星斗"理论所说，红山文化展示了中华文明起源的多样性和丰富性。

今天，当我们站在红山文化的遗址前，仿佛能听到五千年前先民们的祈祷声，感受到他们对自然与神灵的敬畏。

在漫长的历史岁月里，辽河文明和东北的泥土历经风雨洗礼，始终保持着独特的魅力。它们见证了朝代的更迭、文明的演进，承载着无数人的梦想与希望。

在这片黑土地上，文明的光辉从未熄灭。

红山文化不仅是大东北文明的起点，更是中华文明多元一体格局的重要见证，而红山文化所蕴含的创新精神、进取精神和团结精神，也是中华民族精神的重要源泉，如同辽河的流水，绵延不绝，滋养着中华民族的文化基因。它告诉我们，文明的力量在于融合，在于包容，在于生生不息的传承。

大东北灿烂的史前文明，不仅是一段历史，也是一种精神。

如今，当我们漫步在辽河岸边，看着河水滔滔流淌，仿佛能听到历史的回声，感受到辽河文明那深厚的底蕴和强大的生命力。它是中华民族文明宝库中的一颗璀璨明珠，永远闪耀着光芒，激励着我们去探索、去传承、去创造！同时，也激励着我们，在新时代新征程上，继续书写中华民族的辉煌篇章，为东北全面振兴提供源源不断的文化动力。

[大家话东北]

敬天、礼地、法祖，这些礼制在五千多年前就已经形成，一脉相传，从未间断，这就是中华民族最伟大的地方。

白宝玉
辽宁省文物考古研究院院长

现代考古技术引入中国之后，第一个发掘的遗址应该是锦西（现葫芦岛市）沙锅屯遗址，在遗址中挖掘出了红山文化的彩陶，红山文化也因此在中国考古发现史上具有极其重要的地位。

郭大顺
辽宁省文物考古研究院名誉院长

苏（秉琦）先生提出，中华文明起源多元一体格局，恰似满天星斗。随着进入 21 世纪，中华文明探源工程成绩显著。作为中华文明总根系中的直根系，红山文化更是在整个中华文明进程中处于核心和引领地位。

刘国祥
中国历史研究院副院长、中国考古博物馆馆长

扫码观看
大家话东北

融合共生，大东北文明
延续传承的文化根脉

卷体夔纹蟠龙盖罍

这尊卷体夔纹蟠龙盖罍，出土于辽宁省朝阳市喀喇沁左翼蒙古族自治县平房子镇北洞村。罍，是商周时期的大型盛酒器和礼器。罍上的图案是传说中的蟠龙，3000多年来默默守护着大罍。它的造型独特、工艺精美、器物完整，远非同时代同类器型可比。

伴随着辽河之水的缓缓流淌，大东北文明也在这片土地上延续传承着她的文化根脉。

进入青铜时代，夏家店下层文化在辽河上游地区繁荣发展。此时的人们已经掌握了先进的青铜铸造技术，制作出了精美的青铜器。这些青铜器不仅有实用的工具和武器，还有造型独特的装饰品。夏家店下层文化的城址规模宏大，城墙高大厚实，城内布局有序，反映出当时社会已经具备了较高的组织和管理能力。他们在农业生产上也取得了长足的进步，种植的作物种类更加丰富，家畜饲养也更为普遍。

在漫长的历史进程中，东胡、柔然、契丹、女真、蒙古、满洲等北方民族相继登上历史舞台，他们之间错综复杂的关系，犹如一幅雄浑壮阔的历史画卷，生动展现了中华民族的大融合进程。

民族的融合，是历史的洪流，奔腾不息，每一朵浪花都镌刻着文明交织的印记。

入列世界文化遗产名录的沈阳故宫就保留着这样的印记：

作为全国现存最完整的两座宫殿建筑群之一，沈阳故宫融合了汉、满、蒙、回、藏等多民族的艺术特点，成为中国古代建筑史上独特的"混搭美人"。

在沈阳故宫凤凰楼，挂着一块清代乾隆皇帝御笔的牌匾"紫气东来"，象征着高贵、吉祥、安康、兴旺。

"紫气东来"也是东北与中原文化交流融合的写照。东北是游牧、渔猎和农耕诸民族世代生息的家园，各民族共同开拓了祖国的辽阔疆域，共同缔造了统一的多民族国家，共同书写了辉煌的中国历史，

《凤凰楼阁百戏图》

辽阳汉魏壁画墓距今已有1800多年的历史，比敦煌壁画早300年。《凤凰楼阁百戏图》是辽阳汉魏墓壁画的代表作。楼阁重檐三层，在楼下广场上进行着一场精彩的乐舞杂技演出。在楼的二层斜格朱窗内，隐约坐着一位体态端庄的蓝衣者，好像是女性，其左侧有两位灰衣小吏。画面人物姿态生动，反映了这一时期达官贵人的生活。

双陆棋

双陆棋盛行于隋唐，是宋辽时期社会各阶层包括周边游牧民族共同喜爱的游戏，在元代消失。这套双陆棋出土于法库叶茂台辽墓。长方形棋盘上有30粒木棋子，黑白各15粒，旁边还放着2粒骨骰。

铜鎏金木芯马镫

这副双马镫制作工艺精细，用揉捣技术使桑木条成圈，圈外包鎏金铜片，是目前为止唯一有绝对年代可考的完整双马镫。公元5世纪，辽西马镫沿丝绸之路传播到东亚、欧洲。

沈阳故宫

沈阳故宫始建于1625年，建成于1636年，后经康熙、乾隆时期的改建、增建，形成了今日有宫殿、亭台、楼阁、斋堂等建筑100余座500余间，占地面积达6万平方米的格局面貌。沈阳故宫的东路建筑为大政殿与两侧呈八字形排列的十王亭，构成一组视野开阔的庭院。中轴线上，有气势庄严的大清门、富丽堂皇的崇政殿、巍峨壮丽的凤凰楼、神秘古朴的清宁宫等。其建筑多为硬山殿顶五开间式，居高临下的高台寝宫与相对平地建造的金銮殿，形成了沈阳故宫特有的"宫高殿低"的现象。

共同创造了灿烂的中华文化，共同培育了伟大的民族精神。

由此可以说，东北地区不仅是整个中华文明重要的发祥地之一，也是整个中华文明的重要参与者和构建者，更是中国统一多民族国家的重要实证和重要的建设者、开拓者。

随着清军入关，多民族和文化融合的脚步更加势不可当，它宛如一颗投入岁月湖面的巨石，激起千层浪涛，深刻影响了中华民族融合的进程。

满族原本有着独特的语言、服饰、习俗和宗教信仰，如满语的使用、旗袍马褂的服饰风格、对萨满教的尊崇等。入关后，满族人开始学习汉语、汉字，儒家思想成为官方正统思想，在教育、科举、礼仪等方面占据主导地位。同时，满族文化也在一定程度上融入了汉文化，如满族的服饰元素影响了民间服饰风格，满族的饮食文化丰富了中华美食体系，像萨其马等满族传统点心流传至今，成为中华饮食文化的一部分。这种文化上的双向交流与融合，使不同民族在精神层面相互理解、相互认同，为中华民族文化的多元一体格局增添了新的内涵。

同时，商业贸易也在满汉民族之间蓬勃发展，中原地区的丝绸、茶叶、瓷器等商品远销东北，而东北的人参、貂皮、鹿茸等特产也进入中原，形成了互补互利的经济关系。这种经济生活上的相互依存，打破了民族之间的经济壁垒，使各民族在经济活动中的联系日益紧密，共同推动了社会经济的繁荣，为民族融合奠定了坚实的物质基础。

从北方民族的融合发展历程就可以清晰地看到，中华民族的大融合是一个长期的、动态的、多元的历史过程。在这个过程中，各民族之间相互学习、相互借鉴、相互融合，共同创造了灿烂辉煌的中华文化，形成了你中有我、我中有你的中华民族血脉和文化的共同体。

[大家话东北]

在沈阳故宫这座皇家宫殿建筑群当中，最具特色和魅力的就是大政殿和十王亭。大政殿和十王亭的建筑形式，本身就是一种多元文化兼容并蓄的体现。大政殿，从远处看去俨然是一个蒙古包，我们也把它称为帐殿式格局。满族是发源于长白山脉的少数民族，长期从事狩猎活动，因此，在营建自己宫殿的时候，就把这种平时狩猎打仗的帐篷的形式，用建筑的方式固定了下来。

尚文举
沈阳故宫博物院古建部部长

中华文明主要由三个板块组成，一是农耕文明板块，二是草原文明板块，三是海洋文明板块。中华文明之所以能够滋养、铸就出中华民族，正是因为这几个板块相互融合，相互交流，最后形成了一个政治、经济、文化的共同体。

邢广程
中国社会科学院学部委员、
中国历史研究院中国边疆研究所所长

扫码观看
大家话东北

肥沃厚重的东北大地，
凝结起了坚强不屈的民族之魂

扫码观看
亲历者说

大东北，这片肥沃厚重的土地不仅孕育了辉煌灿烂的古代文明，而且推动了中华民族多民族共同体的形成，当国家有难时，他们挺膺担当，在这片土地上凝结起了坚强不屈的民族之魂。

九一八事变后，东北大地瞬间笼罩在日军的残暴统治之下。在民族存亡的关键时刻，东北抗联的将士们挺身而出，以英雄群像的方式留在了共和国的历史记忆中——

1949 年中华人民共和国成立的前夜，每当有南下的解放军路过河南确山时，就有两个年轻后生拿着一张照片，到处询问解放军同志认不认识一个名叫"马尚德"的人。

1929 年，共产党员马尚德遵照党组织的安排，离开家乡，投身于波澜壮阔的革命洪流中，自此，家里再也没有马尚德的音讯。

马尚德的家人们不曾知晓，在亲人离家的那段岁月里，一个名叫杨靖宇的抗日英雄，在遥远的东北掀起了抗日的怒涛。

在长白山密林深处有个叫红石砬子的地方，这里曾是当年杨靖宇带领部队建立东北抗联的第一个根据地。今天，我们依然能够清晰地看到杨靖宇当年建立的一座座密营旧址，恰是因为这些密营的存在，让日军和伪军真正认识到了抗联的坚强与不屈。

在日军眼中，杨靖宇是来无影、去无踪的山林之王，被认为不但有武功，而且有文才，是一个不同寻常的人物。在最艰苦的岁月里，东北抗联始终保持着无畏的勇气和顽强的斗志，他们揭下树皮，刻上"抗联从此过，子孙不断头！"，用最朴实无华的誓言，表达着最坚定的抗战决心。

1940 年 2 月 23 日下午，在日军大规模的攻击下，缺吃少穿的杨

吉林红石砬子抗日根据地旧址

我们清理出的每一件遗物都可能代表着历史上一个活生生的人，他们都淹没于历史长河当中了。通过出土的遗物，能够证明这个人在这个世界上曾经存在过，他们为我们今天的生活曾经抗争过，曾经流过血，曾经做过牺牲。我觉得这就是我们做抗联考古最大的意义。

孟庆旭
吉林省文物考古研究所
红石砬子遗址考古队领队

扫码观看
亲历者说

靖宇最终被围困在深山之中。

日本出版的《满洲国警察外史》还原了杨靖宇牺牲前的情景——日军指挥官试图劝降时，杨靖宇回答："我如今只剩了自己一个人。虽临难，但我的同志们在各地转战，帝国主义灭亡之日必将到来。我将抵抗到底。无须多说，开枪吧！"

直到中华人民共和国成立后，拿着照片到处寻找父亲的孩子们才得知，他们要寻找的父亲马尚德，就是在东北密林深处殉国的抗日英雄杨靖宇。

——在东北抗联的英雄群像中，不但有顶天立地的汉子杨靖宇，也有巾帼英雄赵一曼。

1926 年 5 月，五卅运动一周年时，正是抵制洋货的高潮。赵一曼按照党中央的指示组织党团员在学生中宣传，抵制英国煤油轮船停靠宜宾码头，学生们遭到了武装镇压，由此引发了全城罢工、罢市、罢课。

1926 年夏，赵一曼光荣加入中国共产党，随后，她进入中央军事政治学校武汉分校（黄埔军校武汉分校）学习。

1931年九一八事变后，她被调往东北，在沈阳工厂中领导工人斗争。1935年秋，赵一曼兼任东北人民革命军第三军一师二团政委，群众亲切称她"瘦李""李姐"，而当地战士们则亲切称她为"我们的女政委"。日伪报纸对这位"红枪白马"的女性表达出了惊叹。

1936年，赵一曼在与日军的战斗中不幸被捕。敌人对她施以各种惨无人道的酷刑，老虎凳、辣椒水、电刑……可赵一曼始终咬紧牙关，没有吐露半点机密。她一次次昏死过去，又一次次被敌人用冷水泼醒。在狱中，她强忍着剧痛，用竹签作笔，蘸着棉花灰制成的墨水，在草纸上给儿子写下了诀别信：

"在你长大成人之后，希望不要忘记，你的母亲是为国而牺牲的！"

随后，赵一曼英勇就义，年仅31岁。

据统计，在漫长的抗战岁月里，东北抗日联军与日军作战达10余万次，歼灭日伪军18万余人。像杨靖宇、赵尚志等抗联英雄，带领队伍不断打击敌人，让日军在东北的统治始终不得安宁。这使得日军难以将更多兵力投入关内战场，为全国抗战赢得了宝贵的战略缓冲时间。

东北抗联的英勇事迹如同一束束希望之光，鼓舞着全国人民的抗日斗志。他们在极端艰难的条件下坚持抗战的精神，让全国人民看到了中华民族不屈的脊梁。赵一曼在狱中写给儿子的绝笔信，满含着对国家的忠诚和对民族未来的期望，传遍大江南北，激发了无数中华儿女的爱国热情，激励着更多人投身到抗日救亡的洪流中。

在中国人民十四年浴血奋战的抗战档案中，东北抗联的将士们以自己的血肉之躯，在东北大地筑起了一道道坚不可摧的抗日防线，也淬炼出了英勇不屈的民族之魂。

正是有了这样的民族之魂，中国人民才能历经磨难而依然挺立，这份精神就像一座永不熄灭的灯塔，照亮我们前行的道路，激励着一代又一代东北人在困境中奋勇前行，也激励着一代又一代中华儿女为实现中华民族伟大复兴而不懈奋斗。

"九·一八"历史博物馆

沈阳"九·一八"历史博物馆位于沈阳市大东区望花南街46号，坐落于震惊中外的九一八事变发生地——"南满"铁路柳条湖路段遗址的东南侧。始建于1991年，占地面积35000平方米，建筑面积12600平方米，展览面积9180平方米。是国内外迄今为止唯一一座全面反映九一八事变历史的博物馆。残历碑是沈阳"九·一八"历史博物馆的标志性建筑。因碑体酷似一本翻开的台历而得名，是由鲁迅美术学院雕塑家贺中令设计的。残历碑的左侧碑文由书法家杨仁恺题写："夜十时许，日军自爆南满铁路柳条湖路段，反诬中国军队所为，遂攻占北大营，东北军将士在不抵抗命令下，忍痛撤退，国难降临，人民奋起抗争。"

上 / 沈阳"九·一八"历史博物馆

下 / 东北抗联史实陈列馆

建国基石，
长子的担当

纵观浩瀚的中国历史，大东北，总是在不同的历史阶段扮演着重要的角色。

当解放战争开启时，东北以神勇的姿态拉开了全中国解放的序幕——

解放全中国，东北至关重要。

毛泽东在中共七大的讲话中指出："如果我们把现有的一切根据地都丢了，只要我们有了东北，那末中国革命就有了巩固的基础。"

1945年秋，党中央根据"向北发展，向南防御"的战略方针，从各解放区紧急抽调10万部队、2万干部一路北上，赶赴东北，从而浩浩荡荡掀开了全国解放战争的大幕。

80年后的今天，当我们打开壮阔的解放战争的历史画卷，东北解放战争就是那最为浓墨重彩的一笔，这重若千钧的一笔，既为解放全中国奠定了坚实基础，也决定性地改变了中国历史的走向。

由此，人民军队在这片红色热土上发展壮大，从初入东北时的10余万人，发展成拥有百万之众的强大力量。辽沈战役更是改变了全国军事力量分布，解放军首次在兵力数量方面超越国民党军，从根本上撬动了国民党的统治根基，让胜利的天平彻底倾斜过来。

在漫山遍野红旗招展的解放战争中，东北解放区大力发展军工生产，枪炮、弹药等源源不断送往前线，有力支援了全国战场。同时，东北的土地改革也让翻身农民看到了新生活的希望，他们踊跃参军支前，为战争胜利提供了坚实的人力和物资保障。

东北解放后，百万东北野战军挥师入关，打响平津战役，加速了华北地区解放进程。大东北的胜利经验和战斗精神鼓舞着全国军

[大家话东北]

1952年到1955年，中国外运作为全国货运总代理，全面承接了156项工厂设备的进口运输。1953年，中国外运配合口岸海关、铁路，制定了进口物资交接发运办法，通过优先配车、优先换装、优先发运的"三优先"措施，保障了设备进口运输零失误，奠定了社会主义工业化的基础。

宋嵘
中国外运股份有限公司党委书记、
总经理

扫码观看
大家话东北

民，为解放全中国注入了强大的精神动力。

东北解放战争不仅是军事上的伟大胜利，更为新中国的建立打下了坚实的基础。也就是从东北解放战争开始，中华大地开启了新的历史篇章。

俱往矣。谁主沉浮？换了人间！

换了人间的东北大地不仅直接助推了新中国的诞生，并以其独特的贡献，在共和国建设的档案里烙下了具有鲜明东北印记的闪亮标签。

1949年后，东北以其战略位置、自然资源以及重工业基础，成为支撑共和国的钢筋铁骨，东北的工业雄心也就此被点燃。

第一个五年计划时期，中国从苏联与东欧国家引进了156项重点工程。在这批重点工程中，超过三分之一的项目都落户在东北。由此，大东北华丽地开启了新中国建设的蓝图：

第一炉火红的钢水在这里飞溅；第一辆汽车在这里轰鸣；第一架喷气式歼击机在这里腾空；第一座大型油田在这里喷涌；第一艘核潜艇从这里驶向深蓝……

每一块火红的钢铁，都是一颗东北人热辣滚烫的心。在大东北豪华地开启新中国建设后，也源源不断地开始向关内输送着胜利而幸福的果实。

因此，东北人曾不无自豪地说，东北就是中国工业的"老母鸡"。

[大家话东北]

我们可以从两个视角来看过去几十年东北的历史贡献，一个视角是从东北本身看，看东北的战略性产业和骨干性企业起到的作用；另外一个视角的胸怀更加广阔，是从整个国家来看，东北是中华人民共和国工业的摇篮。哈（尔滨）、长（春）、沈（阳）、大（连）开出的列车都是满载着进关，"四大原"——原油、原煤、原木、原粮，沿着东北的铁轨不断运到关内。

常修泽
中国宏观经济研究院教授、
博士生导师

扫码观看
大家话东北

左 / 大连造船厂开工建造我国第一艘万吨级远洋货轮"跃进号"
右 / 大连机车车辆厂制成我国自行设计的第一台4000马力货运电力传动内燃机车

共和国钢铁工业的长子

成立于 1948 年的鞍山钢铁公司，是新中国第一个恢复建设的大型钢铁联合企业和最早建成的钢铁生产基地，被誉为"共和国钢铁工业的长子""新中国钢铁工业的摇篮"。鞍山"祖国钢都"这张荣耀名片也因此而来。"一五"时期，鞍山钢铁厂建设了现代化大型轧钢厂、无缝钢管厂和炼铁厂的七号高炉，开启了全国钢铁业新发展局面。见证了中国钢铁工业起步、发展、振兴的奋斗历程，并完整保留了近代中期以来钢铁工业遗迹——鞍山钢铁厂工业遗产群。2017 年 12 月 20 日，工业和信息化部发布首批 11 个国家工业遗产名单，"鞍山钢铁厂"正式得到认定，具有重要的历史价值、科技价值、社会文化价值和艺术价值。

鲜花着锦、烈火烹油的繁华之后，当时代的巨轮掉转航向，曾经的"老大哥"黯然退到了时代的聚光灯之外。

虽然"共和国长子"的称谓已由昨日的光鲜变成了今天步履蹒跚的老工业基地，但东北人民并没有伤叹和哀怨，而是依然满怀豪情壮志地在这片土地上坚韧地寻找着突围之路，一如既往地以"长子"的气魄，诠释着责任与担当。

山河轮转，斗转星移。

大东北迎来了新的振兴机遇。

新时代新征程，东北人民将以怎样的姿态续写旧日的辉煌，书写东北振兴的传奇？

答案就在这一亿东北人民的手中！

辽宁省委书记郝鹏表示：

辽宁省委书记郝鹏

党中央实施东北振兴战略，是国之所需、民之所盼，习近平总书记始终对东北、辽宁振兴发展高度重视、念兹在兹、充满期待。党的二十大以来，我们牢记总书记的殷殷嘱托，抢抓东北全面振兴新的重大机遇，坚决扛起维护国家"五大安全"重要使命，锚定新时代"六地"的目标定位，深入实施全面振兴新突破三年行动，以"辽宁之为"担当"国之重任"、服务"国之大者"，奋力谱写中国式现代化辽宁篇章。

吉林省委书记黄强表示：

吉林省委书记黄强

党的二十届三中全会是标志性具有里程碑意义的盛会，这次全会最大的成果就是审议通过了《中共中央关于进一步全面深化改革、推进中国式现代化的决定》。《决定》明确提出要健全推动东北全面振兴取得新突破的制度和政策体系，提高东北地区开放水平。这是中央对吉林的要求，也是我们重大的发展机遇。吉林省委认真学习中央的《决定》，用了三个月时间深入调研，制定了实施意见，敲定了400多项改革任务和9个重点专项，就是要努力把中央的蓝图变成吉林的实景。

黑龙江省委书记许勤表示：

习近平总书记 2023 年 9 月视察我省时提出加快形成新质生产力。在这次中央经济工作会议上，又对以科技创新引领新质生产力发展做出重要部署。我们牢记总书记重要嘱托，坚持把振兴发展的基点放在创新上，召开全省高质量发展大会、科技大会、新质生产力发展大会，制定实施打造发展新质生产力实践地的《意见》和《行动方案》，以科技创新推进高质量发展、可持续振兴，为推进中国式现代化贡献力量。

黑龙江省委书记许勤

不管历经怎样的阵痛和磨难，我们都始终相信东北人民，定能以积淀千年的雄心，越过激流和险滩，以更加豪迈的步伐走向光辉灿烂的明天。

中国相信东北，

我们相信东北！

正如习近平总书记对东北所期待的那样：

"相信在强国建设、民族复兴的新征程中，东北一定能够重振雄风、再创佳绩！"

大东北之大，

在沃野千里，在科学高峰，在青春的热血，在不老的情怀。

在这片广阔天地下，

一代代向北而行的拓荒者、革命者、建设者、创业者，

走过历史的沧桑，走过激情燃烧的岁月，

在奋斗中创造辉煌！

东北平原的日出

广阔天地

[第二章]

DADONGBEI

闯关东，一部波澜壮阔的
民族迁徙史诗

在历史的漫漫长河中，东北宛如一块充满诱惑的磁石，吸引着一批又一批不同时代坚韧的有志者来此发展求索。他们怀揣着梦想与希望，开启了可歌可泣的梦想人生。

"闯关东"，一个在中国近代史上留下深刻印记的词语，承载着无数人的血泪与希望。它是一场规模宏大的人口迁徙运动，是底层民众为了生存而进行的艰苦抗争，体现了新东北人在寒凉之地升腾起的火热的进取精神。

那么，在历史的转弯处，为什么会上演一幕这样的生存壮歌？它有着怎样的时代成因？

清朝初期，东北地区地广人稀，大量土地荒芜，顺治皇帝为了充实清朝的肇兴之地，采取了一系列鼓励移民的政策。

1653 年，清政府颁布《辽东招民开垦条例》，规定："凡移住之农民，每月供给食粮一斗，每垧垦地给种子六升，垦民每百人贷与耕牛二十头，其中食粮、种子于秋收后，如数归偿。"鼓励并动员关内包括中原地区的农民到东北垦荒居住。

这一政策的出台，如同一剂强心针，吸引了一大批关内百姓熙熙攘攘地前往东北"淘金"。

另一方面，1855 年黄河在河南兰考铜瓦厢决口，洪水泛滥，山东、河南等地 10 余州县受灾严重，一时间，家园被毁，大批农民

何为"关东"

"关东"一词在《辞海》中被概括为三个释义：其一，泛指一般关隘以东地区。其二，指函谷关以东的地区，在《史记·李斯列传》中就有记载："自秦孝公以来，周室卑微，诸侯相兼，关东为六国。"其三，在明朝洪武十四年（1381）徐达奉命修筑了山海关城池后，"关东"一般指山海关以东地区。明清以来，以华北地区为主的汉族、回族等人口，由于自然灾害和经济政治等多种原因，迁移至东北地区，并在此定居，这一人口迁徙现象被称为"闯关东"。

因此破产逃荒，形成了规模浩大的人口迁移潮。洪灾过后的 1877 年，中原地区又发生了震惊朝野的"丁戊奇荒"。这场持续 4 年的特大旱灾席卷了山西、河南、陕西、直隶、山东等北方五省，造成了千万人饿死，无数人流离失所。

与此同时，东北地区的边防形势也日益严峻。沙皇俄国不断蚕食着清政府北方的领土。1858—1860 年间，他们趁着清政府在鸦片战争中的失利，趁火打劫，逼迫清廷与之签订《瑷珲条约》和《中俄北京条约》，并据此割占了黑龙江以北、乌苏里江以东的大片领土。

为了抵御沙俄的侵略，充实东北边防，清政府不得不重新审视东北政策。为此，清政府采纳黑龙江将军特普钦的建议，在关东局部地区开禁放垦，鼓励移民实边。随后的 1897 年，清政府完全放开了对东北移民的限制，"闯关东"的浪潮达到了高潮。

就是在这多重背景下，关内百姓浩浩荡荡地踏上了闯关东的征程。

在这场波澜壮阔的人口迁徙运动中，无数人历经艰辛，踏上了不可预知的旅程。他们有的从河北东部穿过山海关，徒步进入东北；

实边垦荒

1860 年，清廷对关东地区的封禁政策逐渐松弛，开始"移民实边"。最初是逐渐有序地开放：从 1860 年开放呼兰河平原开始，1861 年开放了吉林西北草原，1864 年开放了伊门儿河流域，1866 年开放了桦皮甸子，1868 年开放了狩猎围场；到 1878 年，开始允许汉族妇女出关；1880 年给予满汉两族同等待遇，规定放荒、免税和补助三项政策。至 1910 年，清廷正式废除了汉人出关垦植的禁令。1911 年，清廷制定了《东三省移民实边章程》。

中国画《闯关东》，辽宁省美术家协会副主席黄洪涛作品

岫岩黄花甸皮影戏演出情景

文化融合

闯关东移民的大量会聚，为东北文化的发展注入了新的元素与动力。已被列入国家级非物质文化遗产代表性项目名录的"东北二人转（黑山二人转）""皮影戏（岫岩皮影戏）""刻雕（大连刻雕）"都是闯关东移民文化在辽宁落地生根的产物。

有的从山东烟台、威海等地乘船，渡海前往辽东半岛。一路上，他们面临着饥饿、疾病、土匪、野兽等重重危险，许多人倒在了闯关东的路上，再也没能站起来。但即便如此，仍有源源不断的人涌入东北，他们怀着对美好生活的向往，凭借着顽强的毅力和不屈的精神，在这片陌生的土地上扎根、繁衍。

闯关东的移民中，以山东人居多，约占总数的70%以上。山东与东北隔海相望，地理位置相近，而且山东人口众多，土地资源紧张，自然灾害频繁，百姓生活困苦。因此，东北成了山东人寻求生存和发展的首选之地。除了山东人，还有河北、河南、山西、陕西等地的百姓也加入了闯关东的队伍。这些移民来自不同的地区，有着不同的文化背景和生活习惯，他们在东北这片土地上，共同书写了一

大东北

部波澜壮阔的奋斗史诗。

闯关东对东北地区的发展产生了深远的影响。大量移民的涌入为东北地区带来了丰富的劳动力和先进的生产技术。他们开垦荒地，种植粮食，发展农业生产；他们开采矿产，兴办工厂，推动了工业的发展；他们修建道路，开设店铺，促进了商业的繁荣。在移民的努力下，东北地区逐渐从一片荒芜之地，变成了中国重要的粮食产地、工业基地和商品集散地。

同时，闯关东也促进了民族融合和文化交流。移民们带来了中原地区的文化、风俗和传统，与东北地区的满族、蒙古族、朝鲜族等少数民族文化相互交融，形成了独具特色的关东文化。这种文化既保留了各民族的特色，又融合了中原文化的精华，具有鲜明的地域特色和时代特征。

来自不同地区、操持着不同语言的人们在东北地区的扎根，极大地推动了语言的大融合、大交流，传统东北方言中融入了大量的山东方言词汇和语法特点，从而形成了独特的东北口音。

人群的繁杂和多样也促进了东北菜的诞生。东北菜在鲁菜的基础上，吸收了其他地方菜系的特点，尤其加入了满族、朝鲜族等民族的饮食特色，形成了以炖、炒、熘、炸为主的烹饪方式，口味浓郁，分量十足。

独特的地理和气候，又催生了独特的东北民居。东北的民居既有中原地区四合院的影子，又结合了当地的气候特点，采用厚墙体、火炕、烟囱等独特的设计，更利于保暖和防风。

闯关东显然是一部底层民众的奋斗抗争史，它体现了中华民族不畏艰难、勇于开拓的精神品质。在面对生存的压力和恶劣的环境时，闯关东的人们没有退缩，没有放弃，而是凭借着自己的双手和智慧，在这片陌生的土地上创造了属于自己的新生活。他们的故事，激励着一代又一代的中国人，为了实现自己的梦想，为了国家的繁荣富强，不断努力奋斗。

在这场浩浩荡荡的迁徙之旅中，有一部神秘的书稿也在闯关东的大潮中迎来了自己动荡的命运。它既是无数生民闯关东的真实写照，也诠释了自己跌宕起伏的际遇。这部书稿，就是辽宁省图书馆

[大家话东北]

历史上的闯关东，有两条路线，一条是陆路，一条是海路，陆路相对比较遥远，是经过山海关入关。海路主要是通过烟台、威海，经蓬莱、庙岛群岛，在旅顺登陆。其中，一部分人就在大连扎下根来，另一部分人从大连出发，继续向北，经过庄河、岫岩、丹东。因此，胶东的移民就把山东方言带到了辽东半岛，形成了和东北腹地不一样的胶辽官话区域。

原新梅
中国语言资源保护工程辽宁首席专家、
辽宁师范大学文学院教授

在1860年之前，东北人口仅300多万，后来由于闯关东移民的大批迁入，东北地区的人口才快速增长，在1931年九一八事变之前，东北的人口总数达到了3000万。所以说，闯关东深刻地改变了东北"沃野千里、有土无人"的人口格局。

范立君
吉林大学历史文化学院匡亚明学者、
特聘教授

扫码观看
大家话东北

盘锦水稻

　　盘锦的水稻种植源于移民文化。据县志记载，盘锦1907年开始种植水稻，得益于该地区独特的地理环境和气候条件，盘锦大米逐渐形成了外观晶莹剔透、颗粒如珠，入口柔软润滑、清香适口的独特的品质。每年秋天，金黄的稻田与壮美的红海滩交相辉映，一黄一红，色彩碰撞强烈却又无比和谐，共同勾勒出一幅人与自然和谐共生的秋日盛景。

闯关东移民潮将山东、河北等地方言带入东北，经过百年融合，一些满语、蒙古语的元素也融进了当地的方言体系，形成了一种特殊的"混搭方言"。与普通话相比，东北方言在语音、词汇、语法方面都有很多不同。东北方言的语音高亢、抑扬顿挫、铿锵有力，词汇幽默、生动、诙谐，还略带有一点儿夸张；语义表达更为精当、凝练；一些方言词语在具体语境中使用时，蕴含着更丰富的意义。

《聊斋志异》

《聊斋志异》是清代文学家蒲松龄创作的文言短篇小说集，故事内容多采自民间传说和野史逸闻，写作上运用了志怪和传奇文言小说的技法，同时又借鉴了传统白话小说的长处，形成了独特的文言叙事风格。《聊斋志异》稿本以竹纸抄写，字迹清秀流畅，眉栏上及各篇正文后，间有蒲氏手录、王士禛评语及佚名校语，共收入 237 篇。其中《库官》《鄩都御史》《龙无目》等 31 篇是他人代抄，其余均为蒲松龄手迹，是极为珍贵的《聊斋志异》定稿本。

的镇馆之宝——《聊斋志异》的半部手稿。

一个山东落第秀才撰写的书稿，为什么会辗转到东北？而且，为什么只是半部？这背后究竟隐藏着怎样惊心动魄的历程？

蒲松龄，字留仙，别号柳泉居士，世称聊斋先生。蒲氏虽非名门望族，但一直保留着耕读的传统，蒲家获科举功名者代不乏人。但到蒲松龄这里，尽管他才华横溢，远近闻名，却屡试不第，71 岁才援例始成贡生。蒲松龄虽然不第，却醉心于采集民间野闻，随之撰成奇书《聊斋志异》。1715 年 2 月 25 日，蒲松龄在家中去世。

1861 年，淄博地区爆发了刘德培起义，这是淄博地区发起的最大的一次农民起义。两年后，清军血洗了刘德培的根据地淄城，这里也是蒲氏家祠的所在地。参与刘德培起义的蒲氏长支蒲人芷及其家属在这场战斗中不幸遇难，再加上一把大火焚毁了聊斋祠堂，使得人们普遍认为蒲松龄留下的宝贵遗产已经化为灰烬。

世事的沉浮变迁就在于此。谁也不曾想到，这部手稿并没有被烧毁，而是被传承下来。原来，蒲人芷早已预感到了这场动荡，出于保护祖脉遗产的责任感，他对聊斋祠堂中的重要藏品采取了分散存藏的措施，选择本族中部分为人可靠、住处又较隐蔽的住户，每家分别替家族祠堂临时保管数件藏品，并约定等战事结束再重新将

蒲松龄《聊斋志异》稿本

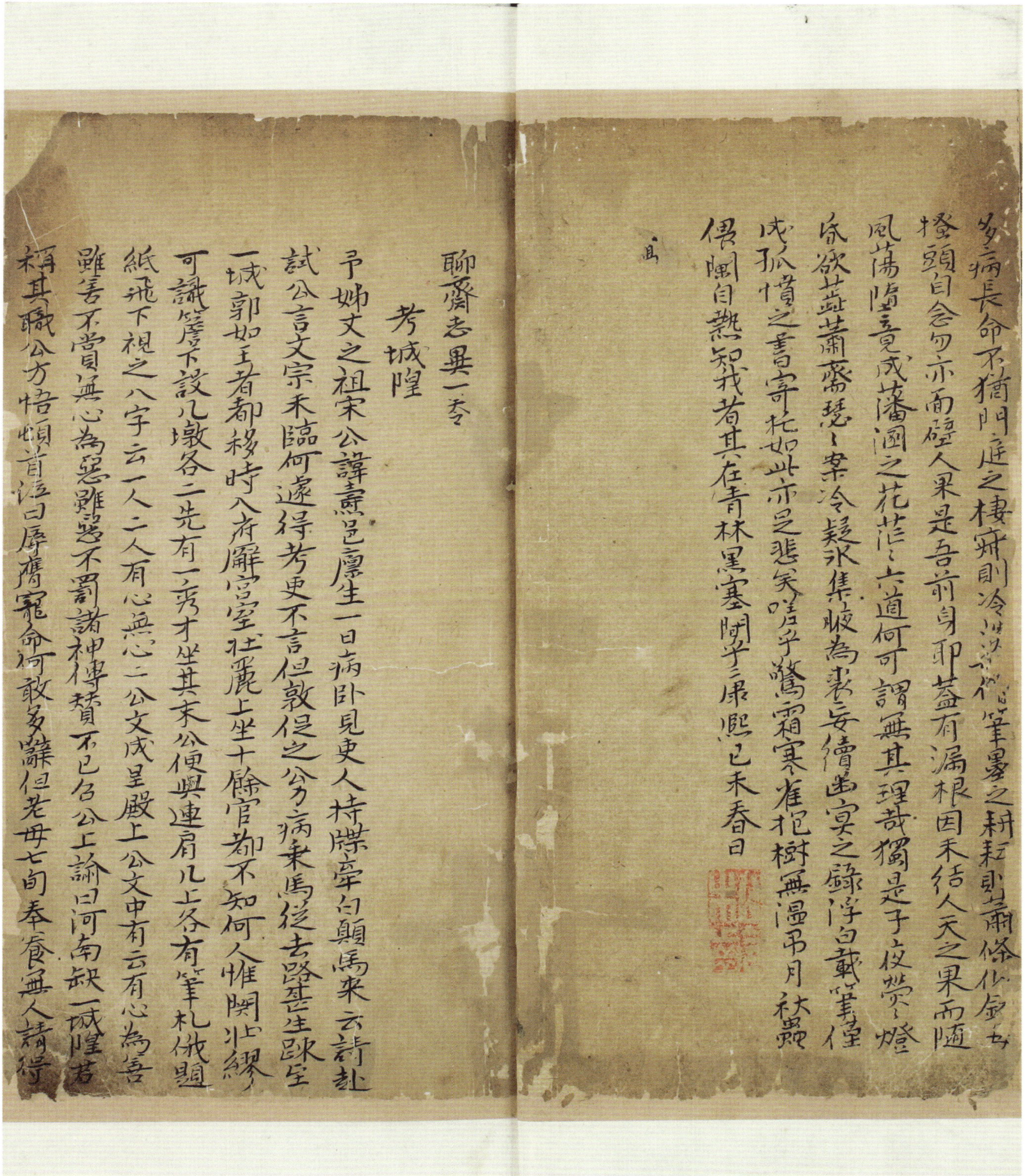

多病長命不猶呻吟之樓咸則冷……筆墨之耕耘則蕭條化金也
燈頭自念勿亦兩壁硪人果是吾前身耶蓋有漏根因未結人天之果而隨
風飄墮竟成藩圉之花莖乎六道何可謂無其理哉獨是子夜熒熒一燈
昏欲蕊此蕭齋瑟瑟一案冷疑求集敗為裘安續幽冥之錄浮白載筆僅
成孤憤之書寄托如此亦足悲矣嗟乎驚霜寒雀抱樹無溫吊月秋蟲
偎闌自熱知我者其在青林黑塞間乎康熙己未春日

真

聊齋志異一卷
考城隍
予姊丈之祖宋公諱燾邑廩生一日病臥見吏人持牒牽白顛馬來云請赴
試公言文宗未臨何遽得考吏不言但敦促之公勉強乘馬從去路甚生疏
一城郭如王者都移時入府廨宮室壯麗上坐十餘官都不知何人惟關壯繆
可識簷下設几墩各二先有一秀才坐其末公便與連肩几上各有筆札俄題
紙飛下視之八字云一人二人有心無心二公文成呈殿上公文中有云有心為善
雖善不賞無心為惡雖惡不罰諸神傳贊不已召公上諭曰河南缺一城隍君
稱其職公方悟頓首泣曰辱膺寵命何敢多辭但老母七旬奉養無人請得

咸丰年间，蒲松龄的后人蒲介人把《聊斋志异》手稿从家祠中拿出来，举家迁徙到东北。伪满时期，日本人和汉奸都在觊觎这部书，都要强购这部书，但都被蒲氏后人严词拒绝了。中华人民共和国成立后，蒲文珊感觉到这部《聊斋志异》手稿由国家保存更加安全，就毅然决然地把这部书捐赠给了国家。

刘冰

辽宁省图书馆、

辽宁省古籍保护中心研究馆员

扫码观看
大家话东北

藏品集中回聊斋祠堂珍藏。

动荡的时局下，蒲人芷将此事安排得极为谨慎机密，除了他本人以及单独受到收藏委托的家庭知晓外，外人对此事全然不知，就连各个受托家庭之间也彼此毫不知情。《聊斋志异》的手稿正是在此背景下交给了蒲家旁支一个叫蒲介人的后人。

此后不久，蒲人芷和他的眷属都不幸遇难，再加上聊斋祠堂被焚毁，使得人们更加坚信手稿已不复存在，就再也没人过问此事，手稿也因此得以保存下来。

再后来，随着闯关东的大潮，蒲介人带着祖上珍藏的《聊斋志异》手稿，踏上了闯关东的征程。他先定居沈阳，以卜卦和代写文书为生。尽管生活窘迫，但他始终坚守着家族的重托，始终不改文人志向。

蒲介人去世后，这份责任又传到了他的儿子蒲英灏手中。

光绪二十年，即 1894 年，蒲英灏供职在盛京将军依克唐阿幕府，依克唐阿得知他是蒲氏后代，且藏有《聊斋志异》手稿后，便以借阅之名，让蒲家献上手稿。

蒲英灏无奈之下，先以半部借之，可依克唐阿却没有如约交还手稿，导致该部分手稿至今下落不明。

日月如梭，世易时移。

1950 年，蒲氏后人蒲文珊将这半部《聊斋志异》手稿捐赠给当时的辽东省文化处，1951 年春转交东北文化部，由沈阳故宫博物院的周福成老师傅重新装裱，以宣纸加衬，并做成今天看到的金镶玉装，后移交东北图书馆保存。

如今，《聊斋志异》手稿静静地躺在辽宁省图书馆的展柜里，纸张虽因年代久远而泛黄，但书中的字迹依然清晰，字体清秀流畅，句读标红的痕迹格外醒目。

这部饱经历史风霜和沧桑变迁的手稿，承载着无数人的心血和努力。蒲家后人为保护手稿所做出的牺牲将和这部手稿一起被历史永远铭记。而这部手稿，也将继续在东北这片土地上散发它独特的文化魅力，见证历史的风云变幻，也传承一个国家、一个民族苦难而坚韧的文化根脉。

枭雄之地，经略东北

在近代中国风云变幻、波谲云诡的历史舞台上，张作霖宛如一颗横空出世的彗星，以其传奇跌宕的一生，书写着属于自己的乱世神话。

出身草莽的张作霖，早年在社会底层摸爬滚打，从绿林好汉到被清廷招安，这一转变充分展现出他非凡的胆识与谋略。在官场的旋涡中，他如鱼得水，凭借狡黠与果断，不断扩充着自己的势力。

主政东北期间，张作霖尽显枭雄本色。他大力发展工业，奉天兵工厂在他的支持下规模宏大，成为当时中国屈指可数的军事工业基地。在军事上，他整军经武，打造出一支装备精良、战力强劲的奉军，令列强不敢小觑。

然而，张作霖的人生并非一帆风顺。在复杂的政治局势中，他既要与国内各路军阀周旋博弈，又要在日本和俄国之间巧妙平衡。他时而强硬，坚决抵制日本对东北权益的过度索取；时而妥协，为了保存实力不得不做出一些让步。

皇姑屯的那一声巨响，终结了张作霖叱咤风云的一生。他的离世，给东北乃至中国的历史走向带来了巨大影响。

张作霖的一生，是充满传奇与争议的一生。他是乱世中的枭雄，凭借着自身的努力和智慧，从无名小卒成为掌控东北的一方霸主；他也是复杂的政治人物，在国家大义与个人利益间挣扎权衡。他经略东北的故事，就像一部波澜壮阔的史诗，至今仍被人们津津乐道，成为研究那个时代不可或缺的鲜活样本。

提到张作霖，就不能不说起他创建的东北大学。

谁也不会想到，这个出身于草莽间的乱世枭雄，会如此重视教

皇姑屯事件

1928 年 6 月 4 日凌晨，北洋政府陆海军大元帅张作霖的专列驶出皇姑屯火车站不久便遭到日本关东军预埋炸药的袭击，张作霖身受重伤，旋即殒命。这一事件史称"皇姑屯事件"。

2016—2017 年，沈阳市档案馆申报并完成"皇姑屯事件档案资料保护与开发项目"和"九一八事变档案资料保护与开发项目"，并陆续推出了《日俄战争奉天大会战影像》《满铁奉天附属地影像》《皇姑屯事件档案资料图集》等项目成果，对"皇姑屯事件"发生前的近代沈阳历史重大事件档案资料进行了系统性的保护与开发。

张学良旧居

　　张学良旧居始建于 1914 年，位于沈阳市沈河区朝阳街少帅府巷 46 号，总占地面积 5.3 万平方米，建筑面积 3.5 万平方米，是东北地区规模庞大、保存完好的名人故居，被列为全国重点文物保护单位、首批全国优秀近现代建筑群。

1928 年 7 月，东北大学工科增设建筑学系，开创了中国高等建筑教育的先河。

起初，建筑系的师资力量极度缺乏。梁思成及夫人林徽因是东大建筑学系最先受聘到校任教的两位教授。1929 年，张学良校长设奖征集东北大学新校徽。林徽因设计的"白山黑水"图案在众多设计作品中脱颖而出，最终被采用为东北大学的正式校徽。现在使用的校徽在此基础上做了修改，加入了张学良 1992 年为东北大学题写的校名。1931 年，九一八事变爆发，东北沦陷，东北大学师生开启辗转流亡之路。建筑学系毕业生中投身建筑教育事业的超过半数，足迹遍布大江南北，为近代中国的建筑教育事业做出了突出贡献。

林徽因设计的校徽整体呈圆形，其内有一个中心圆，里面书有"知行合一"四个字；中心圆外的上半部是一个环形半圆，正中有艮卦符号，两边各有两字，组成"东北大学"校名；在中心圆外的下方是"白山黑水"图案，两侧绘有熊、狼。寓意东北大学要肩负起保卫、开发、建设东北和警惕帝国主义侵略的神圣使命。

东北大学南迁四川三台时的校门

育和对人才的培养，他以独到的眼光和雄才大略的胸怀在东北大地上率先开启了现代新式教育的先河。

无疑，在最先实践现代高校建设的征途中，东北大学在这片古老而年轻的土地上闪耀着独特的光芒，它的创建与发展，本身就是一幅关于东北经略和人才经略的历史画卷。

1921 年初，奉天教育厅长谢荫昌的一番建言，如同一颗种子，播撒在张作霖这个东三省巡阅使的心中，兴办大学教育的想法就此萌芽。

1922 年春，东北大学筹备委员会在乱世动荡中成立。最先，以沈阳高等师范学校为基础开办理、工两科，以沈阳文学专门学校为基础开办文、法两科。

1923 年 4 月 26 日，东北大学之印开始启用，这标志着东北大学正式宣告成立，首任校长王永江亲题"知行合一"为校训。那时的东北大学，校址选定在昭陵前白桩外，占地千余亩，仿柏林大学设计，还开设了供学生实习的东北大学工厂。

1928 年，张学良兼任东北大学第三任校长。他捐出巨额财产，扩建校舍、聘请名师、购置设备、资送学生出国。东北大学一时英才荟萃，风光无两，成为国内一流高等学府。

然而，1931 年九一八事变爆发，日军的铁蹄无情地踏碎了校园的宁静。东北大学被迫踏上流亡之路，先后辗转北平、开封、西安、四川三台等地。但东北大学师生从未放弃，他们在流亡中坚持办学，积极投身抗日救亡运动。一二·九运动中，东大师生是先锋队和主力军，音乐教师阎绍璩谱写的《五月的鲜花》更是传唱大江南北。

东北大学自诞生起便与东北这片广袤土地紧密相连，从文化救国到工业报国，再到科技强国，都坚实地刻下东北大学的印记。尤其在今天的人才创新培育上，东北大学越来越彰显出它对东北的价值和意义。

东北大学不断构筑人才创新高地，为东北输送了大批栋梁之材。从冶金、机械等传统优势领域，到如今的计算机、自动化等新兴学科，无数学子从这里走出，投身东北建设。他们带着专业知识与创新精神，成为企业的技术骨干、科研院所的领军人物，为东北产业升级注入活力。同时，校园里的学术讲座、文化活动，丰富了东北的文化内涵，提升了地区文化品位。

东北大学宛如一颗璀璨明珠，从白山黑水间的初创，到战火纷飞中的坚守，再到新时代的蓬勃发展，东北大学始终抱着坚定的家国情怀，与国家命运紧密相连。它以源源不断的人才、创新成果和精神力量，在东北振兴的新征程中发挥着重要的作用。由此，也必将在新的历史天空放射出独特的光芒。

中国奥运第一人

东北大学早在建校之初便高度重视体育运动，在张学良"健身强国、抵御外侮"的办学理念指引下，东北大学在国内率先开办了体育专修科，"中国奥运第一人"刘长春就是东北大学体育专科的首届学生。

刘长春在1929年举办的第十四届华北运动会上取得了傲人的成绩，一举打破男子100米跑、200米跑和400米跑三个短跑项目的国家纪录，震惊全国。张学良得知喜讯后，勉励他说："不仅要与国人抗衡，还要敢和外国人争雄。"1932年，刘长春以中国历史上第一位奥运选手的身份，孤身前往美国洛杉矶，参加了第十届奥林匹克运动会。在没有教练、没有队友、几乎没有任何支持的情况下，他坚毅地完成了比赛，成为中国奥运历史上的先驱者，东北大学也成为中国奥运第一校。

东北大学宁恩承图书馆

国之所需，先生所赴

在长春市东中华路上有一面大师墙，灰白的墙面，黑色的墙头，墙上是吕振羽、匡亚明、唐敖庆、于省吾等17位先生的浮雕。

2023年6月，吉林大学原创话剧《先生向北》在长春首演，该剧以海外留学青年、吉林大学校友陆小北（虚构人物）回国发展的人生选择为线索，以其犹豫不决到毅然决定回到母校这一思想转变过程为主线，以陆小北与匡亚明等"北上"的先生们跨越时空的对话为高潮，重现了"北上"先生们筚路蓝缕、笃行不息，为建设吉林大学而扎根东北、奋斗终生的故事。

2025年1月，由中共吉林省委宣传部指导、吉林广播电视台拍摄制作的27集大型系列纪录片《先生向北》在首届中国（吉林）真实影像大会举行首发仪式。纪录片以国家站位，翔实讲述匡亚明、于省吾、唐敖庆等一代名流的传奇故事，深入发掘整理历史上吉林省繁荣文化景观的发端、历程和人文基础，展现了科学家、文史学家们质朴笃厚的人格。

新中国成立后，东北交到人民自己的手中，在这片广阔的天地里，东北又将书写和创造怎样的历史奇迹？

在新旧政权交接的历史转机下，一个崭新的名字开始缓缓登上历史舞台。它，就是后来被称为亚洲最大的大学——吉林大学。

1946年，在饱经战火洗礼的东北大地上，一个新的希望正在悄然孕育。彼时，抗日战争刚刚取得胜利，中国大地百废待兴，东北作为重要的工业基地和战略要地，其建设和发展对于整个国家的未来走向至关重要。

然而，由于历经长期战乱，东北面临着人才匮乏的严峻挑战，亟须培养大量能够担当建设和管理重任的人才。在这样的时代背景下，吉林大学的前身——东北行政学院，于1946年10月5日在东北解放区首府哈尔滨市正式成立。

东北行政学院的诞生，承载着重大的历史使命，旨在为东北革命根据地的建设和新中国的诞生储备力量。学院从一开始就以培养用马列主义、毛泽东思想和党的方针政策武装起来的政权工作干部为目标，积极开展教学活动。在艰苦的条件下，学院克服重重困难，为东北乃至全国的解放事业和建设事业输送了一批又一批优秀人才。

这些学员在毕业后，迅速投身到土地改革、政权建设等工作中，为巩固东北革命根据地、推动社会进步发挥了重要作用，成为那个时代的中流砥柱，为新中国的诞生奠定了坚实的人才基础。

伴随着吉林大学在东北大地上的升起，一个个闪亮的名字也随着吉林大学跃然升空。

于省吾、匡亚明、唐敖庆、蔡镏生……这些散发着学术光芒的

先生

北海

先生之風
山高水長

系列纪录片
A Documentary Series
Titled 'Going to Northeast'

以鲍盛华同名原著为文学蓝本的纪录片《先生向北》海报

工作中的于省吾

大先生，越过荒凉的岁月，在东北大地上开启了他们的灿烂人生。

在东北乃至全国的学术版图上，于省吾都是一颗闪耀的明星，他的教学与研究生涯，如同一部波澜壮阔的史诗，镌刻在这片黑土地的文化记忆中。

于省吾初到东北，正值这片土地在文化复兴的道路上艰难起步。彼时的吉林大学，虽条件艰苦，却充满了对知识的渴望与追求。于省吾身着朴素的长衫，走进那略显简陋的教室，目光中却满是坚定与热忱。

他的课堂，仿佛是一扇通往古老文明的大门。讲台上，他手持泛黄的古籍，用略带乡音的语调，将古文字的奥秘一一揭开。当讲解甲骨文字时，他会拿起粉笔，在黑板上工工整整地临摹出那些古老的符号，一边讲解其演变源流，一边讲述其背后隐藏的历史故事。学生们聚精会神，仿佛能看到几千年前古人在龟甲兽骨上刻下文字时的场景。

在研究的道路上，于省吾更是一位孤独而坚毅的探索者。他的书房，堆满了古籍善本和考古资料，一盏昏黄的台灯，陪伴他度过无数个漫长的夜晚。面对那些斑驳的甲骨和青铜器铭文，他如获至宝，仔细端详，反复揣摩。为了考证一个字的含义，他会查阅大量的文献，从浩如烟海的资料中寻找蛛丝马迹。

有一次，为了研究一件新出土的青铜器上的铭文，于省吾废寝忘食。他整日守在那件文物旁，时而紧锁眉头，时而眼前一亮。连续数天的钻研，让他面容憔悴，但他浑然不觉。最终，他成功解读了那段铭文，为研究古代历史提供了重要的线索，在学术界引起了轰动。

大东北

于省吾不仅在学术上造诣深厚，对学生更是关怀备至。课余时间，他总会与学生们围坐在一起，谈古论今。他鼓励学生大胆质疑，勇于创新，用自己的学识和人格魅力，影响着一代又一代的学子。

在东北地区的岁月里，于省吾将自己的一生都奉献给了教学与研究事业。他的辛勤耕耘，让这片土地上的学术之花绚烂绽放。他就像一座灯塔，照亮了后来者在古文字学和古史研究道路上前行的方向，他的精神，也将永远在东北的学术星空中闪耀，激励着无数人在追求知识的道路上不断奋进。

在东北教育的征程中，匡亚明更是一位无法被忽视的杰出人物，他与吉林大学的渊源，为东北的人才教育事业涂上了浓墨重彩的一笔。

20 世纪 50 年代末，匡亚明肩负使命来到东北，投身于吉林大学的建设与发展之中。彼时的吉林大学虽已具雏形，但在教学体系、学术氛围等方面仍有巨大的提升空间。匡亚明一到任，便以敏锐的洞察力和果敢的行动力，大刀阔斧地展开改革。

他不辞辛劳，四处奔走，广纳贤才。他亲自拜访学界泰斗，以真诚和对教育的热忱打动了许多知名学者，邀请他们来到吉林大学任教。在他的努力下，吉林大学的师资队伍迅速壮大，汇聚了一批在国内外都颇具影响力的专家教授。这些优秀的教师带来了先进的教学理念和丰富的学术资源，为学生们打开了新知识的大门。

为了办好这所共产党在东北地区亲手创办的高等学府，匡亚明肩负重托，为吉林大学输入了独特的教学理念。他认为，大学不仅要传授知识，

左 / 著名教育家匡亚明
右 / 匡亚明校长与副校长佟冬（左一）、副校长刘静（右一）合影

吉林大学前卫校区唐敖庆楼，以吉林大学前校长、中国科学院院士、著名化学家唐敖庆先生命名

更要培养学生的品德和社会责任感。他倡导"德才兼备，全面发展"的教育方针，鼓励学生积极参与社会实践和公益活动。在他的影响下，吉林大学培养出了一批又一批有理想、有担当的优秀人才。这些人才走向社会后，在各个领域发光发热，为东北地区的发展作出了重要贡献。

匡亚明在东北地区，尤其是在吉林大学的这段岁月，是他教育理想的实践，也是他对东北教育事业无私奉献的见证。他的努力和付出，不仅改变了吉林大学的面貌，更为东北教育的发展注入了强大的动力。

除了于省吾、匡亚明等这些人文科学领域的大师，在吉林大学建设的征途中，更有一大批如唐敖庆这样的自然科学界的巨擘。

唐敖庆被誉为"中国量子化学之父"，他带着对科学的无限热忱，在东北的科研领域开疆拓土。在吉林大学的实验室里，他带领着科研团队日夜

"中国量子化学之父"唐敖庆

奋战。面对科研难题，他从不退缩，凭借着卓越的智慧和坚韧的毅力，一次次突破瓶颈。他的研究成果在国际上引起了广泛关注，为中国在量子化学领域赢得了声誉。他不仅在科研上取得了重大成就，还注重培养年轻一代的科研人才，为东北地区的科研事业培育了一支高素质的科研队伍。

这些老一辈知识分子，在新中国最需要他们的时候，毅然走进东北，将自己的青春和热血奉献给了这片土地。他们在不同的领域，以各自独特的方式，为东北地区的文化繁荣、教育发展和科技进步作出了不可磨灭的贡献。

先生向北，一路向北，繁花落叶伴岁月轮回……

他们的故事，如同一曲激昂的交响乐章，奏响了东北地区发展的壮丽旋律，他们的不朽功勋，像一座座石刻的丰碑，永远矗立在东北的大地上。

军校坐标，
传奇将领陈赓奉命筹建"哈军工"

在广阔的东北天地里，在新中国建设东北的宏伟蓝图中，在热火朝天、烽烟滚滚的革命浪潮中，怎能少了军工教育的身影？在先生向北的大军中，我们不能忘记陈赓大将和他开创的哈军工。

在新中国成立之初，百废待兴，国际局势风云变幻，以美国为首的西方国家对新生的中国采取封锁、孤立政策，甚至在周边地区挑起战事，随着朝鲜战争的爆发，国家安全面临着严峻挑战。

另外，国之初建，国防工业基础薄弱，不但缺少重型的军工装备制造，更缺乏专业的军事技术人才。为了打破这一困境，以毛泽东同志为核心的党的第一代中央领导集体以高瞻远瞩的战略眼光，决定建一所属于自己的军工高校。

在这样的时势背景下，历史选择了陈赓。

1952年，抗美援朝的战火还在燃烧，中国人民志愿军副司令员陈赓突然接到中央军委的命令，火速回国。原来，党中央将要赋予他一项更为庄严、重大而艰巨的使命——创建新中国第一所高等军事技术院校，这个院校就是哈军工！

接到任务后的陈赓，深知责任重大。于是，他马不停蹄地开始了哈军工的筹备工作。

创建军工高校，首先要做的就是为这个重要的学府选一个理想的办学之地。当年的陈赓，在苏联专家的陪同下，四处考察，最终选定了哈尔滨这片充满生机与潜力的土地。

随后，陈赓迅速成立了军事工程学院筹备委员会，还把临时的办公地点设在了北京地安门恭俭胡同59号院。他对抽调来的干部们严肃地说："军中无戏言。筹备工作要立刻开始，争取三个月内基本完成各项工作，12月

左／　哈军工炮兵工程系大楼，又称 21 号楼

右／　中国人民解放军军事工程学院成立暨第一期开学典礼分列式

迁往哈尔滨办公。"

时间紧迫，任务艰巨，一向以爱开玩笑著称的陈赓，一旦面对重大的任务，眼神中就充满了坚定。

师资是办学的关键。陈赓想尽办法，一方面从全国高校选调了一批像弹道学专家张述祖这样的优秀教授、专家；另一方面从军队中抽调有文化基础和实践经验的干部、技术人员充实教师队伍。同时，他还积极邀请了100 余名苏联专家来校任教和指导，让哈军工从一开始就站在了高起点上。

解决了师资问题，校舍建设也刻不容缓。

1953 年 4 月 25 日，陈赓亲自铲下了第一锹土，揭开了校园基建工程的序幕。他组织建筑委员会，按照"长期打算，坚固耐用，正规要求，经济适用"的方针，带领大家日夜奋战。在他的不懈努力下，一座座具有特色的教学大楼拔地而起。

教材及设备的筹备同样困难重重。陈赓组织人员根据教学需求编写教材，还积极争取国家支持，从国内外购置了大量先进的实验设备和器材，为教学和科研提供了坚实保障。

1953 年 9 月 1 日，这是一个注定要载入史册的日子，中国人民解放军军事工程学院正式成立。陈赓在日记中激动地写道：这是一个"永远值得我们纪念和庆祝的日子"。在开学典礼上，陈赓看着整齐列队的学员，眼中满是欣慰与期望，从此，哈军工在陈赓的带领下，踏上了为新中国培养高级军事技术人才的伟大征程。

哈军工的创建，为新中国培养了一大批优秀的军事技术人才。这些人才分布在国防科技的各个领域，成为推动我国国防现代化建设的中坚力量。他们有的参与了导弹、火箭的研制工作，有的在舰艇制造、航空航天等领域发光发热，为我国国防事业的发展立下了赫赫战功。

与此同时，哈军工还在科研领域取得了一系列重大成果。学院的科研团队攻克了许多包括舰艇动力系统、航空发动机等在内的诸多技术难题，为我国的国防科技进步作出了巨大贡献，填补了一系列国家空白，提升了我国的国防实力。

哈军工对新中国的重大贡献，不仅体现在国防科技领域，还在于它在时代的淬火历练中铸就的哈军工精神。它不但给学员补充了高精尖的科学技术知识，更把一种坚韧不拔的意志和强烈的爱国情怀注入了学子的血脉中。这种精神激励着一代又一代的科技工作者为实现强国梦、强军梦而不懈奋斗。

后来，随着国家战略的需要，哈军工进行了一系列调整，但哈军工这个名字，就像一座不朽的丰碑，永远矗立在共和国的奋斗档案里。它和大东北一起，直接推动和见证了新中国国防事业从无到有、从弱到强的伟大历程，为新中国的繁荣稳定和国家安全提供了坚实的保障。

大东北

垦荒东北，
中国现代拓荒史上的英雄壮歌

先生向北，在黑土地上耸立起科学技术的高峰；军校奠基，挺立起国防建设和教育的胸腔。与此同时，一幅关于垦荒东北的宏图也在悄悄酝酿。

新中国成立之初，一穷二白的境况，是现实，也是事实，更是亟须解决的重大国事。在那个物资匮乏的年代，粮食问题成为国家发展道路上的关键所在。就是在这一背景下，那块位于黑龙江省北部，横跨三江平原、黑龙江沿河平原及嫩江流域，总面积达 5 万多平方公里，因荒无人烟而被称为"北大荒"的土地，走进了国家的视野。

1954 年，铁道兵司令员兼政委王震来到黑龙江省视察。当他俯身捧起那一把黝黑发亮、肥沃得仿佛能攥出油来的土壤时，一个伟大的构想在他心中悄然萌生——如果在这里兴办一个农场，为国家生产更多的粮食，那该多好！

1955 年初春，王震亲自点燃了爱民大队的第一把荒火。熊熊火焰，如同划破黑暗的光芒，不仅驱散了肆虐的虫害，更点燃了北大荒开发的希望，进而也开启了这片土地的春天，拉开了大规模开发建设的宏伟序幕。

1958 年，党中央高瞻远瞩，通过了《关于发展军垦农场的意见》，王震顺势提出动员 10 万转业官兵挺进北国边疆开发北大荒的建议。一时间，转业复员官兵、满怀理想的大专院校毕业生、响应号召的内地支边青年以及充满朝气的城市知识青年，纷纷背上行囊，怀抱着对未来的无限憧憬和建设祖国的满腔热忱，奔赴这片充满希望的荒原。他们如同点点繁星，汇聚成一股磅礴的力量，向着北大荒进发。

初到北大荒，展现在众人眼前的是一片茫茫沼泽和荒无人烟的景象。这里没有遮风挡雨的房屋，他们就用简单的材料搭起马架，或是直接睡在冰冷的地铺上；没有称手的工具，他们就凭借着自己的双手和肩膀，手拉

肩扛。北大荒的冬天，冷得仿佛能将空气都冻结，最低气温可达零下四十多摄氏度。但北大荒的建设者们，没有一个人被这恶劣的环境吓倒。他们迎着刺骨的寒风，冒着纷飞的大雪，在冰天雪地中挖渠修坝，开垦荒地。

在这片土地上，每天都上演着可歌可泣的动人故事。战士们与恶劣的自然环境顽强抗争，他们的双手布满了老茧和伤痕，却从未停下劳作的步伐。他们用坚韧的意志，在这片荒原上播下了希望的种子。

春天，他们争分夺秒，将种子播撒进肥沃的土地；

夏天，他们头顶烈日，在田间地头辛勤劳作，与肆虐的病虫害展开殊死搏斗；

秋天，看着那一片片金黄的庄稼在微风中翻滚，丰收的喜悦洋溢在每一个人的脸上；

冬天，他们也未曾停歇，忙着修缮农具，为来年的春耕做精心准备。

经过几代人持之以恒的不懈努力，北大荒发生了翻天覆地的变化。曾经的亘古荒原，如今摇身一变，成为拥有 113 个大型农牧场、2000 多个企业、3500 万亩耕地的"北大仓"。

北大荒的开发，带来的不仅仅是物质上的丰硕成果，更孕育出了伟大

大东北

的北大荒精神。"艰苦奋斗，勇于开拓，顾全大局，无私奉献"，这 16 个字，是北大荒人用青春和生命铸就的不朽火炬，是他们留给后人最为宝贵的精神财富。

北大荒的成功开发，无疑是中国农业发展史上一座巍峨的航标。它为中国的粮食安全和农业现代化立下了汗马功劳，其开发建设过程中积累的丰富经验，对于当今的现代农业发展和乡村振兴战略，有着重要的借鉴意义。同时，北大荒精神也已成为中国特定历史时期的独特文化符号，它的传承与弘扬，有助于后人更加深入地了解那段波澜壮阔的历史，促进民族精神的代代相传和不断发展。

如今，站在新时代的浪潮之巅，北大荒正续写着属于自己的辉煌篇章。科技的飞速发展，为这片古老的土地注入了新的生机与活力。北大荒利用科技园区积极引入人工智能、云计算、物联网等新兴技术，应用于农业科研管理之中。通过开发建立农业科研管理大数据平台，实现了化验数据、调查记录、科研成果、人才信息等的可视化表达、数字化设计和智慧化管理。先进的农业机械装备和科学合理的种植模式，让北大荒的农业生产效率大幅提升，粮食产量持续稳步增长。

与此同时，北大荒人也在积极践行绿色发展理念，高度重视生态环境保护。曾经被开垦的部分耕地和荒山，在人们的悉心呵护下，又重新披上了绿装，变回了茫茫林海，实现了人与自然的和谐共生。如今的北大荒，呈现出一幅"土变黑，黑土生金；水变清，清流千里；树变绿，绿满青山"的动人画卷，成为一座名副其实的绿色宝库。

回首往昔，北大荒的开发历程是一部气势恢宏、充满激情与奋斗的壮丽史诗；展望未来，北大荒必将在新时代新征程中，继续发挥其重要作用，为国家的粮食安全和经济发展贡献更为强大的力量。

这片充满希望的土地，将永远闪耀着北大荒精神的璀璨光芒。

在众多可歌可泣的垦荒东北的人物和故事里，两个女子的故事无疑彰显着最具代表性的力量——

梁军是新中国第一位女拖拉机手，她的故事激励了无数女性投身农业机械化事业。1948 年，梁军参加了黑龙江省北安市举办的拖拉机手培训班，成为 70 多名学员中唯一的女性。她克服了性别偏见和技术困难，最终以优异的成绩毕业，成为新中国第一位女拖拉机手。

左／　女拖拉机手梁军

右／　通北农场女拖拉机手留影，下排右一为刘瑛

在梁军的影响下，1950 年，黑龙江省成立了以她为队长的女子拖拉机队。这支队伍成为当时的一面旗帜，吸引了更多女性加入拖拉机手的行列。梁军带领队伍在北大荒开荒种地，克服了恶劣的自然条件和艰苦的生活环境，展现了女性的坚韧与毅力。

刘瑛是北大荒的另一位传奇人物。

她与北大荒结缘于 1950 年。那一年，北京召开了首届亚洲妇女代表大会。14 岁的北京姑娘刘瑛在欢迎各国代表的仪式上，第一次见到了从北大荒来的女劳模梁军。

受梁军的故事感染，年仅 14 岁的她追随梁军的脚步来到北大荒，成为一名收割机手。她参与创建的友谊农场，实现了当年开荒、当年种地、当年丰收的壮举，也换来了社会主义新中国"天下第一场"的称号。

刘瑛在北大荒工作了数十年，创造了多项全国纪录。她的故事展现了第一代女拖拉机手和收割机手的精神风貌。

北大荒的开荒工作充满了挑战。拖拉机手们每天工作十几个小时，面对严寒、蚊虫和野狼的威胁。尽管如此，她们依然坚持工作，开垦出大片肥沃的土地。梁军和刘瑛等拖拉机手不仅驾驶拖拉机，还学习维修和保养机器，成为多面手。

北大荒的女拖拉机手们不仅为国家的粮食生产作出了巨大贡献，还传承了艰苦奋斗、勇于开拓的北大荒精神。她们的事迹被广泛报道，激励了更多年轻人投身农业建设。梁军的形象还被印在了第三套人民币的一元纸

大东北

币上，成为新中国女性力量的象征。

梁军和刘瑛的故事不仅是一段历史，更是一种精神的传承。她们用汗水和青春开垦了北大荒的黑土地，为国家的粮食安全做出了巨大贡献。她们的事迹至今仍激励着后人，成为艰苦奋斗、勇于开拓的典范。

在那段激情燃烧的岁月，14万名复转官兵、20万名内地支边青年、54万名城市下乡知青、10万名大中专院校毕业生等百万拓荒者响应国家的号召，前赴后继，如潮水般涌到这片黑土地上，将自己的青春与理想，献给了北大荒。

在北大荒博物馆里，有一面27米长的北大荒故人墙，仅在北大荒开发建设初期，就有1万多名北大荒人把宝贵的生命留在了这片土地上。

无数的奉献和牺牲，换来的是彪炳史册的壮举。昔日的北大荒由此变成了今天的"北大仓"。来自北大荒的数据显示，2021年，北大荒农垦集团粮食作物总产量达460亿斤以上，累计为国家生产粮食超10000亿斤，成为保障国家粮食安全的坚固基石。

"为有牺牲多壮志，敢教日月换新天。"老一辈北大荒人的牺牲奉献，把荒原变成良田。而新一代的北大荒人，正用他们的想象力与创造力，书写着新时代的北大荒传奇……

山海关不住，
孔雀向北飞

在新时代东北振兴的号角声中，如今的东北大地正掀起一场震天动地的新叙事。如这片土地历史上曾经上演的风起云涌的剧情一样，新一代的大东北也在广阔天地里谱写着属于自己的英雄传奇。

东北三省一区求贤若渴，都在努力拿出最大的诚意，引进人才，留住人才，让曾经因人才而兴的大东北，再次成为各类人才干事创业、实现人生理想的新高地。

在谈到辽宁的人才引进政策时，辽宁省委书记郝鹏豪迈地表示：

东北振兴，人才是关键。我们拿出惜才如金、唯才是用的诚意，优化实施"兴辽英才计划"，创新实施"百万学子留辽来辽"行动，一大批高端的人才纷至沓来。"2024博士沈阳行"活动，吸引了517所国内外高校的6860名博士，阵容之大，史上空前。辽宁的人气越来越旺，成为投资兴业的热土。"山海关不住，孔雀向北飞"成为了潮流。

孔雀向北飞，有人因为喜爱她的辽阔，有人则出于对她的仰望。中国科学院金属研究所、沈阳材料科学国家研究中心研究员王春阳就是因仰望东北而北飞。

王春阳是湖北仙桃人，美国加利福尼亚大学博士研究员。

2024年，王春阳选择回国加入他心中的科学殿堂——中国科学院金属研究所，专攻电池材料研究。

中国科学院金属研究所创建于1953年。许多在海外学成归来的科技工作者，怀揣着报效祖国的理想，北上来到沈阳，投身于为新中国科技事业夯基垒台的建设中。

大东北

金属研究所首任所长李薰（右一）正在进行定氢实验

除了金属研究所的大师传奇和科研实力，吸引王春阳这样的青年科技人才北上就业的，还有当地的人才引进政策。据王春阳介绍，辽宁省的"兴辽英才计划"及 2024 年新出台的"兴沈英才计划"在科研经费、安家补贴等方面给予高精尖人才非常大的支持。

在辽宁大踏步栽下梧桐树引得凤凰来的时候，吉林、黑龙江、内蒙古也都在重振东北雄风的征程中推出了一系列吸引"孔雀向北飞"的新时代人才创业行动。受此激励，猎猎寒风中，无数青年才俊沿着先辈的足迹踏上这片火热的土地。

左／　中国科学院院士葛庭燧（右一）与鞍钢工人一起攻关解难
右／　中国科学院院士师昌绪在金属研究所 1982 级研究生开学典礼上讲话

1986年，我从营口市二轻技校钢琴制造班毕业后，被分配到东北钢琴厂。那时的东北钢琴厂是辽宁省出口第一名，也创造了钢琴行业的一个奇迹——年出口三角钢琴6000架。2007年，东北钢琴厂像当年东北很多的国企一样难以为继，被美资企业收购，我也离开了工厂，辞职创业。2019年，在政府的推动下，我带着全部身家购回原东北钢琴厂全部资产，召集回了当年一起在工厂打拼的老同事们。直到重生的东北钢琴在2020年上海乐器展亮相，来自国外市场的订单不断发来，我才真切地意识到：东北钢琴，真的在我们手里复活了！

张晓文
东北钢琴乐器有限公司董事长

扫码观看
亲历者说

据统计，2020年以来，58.2万人回到吉林创新创业；2023年，辽宁省人口净流入8.6万人，扭转了连续十一年人口净流出的局面；2024年，黑龙江省内高校毕业生留在哈尔滨的人数为4.34万人，近5年来首次实现近20%的增长。

随着无数人一起飞向东北的，还包括从国外归来、献身新东北发展的海外学子，毕业于日本岩手大学的杨溪就是其中的一位。

2018年，在聆听了吉林大学举办的海外人才引进宣讲会后，杨溪动了来东北的念头，并于2021年回国加入吉林大学人工智能学院。他参与的人工智能与青铜器交叉研究取得了一系列成果，推出"吉金识辨·青铜器智能断代与辨类"小程序，实现了对青铜器的器类与年代进行智能判断，改变了以往青铜器断代工作只能由少数专家依据知识积累和实践经验才能完成的状况。

谈到新时代东北振兴行动，吉林省委书记黄强表示：

我们现在就是要赓续文脉，充分发挥科教的优势，纵深推进教育、科技、人才、产业一体发展。我们抓人才的引、育、留、用，我们要求吉林的各级干部当明白人，吸引众多的专业的聪明人。希望广大科技和教育工作者学习老一辈科学家、教育家的志气、骨气，努力攻破更多的"卡脖子"难题，为国争光。

在黑龙江、吉林、辽宁相继发力的时候，内蒙古自治区也在努力演绎着草原的变奏曲。

近年来，内蒙古自治区党委和政府围绕人才引进、培养、评价、激励等关键环节，着力完善富有地方特色、务实管用的人才政策体系，为各类人才搭建宽广舞台。特别是2024年7月，自治区党委办公厅、自治区人民政府办公厅出台了《关于实施"英才兴蒙"工程若干政策的意见》，将"草原英才"工程全面升级为"英才兴蒙"工程，进一步为年轻人在草原上施展才华提供了广阔空间。

在内蒙古自治区东北部的呼盟和锡盟，辽阔的呼伦贝尔和锡林郭勒大草原不仅是骏马自由驰骋的天地，也是新一代年轻人施展才华的舞台。"天苍苍，野茫茫，风吹草低见牛羊"的草原给了他们幸福的家园，也给了他们得以放牧青春的博大雄心。

西乌珠穆沁旗是全国草原畜牧业转型升级的 15 个试点地区之一。全旗通过良种种牛补贴等方式，大力推广"减羊增牛"战略，鼓励广大牧民少养对草场破坏较大的羊群，通过少养精养牛群，提高牧民的收入。由此，很多年轻人开始回归草原，将高科技与传统放牧实现了完美嫁接。就是在这种背景下，一个全新的新时代养牧方式在草原上逐渐铺展开来……

大东北的乐章，没有终止符。全面振兴的协奏曲，雄壮昂扬。一代代向北而行的拓荒者、革命者、建设者、创业者，走过历史的沧桑，走过激情燃烧的岁月，于苦难中创造辉煌，在逆境中坚守梦想。

正是有了他们的故事，这方天地才更加广阔。

正是有了他们的接力前行，这片沃土始终充满希望。

向北而行，不仅是一次行动，更是一种精神，从历史到今天，细数这一场场规模浩大的东北创业故事，无论是风云历史中的枭雄，还是科技创新中的学术巨擘，抑或是辛勤耕耘、干事创业的每一位普通人，他们的精神都能给人以勇气，给人以力量，成为指引人们不断前行的璀璨灯光！

[亲历者说]

2016 年，我从内蒙古大学毕业后与妻子吉如嘎一同前往俄罗斯圣彼得堡大学留学，主修社会学专业。2018 年一同从俄罗斯留学归来，接手经营家庭牧场。那时候，牧民养的羊和马特别多，整个草场呈现出一种沙漠化的状态。面对这样的情况，我一直想，能不能少养一点牲畜，劳动力省一点，收入能不能高点？在新政策的指引下，我们重新审视规划了早在学校时就已构思好的发展蓝图，转变了生产经营方式，调整牲畜结构，精心建设牲畜暖棚等基础设施，逐渐走出了一条牧业发展新路径。

敖木希勒

新型职业牧民、
西乌珠穆沁旗牧缘合作社负责人

扫码观看
亲历者说

大东北的高天厚土，不仅是滋养万物的黑土，

更是诞生伟大精神的沃土。

纵观历史的风云激荡，每当一个时代需要呼唤民族的热血时，

大东北这块神奇的土地上，总能奇迹般的挺立起一面面猎猎旗帜。

从近代抵御外敌入侵的烽火岁月，到新中国成立后的建设浪潮，

东北大地上诞生了如东北抗联精神、抗美援朝精神、

大庆精神、雷锋精神等诸多时代精神。

这些伟大精神犹如历史行进的坐标，

指引和承载着我们这个国家和民族的历史记忆与价值追求，

它们以英雄群像的范式，构成了中华民族独特的精神标识。

丹东抗美援朝纪念馆雕塑

精神闪耀

黄海怒涛，
爱国忠魂激发九州壮志

黄海海战

1894年9月17日，中日双方海军在鸭绿江口外的黄海大东沟海面展开激战。这场海战被称为黄海海战，亦称大东沟海战。此役是以日舰率先撤出战场而告终，但北洋海军却遭受重创，提督丁汝昌身负重伤，致远、经远等四舰沉没，副将邓世昌、林永升等壮烈殉国，伤亡数百人；日本联合舰队有六舰受重创，却无一沉没。自此，北洋海军退守威海卫，使黄海制海权落入日本联合舰队之手，对甲午战争的后期战局产生了决定性影响。

故事还是先从邓世昌讲起吧。

130年前，发生在今辽宁省丹东市大鹿岛海域的那场人类历史上第一次大规模铁甲战舰对阵战——中日甲午海战，至今还留在中国人的记忆里。

就是在这场海战中，邓世昌高呼："吾辈从军卫国，早置生死于度外，今日之事，有死而已！"驾驶着伤痕累累的致远舰全速撞向日本舰艇，与全舰200余名官兵一同壮烈殉国。

虽然那是一段令人扼腕和伤感的历史记忆，但在那场悲壮的甲午战争中，在那样一个国运积弱的时代，邓世昌以浩然之气在黄海上空点燃了民族大义的火光，它不仅照亮了黄海的波涛，更点燃了一个民族的爱国热血。他用生命诠释了不畏强敌、舍生取义的浩荡情怀，成为那个风雨飘摇时代的精神象征。

刚建成的致远舰停泊在英国朴次茅斯

鸭绿江入海口附近，按照致远舰的设计图纸 1∶1 建造的致远复制舰

邓世昌的壮烈牺牲不仅是个人的悲壮，更是整个民族的悲痛！

而让今天的我们得以欣慰的是，他的牺牲，在让无数国人痛心的同时，也激发了全国人民的爱国热情和反抗精神。他的英勇和无畏逐渐成为爱国主义的象征，激励着一代又一代的中华儿女为了国家的独立、民族的尊严而不懈奋斗。

今天，在鸭绿江入海口附近，一艘按照致远舰的设计图纸 1∶1 建造的致远复制舰雏形已现，复制的是舰体，传承的却是勇赴国难的民族大义、血战到底的英雄气概。

尽管甲午战争以中国的失败而告终，但邓世昌的英雄事迹和精神，从此就像给这个国家和民族注入了强大的唤醒剂——当国家和民族陷入危难时，总有一种神奇的力量支撑着我们坚韧挺立！

翻开中华民族救亡图存的历史长卷，东北处处挺立着这样的精神航标，在苦难的岁月中留下一首首英雄赞歌，在复兴的道路上孕育出一个个伟大精神。报国心、强国志，历经百年弦歌不辍，穿越时空，长存浩荡。

"丹东一号"清代沉船（致远舰）

辽宁"丹东一号"清代沉船（致远舰）水下考古调查入选"2015 年度全国十大考古新发现"。"丹东一号"沉船位于丹东市西南 50 多公里海域处。2013—2015 年，国家文物局水下文化遗产保护中心会同辽宁省文物考古研究所承担调查工作，通过档案梳理、物探扫测、潜水探摸、抽沙清理等工作，最终在 24 米深的海底找到并确认清北洋水师的致远舰。

沉船遗址埋于粉砂质的沉积淤泥下，海床面只零星露出一些钢材，被覆盖上层层的渔网。在清理过程中，舰体绝大部分区域均发现有火烧痕迹，过火面积较大，从艏部、右舷到艉部均有烧焦的痕迹，这些区域只保存下一些不易燃烧的金属类构件。

歌声回响，
点燃黑土地上的革命火种

起来，饥寒交迫的奴隶，起来，全世界受苦的人，满腔的热血已经沸腾，要为真理而斗争……

每当听到《国际歌》雄壮的歌声，人们就会热血沸腾。这种沸腾不仅缘于它激昂的旋律，更缘于歌词的内涵为我们曾经苦难的东方大地注入了坚强的精神力量。

而这种力量，最先也是从东北大地传播开来的——

1920年11月7日，哈尔滨的寒风中，瞿秋白第一次听到了《国际歌》。那激昂的旋律，仿佛穿越了巴黎公社的硝烟，跨越了欧亚大陆的广袤土地，最终在这片黑土地上生根发芽。东北，这片饱经沧桑的土地，不仅是《国际歌》在中国最早唱响的地方，更是中国革命火种的重要发源地。

1871年，巴黎公社的烈火点燃了无产阶级革命的希望。在"五月流血周"的惨烈巷战中，3万多名公社战士用生命捍卫了他们的理想。公社失败后，诗人欧仁·鲍狄埃写下了《英特纳雄耐尔》（即《国际歌》的歌词），号召全世界被压迫者联合起来。1888年，工人作曲家皮埃尔·狄盖特为歌词谱曲，这首战歌从此响彻全球。

《国际歌》不仅是巴黎公社的精神遗产，更是全世界无产阶级的共同语言。它传递着"起来，饥寒交迫的奴隶"的呐喊，也寄托着"英特纳雄耐尔，就一定要实现"的理想。

《国际歌》的歌声传到东方时，最早在哈尔滨唱响。那时的哈尔滨，是东西方文化交汇的前沿，也是中国革命思想传播的重要窗口。瞿秋白深受震撼，他感慨道："我在哈尔滨闻到了共产主义的空气。"此后，他将《国际歌》翻译成中文，并于1923年发表，使其成为中国革命的重要精神武器。

大东北

瞿秋白的翻译不仅保留了原歌词的革命精神，还巧妙地将"Internationale"音译为"英特纳雄耐尔"，使其成为中国革命者的共同口号。从此，《国际歌》在中国大地上传唱开来，成为无数革命者的精神坐标。

《国际歌》在东北大地的传播，是中国共产党革命火种在黑土地上燃烧的见证。新中国成立后，《国际歌》成为中国共产党全国代表大会的闭幕曲，象征着革命精神的代代相传。

东北的红色精神，也通过《国际歌》的旋律，深深烙印在中华民族的精神图谱中。

东北不仅是《国际歌》最早唱响的地方，也是中国革命的重要战场。1931年九一八事变后，东北抗日联军在极端艰苦的环境中坚持斗争。李兆麟、于天放等抗联战士创作的《露营之歌》与《国际歌》的精神一脉相承，成为激励战士们奋勇杀敌的战歌。

尤为重要的是，能够瞬间唤醒中国人血脉的《义勇军进行曲》，同样与东北的革命岁月息息相关。

中华民族到了最危险的时候，每个人被迫着发出最后的吼声。起来！起来！起来！我们万众一心，冒着敌人的炮火，前进！冒着敌人的炮火，前进！

那么，这首歌曲是怎么诞生的？它的背后，又藏着怎样激荡人心的历史背景和故事？这就不能不说起东北义勇军的故事。

九一八事变爆发后，面对日军的残暴侵略和东北的沦陷，东北人民没有选择屈服，而是奋起反抗，东北义勇军由此应运而生。他们来自不同的阶层，有东北军的爱国官兵、警察、农民、工人、知识分子，甚至还有绿林好汉。这些人怀着对侵略者的满腔怒火和对祖国的热爱，自发地组织起来，拿起武器，与日军展开了殊死搏斗。

1931年11月4日，马占山在黑龙江省率领爱国官兵于嫩江桥对日本侵略军进行奋勇抵抗，史称"江桥抗战"。在这场战斗中，马占山所带领的部队，面对装备精良的日军，毫不畏惧，顽强抵抗。他们用血肉之躯筑起了一道坚固的防线，与日军激战多日，给日军以

《义勇军誓词歌》

起来！起来！
不愿当亡国奴的人！
家园毁，山河破碎，民族危亡！
留着头颅有何用？
拿起刀枪向前冲！
冒着敌人枪林弹雨向前冲！
携起手，肩并肩。
豁出命，向前冲！
用我们身体筑起长城！
前进啊！前进！前进！
豁出命来向前冲！
前进啊！前进！向前进！

沉重打击。

在辽宁，唐聚五组织了辽宁民众自卫军，在东边道地区开展抗日活动，队伍迅速发展壮大，最多时达到 10 万余人。他们多次与日军交战，攻克了多个县城，沉重打击了日军的嚣张气焰。

在吉林，李杜等人组织了吉林自卫军，与日军进行了多次激烈战斗。王德林领导的国民救国军也在延边地区积极抗日，他们联合当地的义勇军、"大刀会""红枪会"等武装力量，给日军以有力的回击。

此后，东北义勇军在各地展开了广泛的战斗。他们袭击日军的据点、破坏交通线、伏击日军的运输队，给日军的统治造成了极大的困扰。

东北义勇军的战斗条件极其艰苦，他们缺乏武器装备，很多人只能拿着大刀、长矛等原始武器与日军作战。他们没有充足的物资供应，常常面临着饥饿、寒冷和疾病的威胁。

然而，这些困难并没有阻挡他们抗日的脚步，在冰天雪地中，他们凭借着顽强的意志、不屈的精神和对家园的热爱，一次次给予敌人沉重打击。除此之外，更有八女投江、赵一曼的英勇就义，更给东北人民群起的抗争增加了女性的力量，这种全民式的奋起，彰显了东北人民捍卫尊严、决不屈服的刚强品格。

当东北义勇军用血肉之躯抗击侵略的时候，他们也用歌声激励着每一个不甘屈服的中国人的心。

《义勇军誓词歌》里写道："起来！起来！不愿当亡国奴的人……"

《血盟救国军军歌》唱道："中华民族到了最危险的时候……"

1932 年 4 月 21 日，辽宁民众自卫军在本溪桓仁发布《告武装同志书》，文告中"万众一心者也""不畏炮火""冒弹雨直进"等语句，直击人心。

作为东北抗日义勇军第三军团的总指挥，唐聚五曾三次见过田汉，他把《告武装同志书》的内容，包括义勇军的战绩，与田汉进行了交流，帮助田汉掌握了第一手的原创素材。这为田汉、聂耳创作《义勇军进行曲》提供了最直接、最真切的基础素材，也使辽宁成为新中国国歌素材地。

1935 年，田汉、聂耳先后完成电影《风云儿女》主题曲《义勇

C調 # 義勇軍進行曲 聶耳作曲

（暫擬用為國歌）

```
         3
1·3 55| 6  5 |3·1 555| 3  1 |
 3  3          f              3
555 555| 1·5 | 1 · 1 | 11 567|
         起 來！ 不  願做 奴隸的

 1   1|03 123| 5   5 |3·3 1·3|
人   們！把我們的 血   肉，築成我們
                 ff
5·3  2|2 — ∨| 6  5 | 2   3 |
新的 長 城！   中  華  民   族

53 05|323 1| 3   0 |5·6 1·1|
到了 最危險的時 候，    每個人被
                        f
3·3 5·5|222 6| 2  ∨| 5 | 1·1 |
迫着發出最後的 吼 聲， 起  來， 起

3 · 3|5 — | 1·3 55| 6   5 |
來， 起 來！  我們萬眾 一   心，
          3
3·1 555|30 10| 5   1 |3·1 555|
冒着敵人的砲 火 前 進，冒着敵人的
          >    >    >    >
30 10|5 | 1 5| 1 5| 1|1  0‖
砲 火 前 進，前 進，前 進，進！
```

（人民政協二十七日通過在中華人民共和國
國歌未正式制定前以為暫時代用國歌）

《黄河大合唱》

沈阳音乐学院的前身是 1938 年由老一辈无产阶级革命家在延安倡导成立的鲁迅艺术学院，是中国共产党创办的第一所高等艺术学院。

"风在吼，马在叫，黄河在咆哮，黄河在咆哮。"这一扣人心弦的经典旋律，是由延安鲁艺时期的音乐系主任、人民音乐家冼星海创作的。1939 年，在抗日战争最艰苦的岁月里，冼星海用一曲《黄河大合唱》表达出了全体中华儿女抵御外侮、坚决抗日的决心和必胜信念。

(總譜)

黄河大合唱

"YELLOW RIVER"

Cantata

2. 黄　河　頌

牡丹江市"八女投江"群雕

抗日战争时期，以冷云为首的东北抗日联军 8 名女官兵，在顽强抗击日本侵略军的战斗中投江殉国，表现了中华民族同敌人血战到底的英雄气概，在人民群众中广为传颂。她们是第二路军第五军妇女团的政治指导员冷云，班长胡秀芝、杨贵珍，战士郭桂琴、黄桂清、王惠民、李凤善和被服厂厂长安顺福。牺牲时，她们年龄最大的冷云 23 岁，最小的王惠民才 13 岁。

为缅怀先烈，教育后人，牡丹江市委、市政府在牡丹江市江滨公园建立八女投江英烈群雕，于 1988 年 8 月 1 日正式落成，时任全国政协主席的邓颖超亲笔题写了"八女投江"四个大字。

军进行曲》的作词、谱曲；5 月 24 日，《风云儿女》首映，该曲随即迅速传遍全国，成为激励中国人民奋勇抗战的号角，对激发中国人民的爱国主义精神起到巨大的作用。

1949 年 9 月 27 日，中国人民政治协商会议第一届全体会议，全体一致通过，在中华人民共和国国歌未正式制定前，以《义勇军进行曲》为代国歌。

1949 年 10 月 1 日，在开国大典上，《义勇军进行曲》作为代国歌第一次在天安门广场响起。

"起来，不愿做奴隶的人们！"那是对民族精神的唤醒。

"中华民族到了最危险的时候……"那是东北义勇军不屈的呐喊和担当，是对侵略者的宣战檄文。

正是这种担当和呐喊，为民族精神注入了坚韧不拔、敢于抗争的磅礴力量。

八女投江

抗美援朝：
战火铸就伟大精神

正是秉承着中华民族不畏强暴、敢于斗争的精神和意志，中国军民在另一个战场上继续铸造着民族之魂。

70多年前，朝鲜半岛战火纷飞，刚刚诞生的新中国面临着严峻的考验。美国不顾中国政府的多次警告，悍然越过三八线，将战火烧到了鸭绿江边，严重威胁到中国的国家安全。在这危急关头，中国人民志愿军肩负着人民的重托、民族的期望，毅然跨过鸭绿江，奔赴抗美援朝战场，与武装到牙齿的"联合国军"展开了殊死搏斗。

在这场力量悬殊的较量中，中国人民志愿军凭借着坚定的信念、顽强的意志和无畏的勇气，创造了一个又一个战争奇迹，锻造了伟大的抗美援朝精神。

1950年11月，朝鲜北部盖马高原迎来了50年不遇的寒冬，气温骤降至零下三四十摄氏度。在这片冰天雪地中，中国人民志愿军第九兵团9万将士，身着单薄棉衣，与武器装备世界一流、战功显赫的美军第十军约10万人展开了一场惊心动魄的殊死较量。

志愿军第九兵团原驻扎在东南沿海地区，为了参加抗美援朝战争，紧急入朝。由于时间紧迫，部队来不及更换厚棉衣，也缺乏足够的冬季装备和物资。然而，面对极端恶劣的天气和强大的敌人，志愿军战士们没有丝毫退缩，毅然决然地奔赴战场。他们昼伏夜行，隐蔽行军，忍受着严寒、饥饿和疲劳，穿越崇山峻岭，按时抵达了预定作战位置，成功对美军形成包围态势。

11月27日夜晚，战斗打响。志愿军战士们如猛虎下山般向美军阵地发起了猛烈攻击。他们在冰天雪地中，与敌人展开了激烈的白刃战，用血肉之躯直面敌人的飞机、大炮和坦克。尽管武器装备悬殊，但志愿军战士们凭借着顽强的意志和无畏的勇气，一次次击退了敌人的进攻。

在战斗中，涌现出了许多可歌可泣的英雄事迹。杨根思，这位特级战斗英雄，在坚守阵地时，面对敌人的疯狂进攻，毅然抱起炸药包，与敌人同归于尽，用生命诠释了"人在阵地在"的誓言；"冰雕连"的战士们，为了完成伏击任务，在阵地上冻成了冰雕，至死保持着战斗姿势，他们的英勇壮举让敌人也为之震撼。

长津湖战役持续了近一个月，志愿军战士们在极度困难的条件下，克服了重重困难，给予美军沉重打击。他们歼灭了美军第七步兵师第三十一团战斗队（"北极熊团"），重创了美军陆战第一师，迫使美军王牌部队经历了有史以来"路程最长的退却"，彻底扭转了东线战场的局势，为抗美援朝战争的胜利奠定了坚实基础。

上甘岭战役，无疑是抗美援朝战争中最为惨烈的一场战斗，也是世界战争史上的经典战役之一。从 1952 年 10 月 14 日至 11 月 25 日，美军调集 6 万余人，对志愿军两个高地约 3.7 平方千米的阵地疯狂倾泻炮弹。上甘岭硝烟弥漫，炮火连天，我方阵地山头被削低了 2 米，岩石被炸成了粉末。

在这场力量悬殊的战斗中，志愿军战士们凭借着顽强的意志和无畏的勇气，与敌人展开了殊死搏斗。他们在坑道中坚守，忍受着敌人的炮火轰炸、烟熏火烤、缺水缺粮的艰难困境，但始终没有放弃。敌人的进攻一次又一次地被击退，阵地多次失而复得。

战斗中，涌现出了无数可歌可泣的英雄事迹。黄继光，这位年轻的志愿军战士，在部队进攻受阻的关键时刻，挺身而出，用自己的胸膛堵住了敌人疯狂扫射的枪眼，为部队开辟了前进的道路，壮烈牺牲时年仅 21 岁；排长孙占元在双腿被炸断的情况下，依然顽强地爬行指挥战斗，用机枪掩

《东北日报》关于黄继光烈士英雄事迹的报道

　大东北

上 / 　1950 年 12 月 19 日，志愿军战士正在对营口县运来的生猪等慰问品登记造册

下 / 　1950 年，沈阳第三机器厂欢送参加抗美援朝汽车队的工友

护战友爆破敌人的火力点，在子弹打光、敌人涌上阵地时，毅然拉响手榴弹，与敌人同归于尽；胡修道，这个刚满 19 岁的新兵，在战友伤亡的情况下，独自坚守阵地，打退了敌人 40 余次冲锋，歼敌 280 余人。

上甘岭与长津湖战役的胜利，是志愿军战士们用生命和鲜血铸就的精神丰碑。

在抗美援朝战争中，东北人民所展现出来的光辉同样令人肃然起敬。

"白山黑水出英雄"，东北人民踊跃参军参战，奔赴抗美援朝前线，怀着对祖国和人民的无限忠诚，舍生忘死，英勇战斗，许多人将热血洒在了异国他乡。除了普通士兵，东北还培养并输送了大量专业人才，如 3300 多名朝鲜语翻译工作者、近 4000 名司机以及 4000 多名通信工作者等，这些专业人才为战争的顺利进行提供了重要支持。

东北地区因其独特的地理位置和重要的战略地位，成为抗美援朝的总后方基地。东北人民以高度的爱国热情和无私的奉献精神，积极投身到支援抗美援朝战争的各项工作中，成为志愿军最坚实的后盾，为抗美援朝战争的胜利做出了不可磨灭的贡献。

为了给志愿军提供充足的物资，东北的工厂开足马力生产，工人加班加点，不计个人得失。农民也积极交售公粮，省吃俭用，将最好的粮食送到前线。此外，东北地区还开设了三条兵站运输线，并在沿线设置军火仓库，保障武器的及时补充。然而，美国凭借其空中优势，对运输线进行狂轰滥炸。面对敌人的炮火，东北人民毫不畏惧，他们组成运输队，用汽车、马车、人力手推车，甚至肩扛手提，将物资源源不断地运往战场，用生命和鲜血筑起了一条"打不断、炸不烂"的钢铁运输线。

"要人给人、要物给物、要血给血、要什么给什么，要多少给多少。"据不完全统计，抗美援朝战争期间，东北地区共动员约 30 万人参加志愿军，394 万余人参加战勤工作。身处抗美援朝大后方的最前沿，东北人民率先行动起来，在参军参战、战勤服务、开展爱国生产竞赛等各个方面做出了重要贡献。

抗美援朝战争的硝烟虽已散去，但由英雄的中国人民志愿军以

大东北

退休后的李长森，将镜头对准了参加过抗日战争、解放战争和抗美援朝战争的老兵

及东北人民在战争中展现出的种种大无畏的爱国奉献精神所共同铸就的伟大抗美援朝精神，犹如一座座不朽的精神丰碑，永远矗立和流动在中华民族的骨子里和血液中。

为了纪念和感恩当年将士们的英勇付出，在今天的鸭绿江边，总有人把那些还不能回家的将士的照片挂在岸边，以寄托悠远的哀思。

这一精神也注入当下中国军人的血脉中，从而构成了当代中国军人的精神气质！

回家

去时少年身，归来英雄魂。

2024年11月28日，第十一批在韩中国人民志愿军烈士遗骸抵达辽宁沈阳，阔别70余载，43位志愿军烈士遗骸终于魂归故里。

从2014年至今，已有981位在韩志愿军烈士在沈阳抗美援朝烈士陵园安息。

93岁的志愿军老战士李维波："祖国把你们接回来，满足战友的想念、亲人想念、国家的想念，让你们回来看看祖国的发展壮大，这都是你们用鲜血和生命换来的。"

大庆油田：
铁人铸就的精神传奇

精神的河流在我们民族的血液中一直流淌，从未中断！

当战场上的硝烟散去，这种精神就像满天的星光，在另一个战场上闪烁出耀眼的光芒。

这就是"铁人"王进喜等所展现的大庆精神（铁人精神）。

在中国石油工业的发展史上，王进喜是一个无法绕过的名字。他不仅是新中国第一代石油工人的杰出代表，更是"铁人精神"的创造者。

他的故事，是一部用汗水和生命书写的奋斗史诗，是一曲用坚韧和奉献谱写的时代赞歌。

1959年9月26日，松辽平原北部的松基三井喷出的高产工业油流，如同黑暗中的曙光，为新中国的石油工业带来了希望。

1960年，一场规模空前的石油大会战在大庆这片荒原上打响。来自全国各地的石油工人、转业官兵和知识分子，怀着满腔的热血和坚定的信念，

左 /　王进喜率领钻井队打出大庆的第一口油井
右 /　王进喜（左二）和队友一起钻井

王进喜不顾腿伤，毅然跳进泥浆池，成功制服了井喷

奔赴大庆，投身到这场伟大的石油会战中。

王进喜，这位来自甘肃玉门的石油工人，就是其中的杰出代表。他带领着 1205 钻井队，从玉门日夜兼程奔赴大庆。到达大庆后，他一不问吃、二不问住，心中只有一个念头：尽快开钻，拿下大油田。

然而，他们的面前困难重重。当时的大庆，基础设施建设极为落后，没有公路，吊车和拖拉机等设备也严重不足，在火车站卸下的 60 多吨重的钻机，无法运到井场。面对这一难题，王进喜没有丝毫退缩，他喊出了"有条件要上，没有条件创造条件也要上"的豪迈口号，带领全队工人用滚杠加撬杠，人拉肩扛，硬是将钻机运到了 10 公里外的井场，创造了石油会战的第一个奇迹。

在钻井过程中，又遇到了新的困难——供水不足。初春的大庆，天寒地冻，水管线还未接通，罐车也很少，无法满足钻井的用水需求。王进喜看在眼里，急在心里，他带领工人来到附近的水泡子，破冰取水。他们用脸盆、水桶，一盆盆、一桶桶地端水，大家经过不懈努力，终于端回了 50 多吨水，保证了钻机的正常开钻。

1960 年 4 月 19 日，王进喜带领 1205 队仅用 5 天零 4 小时，就打出了第一口油井，创造了当时钻井的最快纪录。然而，在第二口井钻到约 700 米时，突然发生了井喷，如果不及时压住，就可能出现井毁人亡的严重后果。此时压井用的重晶石粉告急，王进喜果断决定采取用加水泥的办法提高泥浆密度压井喷。然而，水泥加进泥浆池就沉底，又没有搅拌器。关键时刻，王进喜不顾腿伤，毅然跳进泥浆池，用身体搅拌泥浆，其他工人也纷纷效仿，经过三个多小时的艰苦奋战，终于成功治服了井喷，保住了钻机和油井。

这一幕，成为"铁人精神"最生动的写照。

王进喜的英勇事迹和顽强拼搏的精神，感染了每一个会战职工，他成为大庆石油会战的一面旗帜，"铁人"的称号也由此传遍了整个大庆油田。

在王进喜的带领下，石油工人们以"宁肯少活二十年，拼命也要拿下大油田"的钢铁意志，克服了一个又一个困难，仅用三年多时间，就建成了我国第一个世界级大油田，将中国"贫油"的帽子彻底甩进了太平洋。

1970 年的春天，王进喜被查出患有胃癌。消息传来时，他正在钻井平台上。工友们劝他休息，他却摆摆手："我没事，还能干。"他依然每天第一个到工地，最后一个离开。疼痛发作时，他就咬着牙，扶着井架歇一会儿。

那是一个细雨绵绵的下午，王进喜又一次晕倒在井场。工友们要送他去医院，他却执意要先去看看新打的井。"让我再看看……"他抚摸着井架，目光中满是不舍。

在医院的日子里，王进喜依然惦记着油田。每当有工友来看望，他总要详细询问生产情况。"1205 钻井队现在打到多少米啦？""新井的产量怎

么样？"他的声音越来越虚弱，眼神却依然坚定。

1970年11月15日，王进喜永远地闭上了眼睛。消息传到大庆，整个油田都沉浸在悲痛中。工人们自发地来到他最后工作过的井场，默默地站着。风掠过荒原，仿佛在诉说着一个不朽的传奇。

如今，站在大庆油田的瞭望塔上，我们仿佛看见了那个高大的身影。他穿着沾满油污的工装，头戴铝盔，步伐坚定地走在荒原上。他的身后，是林立的井架，是喷涌的油流，是一个个追随着他脚步的石油工人。

王进喜的离世，让无数人痛惜，他的精神不仅感动了中国人，同样也震撼着外宾。1972年，尼克松访华时，曾表示想见一见这位"铁人"，可惜，那时的王进喜已经不在人世了。

铁人精神，不仅是中国石油工人的精神支柱，更是中华民族伟大精神的生动体现。它蕴含着"为国分忧、为民族争气"的爱国主义精神、"宁肯少活二十年，拼命也要拿下大油田"的忘我拼搏精神、"有条件要上，没有条件创造条件也要上"的艰苦奋斗精神、"干工作要经得起子孙万代检查""为革命练一身硬功夫、真本事"的科学求实精神、"甘愿为党和人民当一辈子老黄牛"的无私奉献精神。

"铁人"虽逝，铁人精神却永远放射着光辉。在这片他为之奋斗终生的土地上，每一个石油工人都是他的化身，每一口油井都是他的丰碑。当钻机的轰鸣声响起，当黑色的原油喷涌而出，那正象征着铁人精神在大庆大地上的闪烁和歌唱。

如今，铁人精神依然具有强大的生命力和感召力。它激励着人们在工作中勇于创新，敢于突破传统思维的束缚，积极探索解决问题的新方法、新途径；在面对困难和挑战时，以"铁人"王进喜为榜样，不屈不挠，勇往直前，凭借顽强的意志和拼搏精神，战胜一切艰难险阻。铁人精神也提醒着人们要保持艰苦奋斗的作风，珍惜来之不易的成果，不断努力，为实现东北全面振兴，为实现中华民族伟大复兴贡献自己的力量。

大庆铁人王进喜纪念馆

劳模孟泰：
废墟上挺起的鞍钢精神

由于日本侵略者和国民党军的破坏，鞍山解放时，鞍钢已成为一片废墟。当时有人认为要修复需15—20年，一个留用的日本工程师说，在鞍钢只能种高粱了。1948年底，鞍钢工人在中国共产党的领导下开始修复工作。到1949年6月13日，便恢复了炼焦生产。6月27日，原二号高炉点火，翌日出铁。该炉是当时全国已开工的炼铁炉中最大的，一次可炼铁400吨。7月1日，该炉被命名为"鞍钢第一号高炉"。这是用命名后的第一炉铁水浇铸的高炉标牌。

几乎在大庆油田孕育出铁人精神的同时，在辽宁鞍山，鞍钢精神也在钢铁工人的汗水中诞生了。

鞍山钢铁公司，这座被誉为"共和国钢铁长子""新中国钢铁工业的摇篮"的企业，其发展历程充满了坎坷与辉煌。

1948年2月19日，鞍山解放。历经多年的战火洗礼，尤其是日本帝国主义的侵略和掠夺，到1948年鞍山解放时，鞍钢厂区内破败不堪，设备残缺不全，高炉被炸毁，炉料和铁水凝结在炉子里，煤气管和煤气柜被炸得千疮百孔，焦炉因多年不生产，炉顶长满了荒草，炉内还淋了水，各种机器锈蚀严重，零件缺失，仓库空空如也，整个工厂几乎成为一片废墟。

面对如此严峻的形势，党和政府高度重视鞍钢的恢复和建设。1948年12月26日，东北行政委员会批准成立鞍山钢铁公司，拉开了鞍钢恢复建设的序幕。为了尽快恢复鞍钢的生产，中央从全国各地调集了大批干部和技术人员支援鞍钢，同时积极组织当地工人参与到恢复建设中来。

在物资匮乏、技术落后、条件艰苦的情况下，鞍钢人凭借着顽强的意志和不屈的精神，开始了艰苦卓绝的奋斗。经过抢运设备、护厂斗争、献交器材和抢修恢复等一系列工作，在被日本人讥讽为"只能种高粱"的一片废墟上，鞍钢站立起来了。

在鞍钢恢复建设的过程中，孟泰无疑是最具代表性的人物之一。

孟泰是一位普通的鞍钢工人，却有着不平凡的事迹和精神。1948年，当他看到鞍钢破败的景象时，心急如焚，毅然决然地站了出来，带领工友们投入到恢复生产的战斗中。

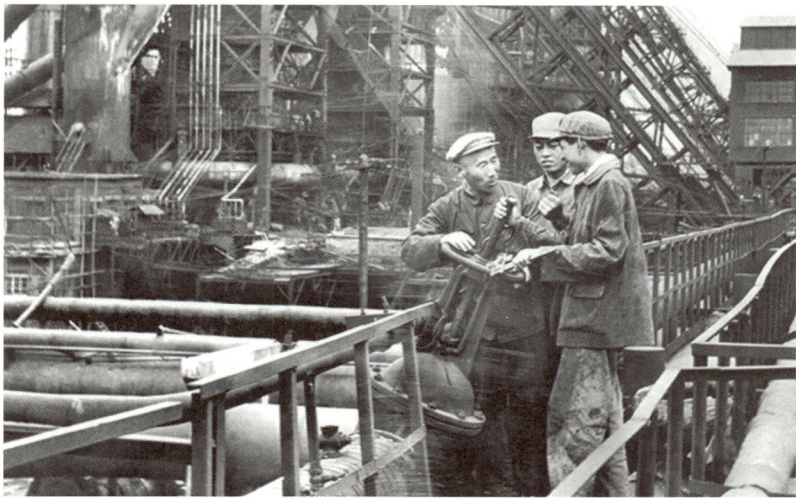
为保高炉生产，孟泰时刻不离开炉台

鞍钢集团博物馆内陈列着一张写有"孟泰"名字的书信照片。博物馆工作人员介绍，这封书信所写的内容应该是当时鞍钢工人的共同心愿，由一人负责抄写，孟泰作为全国著名劳动模范带头签名。书信内容如下：

我们炼铁厂全体工人同志，向志愿军英雄们保证：坚决响应毛主席的号召，克服任何困难，发动并完成增产节约任务，积极支持我们最亲爱的人！并作为"五一"劳动节的献礼！

我们和你们一道，在祖国人民面前，以高度的智慧和坚强的毅力，来完成光荣的祖国的经济建设任务，并坚决以此实际行动支援你们，争取抗美援朝的早日胜利。

孟　泰

四月十九日

当时，器材极度匮乏，为了搜集设备零件，孟泰跑遍了方圆十几公里的厂区。他不顾严寒酷暑，在冰雪中刨挖，在废料堆里翻找，小到一个螺丝钉，大到几十公斤重的管件、水门，他都视若珍宝，不放过任何一个可能有用的零件。在孟泰和工友的努力下，短短数月就拣回了上万个零备件，并建立起了闻名全国的"孟泰仓库"，为鞍钢的恢复生产提供了重要的物资保障。

在修复高炉时，孟泰更是身先士卒。他经常不回家，吃住在工厂，整天围着高炉转。为了确保管道正常运转，他拎着管钳子在炉前炉后忙碌，一天要走几十里路，手上的老茧把大管钳都磨得锃明瓦亮。夜里，他也常常惦记着高炉，很少能睡个安稳觉，眼睛里布满了血丝。

在孟泰的带领下，鞍钢人仅用半年多时间，就成功炼出了第一炉铁水和第一炉钢水，创造了奇迹。

1950年，抗美援朝战争爆发，鞍钢距离朝鲜前线仅有150多公里，面临着美军飞机轰炸的威胁。孟泰不顾个人安危，把行李扛到了高炉旁，日夜守护在高炉边，随时准备抢修故障，誓与高炉共存亡，成为"高炉卫士"。

在孟泰的带动下，鞍钢工人纷纷坚守岗位，夜以继日地赶工生产，为前线提供了大量的军需物资，如军锹、军镐等，有力地支援了抗美援朝战争。

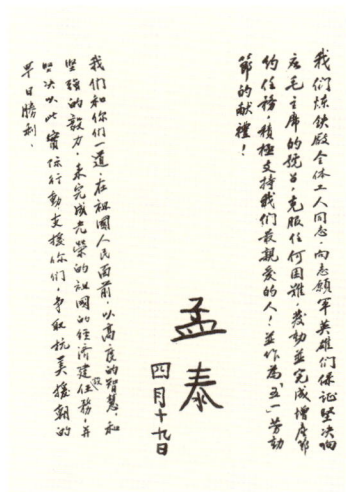

孟泰（前左三）与王崇伦（前右一）等经常在一起开展技术协作，解决生产难题

　　除了在生产一线拼搏，孟泰还积极参与技术革新和攻关。他组织全厂各方面人员进行联合攻关，先后解决了十几项技术难题，成功自制大型轧辊，填补了我国冶金史上的空白。他设计的双层循环水，让冷却热风炉燃烧筒提高寿命 100 倍，为鞍钢的技术进步做出了重要贡献。孟泰的事迹和精神，激励着一代又一代的鞍钢人，成为鞍钢精神的重要象征。

　　经过多年的发展，鞍钢已成为具有年产钢 2500 万吨生产能力的特大型钢铁联合企业，产业涵盖矿业采选、炼铁、炼钢、轧钢以及冶金机械、焦化耐火材料开发、钢铁产品深加工等多个领域。在发展过程中，鞍钢精神不断传承和弘扬，激励着鞍钢人不断创新、拼搏和奉献。

　　鞍钢精神也对我国钢铁工业和社会主义现代化建设产生了深远的影响。它激励着其他钢铁企业不断进取，推动了我国钢铁工业整体水平的提升，使我国从一个钢铁弱国逐步发展成为钢铁强国。

　　历经岁月洗礼，鞍钢精神依然熠熠生辉，在新时代的浪潮中展现出巨大的价值和深远的影响。同时，鞍钢精神所蕴含的爱国情怀、艰苦奋斗、无私奉献等价值观念，也成为社会主义核心价值观的生动体现，为社会主义现代化建设提供了强大的精神动力。

大东北

雷锋精神：
在平凡中升华

在东北大地上，在冰与雪的磨砺、血与火的淬炼、钢与铁的碰撞中，诞生了一个又一个催人奋进的精神力量。它们诞生于硝烟弥漫的战场，也诞生于油井和钢铁的工厂，更诞生于日常名不见经传的细节中。

显然，雷锋精神就在这平凡细小的日子中缓缓升起——

在辽宁抚顺的那个春天，万物复苏，大地回暖，而一场关于人性光辉与奉献精神的故事，也悄然拉开帷幕。

1960 年，雷锋，这位年轻的战士，随着部队来到抚顺。

当时的抚顺，正处于新中国建设的热潮中，到处是热火朝天的劳动场景。雷锋所在的运输连，承担着繁重的物资运输任务。清晨，第一缕阳光还未完全照亮营房，雷锋就已起身，开始擦拭他的卡车，那认真劲儿，仿佛在他手中的不是一辆车，而是他最珍视的伙伴。

雷锋所在部队的驻地附近有一所小学，孩子们的欢声笑语时常传入营地。雷锋心中满是温暖，他主动与学校联系，成了校外辅导员。每周，他都会抽出时间，给孩子们讲革命故事，教他们唱爱国歌曲。在他的引导下，孩子们眼中的世界变得更加广阔，对祖国的热爱也越发深沉。

有一回，雷锋在运输途中，遇到一位大娘在路边焦急地张望。经询问得知，大娘要去几十里外的镇子看望生病的儿子，却迷了路。雷锋毫不犹豫地让大娘上了车，亲自将她送到目的地。分别时，大娘眼含热泪，拉着雷锋的手，久久不愿松开。这样的善举，在雷锋的生活中数不胜数，他总是在别人最需要的时候伸出援手。

雷锋把自己有限的生命，投入到了无限的为人民服务之中。他

在日记中写道："人的生命是有限的，可是，为人民服务是无限的，我要把有限的生命，投入到无限的为人民服务之中去。"

他用自己的实际行动，诠释了什么是无私奉献，什么是为人民服务，在平凡的岗位上做出了不平凡的业绩。

真正让雷锋精神开始广泛传播的，是一次偶然的采访。当时，一位地方报社的记者来部队采访先进事迹，偶然间听闻了雷锋的故事。起初，雷锋还有些腼腆，不愿过多宣扬自己。但记者被他的真诚和质朴打动，决定深入挖掘他的事迹。

记者跟着雷锋，体验他的日常工作与生活。看到他在雨夜帮助战友修理车辆，看到他把节省下来的津贴寄给受灾地区的群众，看到他在休息时间还在帮炊事班干活。每一个细节，都深深触动着记者的内心。

报道发表后，如同一颗石子投入平静的湖面，激起层层涟漪。人们被雷锋平凡而伟大的事迹所震撼，纷纷开始学习他的精神。部队里，战友们以雷锋为榜样，比学赶超，互帮互助的氛围越发浓厚。社会上，各个单位组织学习雷锋的活动，年轻人积极投身到志愿服务中，尊老爱幼、助人为乐的风气在抚顺传播开来。

1962 年 8 月 15 日，雷锋因公殉职，这一消息如晴天霹雳，让无

刘静在中国少年先锋队队旗前为雷锋叔叔戴上红领巾

该纪念碑竖立在纪念馆的主轴线上，主体高13.4米，正面镌刻着毛泽东手书"向雷锋同志学习"7个金灿灿的大字，碑体下部嵌刻着一组以雷锋模范事迹为主题内容的汉白玉浮雕。

数人悲痛万分。但他留下的精神，如同一座灯塔，照亮了人们前行的道路。抚顺市各界为他举行了隆重的追悼会，人们自发地前来送行，泪水模糊了双眼，却更加坚定了他们传承雷锋精神的决心。

从那以后，雷锋精神走出抚顺，走向全国。

1963 年 3 月 5 日，毛泽东亲笔题词，向全党全军和全国人民发出"向雷锋同志学习"的号召后，雷锋的事迹，不再仅仅是一个人的事迹，而是成为一种时代精神的象征，激励着一代又一代的中国人，在平凡的岗位上做出不平凡的贡献，让人间处处充满爱与温暖。

如今，雷锋精神也成为社会主义核心价值观的生动体现。它所蕴含的热爱党、热爱祖国、热爱社会主义的崇高理想和坚定信念，服务人民、助人为乐的奉献精神，干一行爱一行、专一行精一行的敬业精神，锐意进取、自强不息的创新精神，艰苦奋斗、勤俭节约的创业精神，与社会主义核心价值观高度契合。

雷锋精神跨越了时空的界限，在不同的时代都有着深刻的体现和发展。无论是在后来的抗震救灾、抗洪抢险等重大灾害面前，还是在社区服务、环保行动等日常事务中，都能看到雷锋们忙碌的身影，他们用实际行动践行着雷锋精神。

沿着雷锋的足迹，一批又一批雷锋式先进人物不断涌现，一个又一个身边的雷锋温暖人心……在今天的辽宁大地上，处处都能看到雷锋精神的延续和传承。郭明义便是雷锋精神的忠实践行者。他用雷锋般的善举，传递着温暖与正能量。雷锋派出所，亦是这种传承的优秀代表。

在辽宁有这样一支特殊的队伍——雷锋派出所。他们以雷锋的名字命名，传承着雷锋精神，把为社区群众办实事、解难题当作使命，在平凡的岗位上书写着不平凡的故事。

走进社区，雷锋派出所的民警们是群众最熟悉、最亲近的人。他们深知，群众的事无小事，再琐碎的问题也关乎着百姓的生活与幸福。为了更好地服务群众，民警们定期开展警民恳谈会，倾听群众的心声，了解他们的需求。在这里，没有官话套话，只有真心实意的交流与沟通。

在辖区内，有一位孤寡老人王大爷，生活十分困难。雷锋派出所的民警们得知情况后，主动承担起照顾王大爷的责任。他们定期为王大爷送去

全国五一劳动奖章获得者、辽宁省特级劳动模范郭明义（右二）

[亲历者说]

当我真正从事社区工作的时候，最开始就感觉特别琐碎，但是把每一个琐碎的事处理好了之后呢，其实你是得到老百姓的认可的。

作为公安机关的基层社区民警，每天面对的好像都是鸡毛蒜皮的小事儿，但只要把辖区的每一个问题都解决好，就是解决了社会的大问题。

曹睿
辽宁省抚顺市公安局望花公安分局
雷锋派出所副中队长

扫码观看
亲历者说

生活用品，帮忙打扫房间、维修家电，陪他聊天解闷。每逢节假日，民警们还会带着礼物去看望王大爷，让他感受到家的温暖。王大爷常常感动地说："多亏了这些民警孩子，我这老头子才不觉得孤单。"

除了关心困难群众，雷锋派出所的民警们还深入社区，开展安全防范宣传活动，提高居民的安全意识。在他们的努力下，居民的安全感和满意度不断提升。

在一次巡逻中，民警们发现社区内的一条道路年久失修，坑洼不平，给居民的出行带来了极大的不便。他们立即向上级反映情况，并积极协调相关部门进行维修。经过多方努力，道路很快得到了修缮，居民纷纷点赞。

雷锋派出所的民警们还积极参与社区的志愿服务活动。他们走进学校，为孩子们讲述雷锋的故事，传承雷锋精神；他们走进敬老院，为老人们送去关爱和温暖；他们走进企业，为员工们提供法律咨询和帮助。在他们的带动下，越来越多的社区居民加入到志愿服务的行列中，形成了互帮互助的良好氛围。

多年来，雷锋派出所的民警们始终坚守在为人民服务的第一线，用实际行动诠释着雷锋精神的内涵。他们没有惊天动地的壮举，却用日复一日的坚守和付出，赢得了社区群众的信任和赞誉。

雷锋派出所的事迹，是辽宁公安队伍践行雷锋精神的生动写照。他们用自己的行动，让雷锋精神在新时代绽放出更加耀眼的光芒。

精神闪耀，
东北振兴新征程

就我们这帮青年人的想法其实挺简单的，就是把罗阳精神实打实地去干出来，有能力的去带动一下身边的更多青年朋友，为了我们祖国的航空事业，贡献自己的一点力量，实现航空报国、航空强国的这样一个伟大愿望。

杨国心
中航工业沈飞钳工、高级技师

扫码观看
亲历者说

大东北的精神，是冰天雪地中的一团烈火，温暖而炽热；

大东北的精神，是新中国崛起时的一声呐喊，激昂而有力；

大东北的精神，是日常生活里的一抹亮色，生动而鲜活！

罗阳和黄大年的精神无疑是这种精神的优秀代表。

十余年前，在辽宁舰甲板"航母 style"风靡全国的狂欢背后，一位航空工业领军人物的生命永远定格在了 51 岁。罗阳，这位用生命托举歼-15 舰载机升空的航空赤子，用鞠躬尽瘁的壮烈人生，铸就了一座精神丰碑。

2012 年 11 月 25 日，当歼-15 在辽宁舰成功着舰的消息传来时，这位总指挥却倒在了庆功宴的前夜。他的工作笔记上密密麻麻记录着 200 多个技术难题，每个解决方案都浸透着"问题不过夜"的执着。在歼-15 研制的最后 430 天里，罗阳累计加班超过 2000 小时，这种

歼-15 舰载机工程总指挥罗阳

近乎残酷的工作强度，折射出中国高端装备制造业突破技术封锁的雄壮征程。

罗阳精神犹如一粒火种，点燃着后来者的报国雄心。在今天的中国航空工业集团，有超过 15000 支罗阳青年突击队，他们以罗阳为榜样，让青春在建设航空强国的火热实践中绽放光芒。

站在两个百年交汇的历史坐标上回望，罗阳精神早已超越个体生命的局限，升华为中国工业文明的集体人格。当 C-929 宽体客机划破云层，当"腾云"空天飞机进入近地轨道，这些钢铁之翼振翅的韵律，将与罗阳心脏最后的跳动产生跨越时空的共鸣。这种精神共振，将持续激荡在我们每个人的脉搏中。

黄大年精神与罗阳精神同为中国当代科技工作者的精神丰碑，二者交相辉映，共同构筑起民族复兴的精神长城。若说罗阳是搏击长空的雄鹰，黄大年便是深潜地心的钻头，他们以不同的生命轨迹诠释着相同的报国情怀。

歼-15 战斗机

由中国航空工业集团有限公司沈阳飞机设计研究所设计、由被誉为"中国歼击机摇篮"的沈阳飞机工业（集团）有限公司生产。图为歼-15 战斗机在辽宁舰上。

黄大年曾在英国学习和工作多年，在地球物理领域取得了卓越成就，成为备受瞩目的顶尖科学家。他在英国拥有优越的科研条件、丰厚的收入和舒适的生活环境。然而，当祖国发出召唤，他毫不犹豫地选择了回国。2009年，黄大年毅然放弃了在英国的一切，带着妻子和女儿回到了阔别多年的祖国，投身于吉林大学的科研与教学工作。

回国后，黄大年争分夺秒地投入到科研工作中。他担任国家多个技术攻关项目的首席专家，带领团队日夜奋战。在"深部探测关键仪器装备研制与实验项目"中，他带领团队突破了国外技术封锁，成功研制出航空重力梯度仪系统，填补了我国在该领域的技术空白。

他经常工作到凌晨两三点，出差时也利用候机、乘车的间隙与团队成员讨论方案。他以"拼命黄郎"的精神，为我国的深地探测技术发展按下了"快进键"。

在黄大年最后的工作日志里，"振兴中华，乃我辈之责"的笔迹力透纸背。这与罗阳在歼-15成功起降时留下的热泪，共同浇筑成中国科技界的信仰丰碑。他们用生命验证，真正的科学家精神，永远以国家坐标系定义人生价值。这种精神的双子星座，将持续照亮中国迈向科技强国的征途。

如今，在全国390多所高校里，有着600个黄大年式教师团队。他们循着吉林大学地球探测科学与技术学院原教授、人民教育家黄大年的足迹，继承他教育报国的遗志，奋进在科技强国的大道上。

东北抗联精神、抗美援朝精神、大庆精神、雷锋精神、罗阳精神、黄大年精神……这些在东北土地上诞生的伟大精神，是中华民族精神宝库中的璀璨明珠。它们跨越时空，见证了中国从积贫积弱走向繁荣富强的伟大历程，激励着一代又一代中国人为了国家的独立、民族的尊严和人民的幸福而不懈奋斗。

在新时代振兴东北的宏图中，这种精神将会以一种怎样的姿态在这片土地上再放光芒？答案就在今天东北人的奋进中——

抗美援朝精神激发的爱国担当，让东北人民从国家战略高度出发，积极维护"五大安全"，为国家的安全稳定贡献力量；

铁人精神塑造的实干创新风貌，推动东北在经济建设中脚踏实

[大家话东北]

他给我们每个人心里都种下了一颗（种子），说地球物理未来发展大有可为，对国家的深部资源的探测是有重要支撑作用。（所以）我得把这种科研的规划继续下去，包括去育人的一种理念、思想传承下去，也能够去对国家事业的发展以及对我们的人才的培养，有我们的贡献在。

马国庆
吉林大学地球探测科学与技术学院教授、黄大年学生

扫码观看
大家话东北

青年时期的黄大年

地、勇于创新，实现产业的转型升级；

北大荒精神夯实的农业与发展根基，保障了国家的粮食安全，推动了农业现代化和产业化发展；

雷锋精神凝聚的社会发展合力，提升了社会文明程度，营造了良好的营商环境和社会氛围。

罗阳精神和黄大年精神是新时代东北精神的优秀代表，这种精神激励着东北人民传承先辈艰苦奋斗、勇于开拓的优良传统，重塑地域文化自信，以更加积极的姿态投身到东北振兴事业中。

这或许就是穿越时空的精神接力！这些精神相互交织、相互促进，共同构成了东北振兴的强大精神动力。

在未来的发展中，东北将继续弘扬这些精神，以更加坚定的信念、更加饱满的热情、更加创新的思维，推动经济的高质量发展。

从苦难岁月的抗争中走来，从和平年代的拼搏中走来，从新时代的奋斗中走来，东北这片土地，崇尚英雄，孕育英雄，争做英雄，英雄辈出。

一个民族的复兴需要强大的物质力量，也需要强大的精神力量。精神的力量是无形的，无数英烈、楷模塑造的东北精神高峰是有形的。她是共和国长子的无私奉献，她是端牢中国饭碗的大国粮仓，她是铸造大国重器的钢铁洪流，她是至诚报国的信仰、改革创新的浪潮，她是枝繁叶盛、多元融合的东北文化，能够始终推陈出新、创意不绝的根和魂。

精神伟力，擎天立海。东北振兴，玉汝于成。

可以预见，在这片黑土地上孕育出的伟大精神的引领下，大东北必将在新时代的征程中焕发出新的生机与活力，成为我国经济高质量发展的重要增长极，为实现中华民族的伟大复兴做出具有东北色彩的新贡献。

600 年前，明王朝筑起山海关，以人的创造力，将山与海相连。

从此，东北与华北成了关外与关内。

几百年来，出关与入关的冲动，驱动着历史的车轮滚滚向前。

这道关，是历史的见证，也是精神的象征。

历史的烽烟散去，未来的号角响起，

新时代的大东北依然走在闯关的路上，

各种有形的关，无形的关。

闯过一道道关，翻过一座座山，

东北振兴，关山可越。

山海关老龙头长城日出风光

关山可越

［第四章］

DADONGBEI

沈阳铁西，
一个老工业基地的突围之路

提起沈阳铁西，在共和国的记忆里，那曾经的火热大地，写满锦绣与荣光，骄傲与自豪。

■ 铁西之光：新中国的装备部

中国工业博物馆

中国工业博物馆坐落于沈阳市铁西区卫工北街 14 号，其原址为沈阳铸造厂翻砂车间，2007 年对其进行整体保护、活化以及合理利用，2011 年在其基础上改扩建为中国工业博物馆，并于 2012 年 5 月 18 日正式对外开放。整个展馆占地面积 5.3 万平方米，建筑面积 4.1 万平方米，馆藏品 2 万余件，馆内现有通史、铸造、机床、汽车、铁西 5 个常设展馆，是展示中国工业发展历程和伟大成就的综合性博物馆。

在新中国工业发展的宏伟篇章中，沈阳铁西无疑是浓墨重彩的开篇之笔。自新中国成立伊始，这片土地便承载着国家工业崛起的厚望。它见证了中国工业从一穷二白到逐步壮大的艰辛历程，在中国工业发展史上留下了不可磨灭的印记。

新中国成立初期，铁西区凭借其优越的地理位置和坚实的工业基础，迅速崛起为中国最重要的工业基地之一，被誉为"东方鲁尔"，与德国的鲁尔工业区相媲美。

"一五""二五"时期，国家对铁西区进行重点改造，投入大量财力和资源，为其工业发展奠定了坚实基础。苏联援建的 156 项工程中，有 3 项落户铁西区，这些项目犹如星星之火，点燃了铁西区工业腾飞的引擎。

铁西区鼎盛时期，这里工厂林立，仅北二路两侧就聚集了沈阳机床一厂、机床三厂、变压器厂、冶炼厂、有色冶金总厂及东北制药总厂等 37 家大型企业，成为新中国工业发展的核心区域。

铁西区创造的辉煌工业成就令人瞩目，这里诞生了新中国第一枚金属国徽以及众多具有里程碑意义的工业产品。

在那个百废待兴的年代，铁西区集中了大量的国营企业，涵盖了机械制造、化工、冶金、纺织等多个重要行业。沈阳第一机床厂、

游客在中国工业博物馆内感受工业文化

左 / 1958 年，沈阳变压器厂试制成功我国第一台 10000kVA 带负荷调压变压器

右 / 1959 年，沈阳变压器厂试制成功我国第一台 SFD90000 / 110 巨型变压器

沈阳鼓风机厂、沈阳变压器厂等众多标志性企业如璀璨星辰，闪耀在共和国的工业版图之上。

这些企业所生产的产品，从大型机床到精密仪器，从重型机械到高端变压器，不仅满足了国内建设的迫切需求，还在国际市场上崭露头角，为国家赢得了无限荣光。

沈阳第一机床厂作为中国机床工业的摇篮，为新中国制造出了第一台普通车床、第一台卧式镗床、第一台自动车床等多个"第一"，其产品广泛应用于汽车、航空、船舶等关键领域，为中国制造业的起步和发展立下了汗马功劳，使沈阳当之无愧地成为"中国机床之乡"。

在电力设备领域，铁西区同样成绩斐然。第一台变压器的成功研制，为新中国的电力事业发展提供了关键支撑，推动了国家电网的逐步建设和完善。此外，第一台空气压缩机、第一台自动化电器开关等众多工业产品的诞生，填补了国内相关领域的空白，构建起了新中国工业发展的坚实骨架。

这些"第一"不仅是铁西区工业实力的象征，更是新中国工业发展的重要里程碑。它们凝聚着铁西区工人阶级的辛勤汗水和创新精神，为国家的经济建设和国防安全做出了不可磨灭的贡献。在那个激情燃烧的岁月里，铁西区的工人们以厂为家，无私奉献，用自己的双手和智慧创造了一个又一个奇迹，挺起了新中国的工业脊梁。

铁西区的辉煌成就不仅体现在工业生产上，还体现在对国家经济建设的巨大贡献上。在计划经济时期，铁西区的工业总产值占沈阳市的三分之一以上，上缴利税更是占全市的半壁江山。

■ 下岗之痛：时代浪潮中的坚韧

然而，时光的车轮滚滚向前，曾经的辉煌逐渐成为历史的记忆。到了20世纪90年代，随着改革开放的深入推进和市场经济体制的逐步确立，中国经济迎来了深刻变革，铁西区这片曾经的工业热土，也不可避免地遭遇了前所未有的困境。

1995年，铁西区停产和半停产企业增加到三分之一，30多万产业工人中有13万人下岗。曾经辉煌的铁西区工人村，一时间变成了"休假"职工的"工人度假村"。

沈阳第一机床厂在当时也面临着严峻的挑战，市场份额不断被竞争对手蚕食，企业亏损严重，大量工人被迫下岗。沈阳变压器厂同样未能幸免，由于技术更新滞后，产品无法满足市场需求，企业经营陷入困境，许多工人不得不离开自己熟悉的岗位。

下岗对于工人来说，不仅仅意味着失去了工作，更意味着生活陷入了困境。收入的突然中断，让许多家庭的经济状况一落千丈。为了维持生计，下岗工人们不得不四处寻找新的工作机会，但由于缺乏相关技能和经验，再加上就业市场的竞争激烈，他们往往四处碰壁。

一些下岗工人为了生计，不得不放下过去骄傲的身段，从事一些收入较低、勉强糊口的工作。他们有的去建筑工地打零工；有的去菜市场摆摊卖菜，起早贪黑，只为了能多挣几毛钱；还有的去做家政服务，打扫卫生、照顾老人和孩子，用自己的辛勤劳动换取生活的保障。然而，这些工作的收入往往非常有限，难以维持家庭的正常开销。

在生活的重压之下，下岗工人的心理也承受着巨大的压力。他们曾经是工厂的主人，为国家建设做出了重要贡献，如今却面临着失业的困境，这种巨大的落差让他们一时难以接受，许多人陷入了短期的焦虑、迷茫和失落之中。

下岗工人还面临着社会的歧视和误解。在一些人眼中，下岗工人似乎成了失败者的代名词，他们被认为是缺乏能力和竞争力的人。这种歧视和误解，让下岗工人的自尊心受到了极大的伤害，也让他们在社会上的处境更加艰难。

然而，他们并没有就此沉沦，而是选择了从头再来，他们背上行囊，又坚强地走进风雨。

■ 振兴之路：新时代的闯关与重生

星月轮转，大地辽阔！

当铁西人经历过阵痛，闯过难关，一片曙光又出现在他们面前——

2003年，国家实施东北地区等老工业基地振兴战略，为铁西区带来了新的曙光。在这一战略的指引下，铁西区开启了艰难而又坚定的转型之路，通过一系列大刀阔斧的改革举措，逐渐走出困境，实现了凤凰涅槃般的重生。

"东搬西建"工程是铁西区转型的关键一步。

这一举措将铁西区的工厂搬迁至经济技术开发区，利用市区与郊区的地价差，为企业筹集到了宝贵的资金。这些资金被用于企业的转制和更新改造，帮助企业摆脱了沉重的历史包袱，实现了轻装上阵。沈阳机床厂、沈阳鼓风机厂等大型企业在搬迁改造过程中，不仅更新了设备，还引入了先进的管理经验和技术，实现了产业的升级。

沈阳机床厂通过搬迁，扩大了生产规模，建设了现代化的生产车间，引进了国际先进的数控加工设备，生产效率和产品质量得到了大幅提升，重新在国内外机床市场中占据了重要地位。

"壮二活三"战略则进一步优化了铁西区的产业结构。

铁西区利用工业企业搬迁腾出的土地，在老区重新布局商业项目，大力发展第三产业。曾经的工业用地逐渐被购物中心、写字

沈阳机床的工作人员正在车间作业

沈阳机床

沈阳机床股份有限公司成立于 1993 年 5 月，由原沈阳第一机床厂、中捷友谊厂、沈阳第三机床厂共同发起成立。沈阳机床一直是国家重点建设和发展的机床骨干企业，新中国第一枚金属国徽，第一台车床、钻床、镗床、国产数控机床都诞生在这里。2019 年，沈阳机床加入中国通用技术（集团）控股有限责任公司，从"地方队"变为"国家队"。主营业务包括机械设备制造、加工、租赁，国内一般商业贸易与进出口贸易等。主要产品包括卧式加工中心、立式加工中心、卧式数控车床、立式数控车床、行业专机等共计 8 大类 20 余个系列产品。

北方药谷

沈阳三生制药有限责任公司与中德（沈阳）高端装备制造产业园管委会、中德（沈阳）国际产业投资发展有限公司于2018年签署合作协议，共同打造中国北方生物医药谷。目前，北方药谷德生生物药国际CDMO基地一期、二期项目已建成投产，成为国内最大、东北唯一的生物医药公共服务平台。三期项目即将动工，将重点打造"国际生物医药人才港"，为沈阳建设千亿级生物医药产业集群提供核心智力支撑。

近年来，以东北制药、三生制药等龙头企业为引领，铁西区（经开区、中德园）生物医药及医疗装备产业集群规模持续高位增长，为培育新质生产力、加快产业结构优化注入强劲新动能。

楼、酒店等商业设施所取代，北二路就是这一战略的成功典范。过去，北二路是所谓的"下岗一条街"，工厂林立，环境污染严重。如今，这里已成为全国品牌最多、配套最全、年销售额过百亿元的汽车贸易产业带，奔驰、宝马、保时捷等世界知名品牌纷纷入驻，形成了集汽车销售、维修、保养、配件供应于一体的完整产业链。同时，周边还配套建设了商业中心、餐饮娱乐等设施，成为铁西区新的经济增长点和城市名片。

在产业转型的过程中，铁西区积极推动传统产业的数字化、智能化改造，以创新驱动发展。东北制药作为沈阳的"老字号"企业，在混合所有制改革后，大力打造"数字东药"。通过引入大数据、人工智能等先进技术，实现了生产过程的智能化控制和精细化管理。在其102分厂智能化生产车间，小容量制剂生产线A的生产节奏达到了毫秒级，每支药剂出厂前都要经过15台相机拍摄290余张照片进行可见异物比对，每盒药品称重时，即便少了一张巴掌大的说明书都能被检测到并剔除掉。

智能化改造不仅提高了产品质量和生产效率，还降低了运营成本，使企业的市场竞争力得到了显著提升。

除了传统产业的升级改造，铁西区还积极培育新兴产业，推动产业多元化发展。以中德（沈阳）高端装备制造产业园为核心载体，铁西区大力发展汽车产业。华晨宝马里达工厂的建成投产，是铁西区汽车产业发展的重要里程碑。该工厂占地290万平方米，总投资150亿元，是宝马集团在中国市场最大的投资项目。里达工厂采用了先进的生产技术和管理模式，实现了高度自动化和智能化生产。2021年，华晨宝马年产量首次超过70万辆，随着里达工厂的建成投产，产能将增至83万辆，使沈阳成为宝马集团全球最大生产基地。

同时，铁西区积极营造良好的创新生态，吸引了众多创新型企业和科研机构入驻。沈阳微控新能源技术有限公司便是其中的佼佼者，该公司专注于磁悬浮飞轮储能技术的研发与应用，凭借领先的技术优势，参与了2022年北京冬奥会应急电源车等多个重大项目。公司年均研发投入高达3000万元，已获得专利87项、软件著作权45项。在铁西区的大力支持下，沈阳微控新能源技术有限公司不断

中德（沈阳）高端装备制造产业园

发展壮大，成为推动区域经济发展的新引擎。

　　不仅如此，铁西区还积极推动工业与文化、旅游的深度融合，打造了1905文化创意园、重型文化广场等一批极具特色的文化旅游项目。这些项目不仅保留了老工业基地的历史记忆，还为城市注入了新的文化活力，成为展示铁西区形象的新名片。

　　站在新的历史起点上，铁西区的未来充满了无限的机遇与希望。在全球经济一体化和科技革命加速推进的背景下，铁西区正以更加坚定的步伐，向着更高的目标迈进。

　　未来，铁西区有望在人工智能、大数据、物联网等前沿技术领域取得更多的突破，为产业发展提供强大的技术支撑。

沈阳宝马车身车间，
机械手臂正在进行车身组装

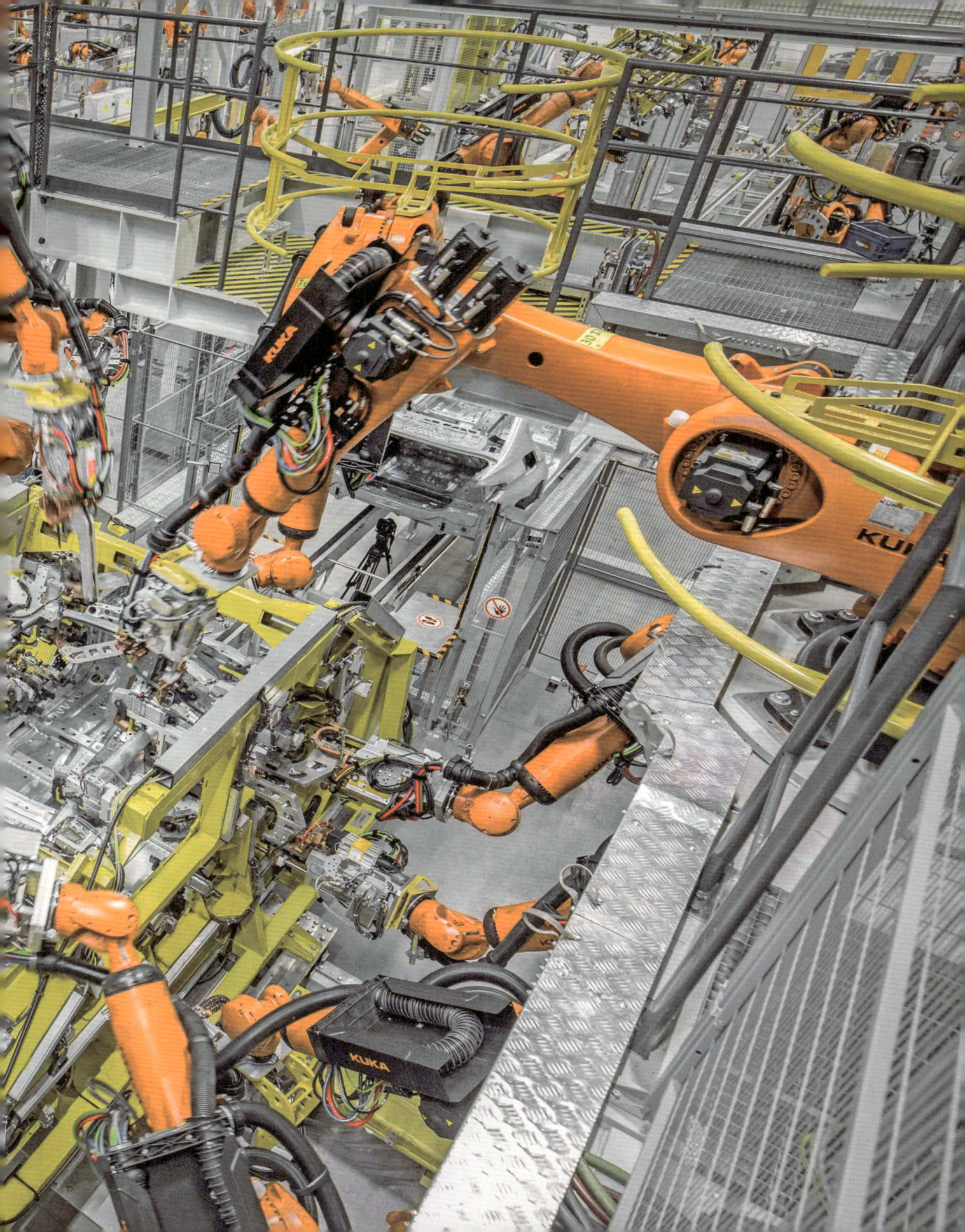

沈鼓集团的
蝶变之路

铁西这片计划经济时代的荣耀之地，在向市场经济转型中遭遇严重困境，企业业绩低迷、普遍亏损。如今被称为国家砝码的沈鼓集团，曾经就是其中的一员。深度剖析沈鼓集团的蝶变之路，将能更加透彻地阅读和理解东北振兴的解锁密码。

■ 冰火两重天：在阵痛中寻求新生

沈鼓集团

沈阳鼓风机集团股份有限公司是以重大技术装备国产化为己任的国家高新技术企业、国家创新型企业，是国内唯一一家集压缩机、往复机、泵三大类通用机械产品研发、设计、制造和服务于一体的专业化生产企业。曾先后完成了千万吨级炼油装置用压缩机、年产120万吨乙烯压缩机、十万等级空分压缩机等多个重大关键技术装备国产化任务。凭借雄厚的技术实力、精良的工艺装备、过硬的产品质量和优质的服务，稳居国内同行业领军地位，部分技术领域达到国际同行业先进水平。

在计划经济时代，沈鼓集团就像被精心呵护的温室花朵，订单由国家统一分配，原材料由国家统一供应，价格也由国家统一制定，企业无需为市场竞争担忧，只需按照计划完成生产任务即可。然而，市场经济的到来，让一切都发生了翻天覆地的变化。企业不得不直面市场的残酷竞争，曾经的安稳被打破，生存的压力如潮水般涌来。

随着市场需求的急剧变化，沈鼓集团的产品逐渐失去了市场优势。原本畅销的产品，如今堆积在仓库中无人问津，市场份额被新兴的竞争对手不断蚕食。曾经门庭若市的销售部门，竟变得冷冷清清，销售人员四处奔波，却难以签下一份订单。

同时，技术瓶颈也如同一座难以逾越的大山，横亘在沈鼓集团的发展道路上。在科技飞速发展的时代，新产品、新技术层出不穷，而沈鼓集团的技术研发却陷入了僵局。由于缺乏足够的资金投入和技术人才，企业的技术更新换代缓慢，难以满足市场对高端产品的需求。

更为严峻的是，人才流失的问题日益严重。在市场经济环境下，人才的流动变得更加频繁。一些掌握核心技术和丰富经验的骨干员工，

20 世纪 80 年代沈阳鼓风机厂厂区

被竞争对手高薪挖走，或是选择自主创业。这不仅带走了企业的技术和客户资源，也对企业的士气造成了沉重的打击。许多年轻员工看到企业的困境，对未来感到迷茫，纷纷选择离开，寻找更好的发展机会。

人才的大量流失，使得沈鼓集团的技术研发和生产运营雪上加霜，企业的发展陷入了恶性循环。

在那段艰难的日子里，沈鼓集团的员工们感受到了前所未有的压力。工资发放时常延迟，福利待遇也大幅下降，员工们的生活质量受到了严重影响。企业内部弥漫着焦虑和迷茫的情绪，许多人对企业的未来失去了信心。然而，沈鼓集团并没有被这些困难击倒，在困境中，他们依然怀揣着希望，寻找着突围的机会。

■ 西气东输：在黑夜中点亮灯火

在沈鼓集团艰难探索转型之路时，一个重大国家项目——西气东输工程，进入了他们的视野。

1999 年，当国家开始酝酿西气东输工程时，沈鼓集团敏锐地捕捉到了这个机遇，迅速组建了专业团队，开始对该项目进行跟踪研究。他们深知，这是一个关乎企业生死存亡的关键契机，如果能够成功参与其中，不仅可以为企业带来可观的经济效益，更能在技术

[亲历者说]

我当时是沈鼓的"一把手"，我出差要自己先把钱垫上，等什么时候企业有钱了再给我报销。那种形势我们看不到更好的前景，当时我在职代会上讲，沈鼓要成为最后一个倒下的企业，倒下也不能白白地倒下，我们要化作山脉，让后人把我们当成旅游景点，为后人创造效益。很悲壮的。

当时外国企业都是想低价收购沈鼓，低价控股，其中有一个单位的"一把手"找我几次交流，最后一次他看到希望不大了，端起酒，请我吃饭，你不爱我，我爱你，我爱你爱到底，哎呀给我乐的。

苏永强
沈鼓集团原董事长

扫码观看
亲历者说

沈鼓集团自主研制的国产首套天然气长输管线压缩机组

上实现质的飞跃。

西气东输工程是一项举世瞩目的世纪工程，它西起新疆塔里木轮南油气田，东至上海，全长 4200 公里，是中国距离最长、口径最大的输气管道。该工程的建设对于优化中国能源结构、推动西部地区经济发展、改善东部地区生态环境具有重要意义。在这个工程中，压缩机作为关键设备，其性能和可靠性直接影响到整个工程的运行效率和安全。

从第一次国产化论证会开始，沈鼓集团就积极参与其中，先后参加了总共 16 次论证会中的 14 次。每次论证会上，沈鼓集团的代表们都据理力

大东北

争，详细阐述沈鼓集团在技术实力、制造能力以及售后服务等方面的优势，表达了强烈的参与意愿。

然而，由于当时国内压缩机技术与国际先进水平仍存在一定差距，再加上使用国产设备可能面临的风险，沈鼓集团在最初的竞争中始终未能争得一个项目。西一线、西二线工程的压缩机等关键设备，全部依靠进口，而国外能提供管道输气压缩机的企业只有GE、西门子等。

尽管多次碰壁，但沈鼓集团并没有放弃。他们坚信，只要不断提升自身技术水平，总有一天能够得到市场的认可。

在接下来的几年里，沈鼓集团加大了技术研发投入，引进了一批先进的技术和设备，组建了一支高素质的研发团队，对压缩机技术进行了深入研究和攻关。他们深入分析国外先进压缩机的技术特点和优势，结合国内实际需求，进行技术创新和改进。同时，积极与国内高校、科研机构开展产学研合作，共同攻克技术难题。

2006年，国家政策的转变为沈鼓集团带来了转机。在全国科技大会上，国家正式提出"自主创新"的方针，国务院随后颁布《关于加快振兴装备制造业的若干意见》，将天然气长输管线设备国产化列为重点突破领域之一，这为沈鼓集团的发展提供了有力的政策支持。沈鼓集团紧紧抓住这一机遇，加快了技术研发和创新的步伐。

2009年4月，国家能源局在沈阳召开天然气长输管道关键设备国产化会议，确定为西二线工程开展20MW级电驱压缩机组的国产化研制工作。沈鼓集团凭借多年来的技术积累和不懈努力，成功获得了这一宝贵的机会，被确定为电驱机组主试制单位。

同年11月，沈鼓集团与中国石油签订天然气长输管道关键设备国产化20MW级电驱压缩机组研制合同，正式拉开了该机组的研制序幕。

接到任务后，沈鼓集团迅速组织精兵强将，成立了专门的项目研发团队。团队成员们深知此次任务的艰巨性和重要性，他们日夜奋战在研发一线，克服了重重困难，攻克了一个又一个技术难题。在研发过程中，他们遇到了诸如压缩机效率提升、稳定性

沈鼓集团成功研制的国产首套盐穴压缩空气储能机组

增强、噪声降低等一系列技术瓶颈。为了解决这些问题，研发团队查阅了大量的国内外资料，进行了无数次的试验和模拟分析。他们还多次前往国外先进企业进行考察学习，借鉴其先进的技术和管理经验。

经过两年半的艰难攻关，20MW级电驱压缩机组在沈鼓集团研制成功。该机组的成功研制，实现了我国管道压缩机组国产化零的突破，填补了国内空白，打破了国外企业对该领域长达数十年的技术垄断，标志着我国在大型离心压缩机设计制造技术方面进入了世界先进行列。

2011年12月6日，国家发展改革委能源局在沈鼓装配试验车间隆重举行"天然气长输管道关键设备国产化成果汇报会暨合同签署及首套20MW电驱压缩机组出厂"仪式。这一天，沈鼓集团迎来了历史性的时刻，首台国产20MW级电驱压缩机组从这里发运，奔赴西气东输工程现场。

大东北

沈鼓集团总装车间吊装转子

此后，沈鼓电驱压缩机凭借着卓越的性能和可靠性，在西气东输管线上得到了广泛应用，点亮了一盏又一盏灯，为保障国家能源安全做出了重要贡献。

■ **蝶变之路：新时代的华章**

凭借着在技术创新上的持续发力，沈鼓集团的产品性能和质量得到了显著提升，在市场上的竞争力也与日俱增。曾经在市场中艰难求生的沈鼓集团，如今已成为众多重大项目的首选供应商，订单如雪片般纷至沓来。

在国内，沈鼓集团的产品广泛应用于石油、化工、电力、冶金等多个关键领域，为国家的重点工程项目提供了强有力的支持。在西气东输工程

重达 20 余吨的世界上最先进的大推力（1500kN）往复式压缩机 4M150 机身正在进行吊运

中，沈鼓的压缩机保障了天然气的高效输送，还赢得了用户的高度赞誉。这一成功案例，让沈鼓集团在能源输送领域声名远扬，后续的西三线、西四线等工程中，沈鼓集团也顺利中标，为国家能源战略的实施持续贡献力量。在大型石化项目中，沈鼓集团为众多石化企业提供了核心压缩机组，助力企业实现了生产规模的扩大和生产效率的提升。例如，在某大型乙烯项目中，沈鼓集团提供的百万吨级乙烯压缩机组，其先进的技术和稳定的性能，确保了乙烯生产的高效、稳定运行，为石化企业带来了显著的经济效益。

随着技术实力的不断增强和产品质量的稳步提升，沈鼓集团的市场份额也在不断扩大。在国内压缩机市场，沈鼓集团的占有率逐年攀升，成为行业的领军企业。其产品不仅在国内市场供不应求，还远销海外，出口到亚洲、欧洲、非洲、南美洲等多个国家和地区，在国际市场上崭露头角。

在国际市场上，沈鼓集团与众多国际知名企业展开了激烈竞争，并凭

大东北

借其性价比优势和优质的售后服务，成功赢得了多个国际项目的订单。例如，在某国际大型天然气项目中，沈鼓集团与国际知名企业GE、西门子等展开竞争，最终凭借其先进的技术、可靠的产品质量和完善的售后服务体系，成功中标，为该项目提供了大型天然气压缩机组。

这一项目的成功实施，不仅为沈鼓集团赢得了国际声誉，也为中国装备制造业在国际市场上树立了良好的形象。

沈鼓集团的成功转型和跨越式发展，不仅为自身带来了巨大的经济效益和社会效益，也成为东北老工业基地成功突围的典范，为其他企业提供了宝贵的经验和借鉴。它的发展带动了相关产业的协同发展，形成了一个庞大的产业集群。

在沈鼓集团的带动下，众多零部件供应商、配套企业不断发展壮大，提高了产业的整体竞争力。同时，沈鼓集团还积极开展技术输出和产业合作，与上下游企业建立了紧密的战略合作伙伴关系，共同推动了产业的升级和发展。例如，沈鼓集团与某零部件供应商合作，共同研发了一种新型的压缩机零部件，提高了产品的性能和质量。通过这种合作，不仅提升了双方的技术水平和市场竞争力，也促进了整个产业的发展。

如今的沈鼓集团，已成为中国装备制造业的一张亮丽名片，是东北老工业基地振兴的中流砥柱。它以创新为驱动，以技术为支撑，在新时代的浪潮中实现了华丽蝶变，向着更高的目标奋勇前行。

沈鼓集团的成功转型与发展，在东北振兴的宏伟蓝图中扮演着举足轻重的角色，犹如一盏明灯，照亮了东北老工业基地突围前行的道路，为区域经济发展带来了多方面的深刻影响，其经验也为其他企业和地区提供了弥足珍贵的启示。

[亲历者说]

在企业，你不搞创新，你就没有出路。沈鼓这几十年几代人，每年我们都会拿出不低于营业收入的 5% 用于科研，即使砸锅卖铁也要搞科研，这是我们企业的一个共识。

到现在为止，能源与化工行业的大型压缩机和泵，几乎全部实现国产化，所有的国产的首台（套），全部是由沈鼓来承担，并且 100% 成功，给国家节省投资就有 200 亿美金。习近平总书记提出来的"关键核心技术必须牢牢掌握在自己手里"，这点我们做到了。

戴继双
沈鼓集团董事长

核心技术要不来、买不来、讨不来。到现在为止，我们真的可以自豪地说，全世界所有的压缩机厂家，沈鼓是规模最大、数量最多、涉及领域最全面的。只要中国人需要的机组，沈鼓都会去开发，都会去完成。

姜妍
沈鼓集团副总工程师

扫码观看
亲历者说

沈鼓集团为广东石化设计制造的
120 万吨 / 年乙烯装置裂解气压缩机

热烈祝贺广东石化120万吨/年乙烯装置裂解气压缩机一次开车成

哈电集团：
从阵痛到腾飞

哈电集团

哈尔滨电气集团有限公司由"一五"期间苏联援建的156项重点建设项目的6项沿革发展而来，以1951年陆续开始建设的哈尔滨"三大动力厂"为主体发展壮大，是我国最早的发电设备研制基地和成套设备出口基地，是中央管理的关系国家安全和国民经济命脉的国有重要骨干企业。经过70多年的发展积淀，哈电集团形成了以水电、核电、煤电、气电、风电、船舶动力装置、电气驱动设备、电力工程总承包等为主，涵盖装备研制、工程建设和制造服务等领域的产业布局，为我国经济社会高质量发展和国防现代化建设做出了重要贡献。

奋勇前行的身影永远都不会孤单。

在沈鼓集团重新崛起的同时，哈电集团也以滚石上山、爬坡过坎的勇气，在哈尔滨的土地上书写着属于他们的光荣与梦想。

如果说哈尔滨工业的壮丽是一幅雄浑壮阔的画卷的话，那么，哈电集团无疑是这幅画卷中最闪亮的一笔。

20世纪50年代，在哈尔滨的一条乡间土路上，哈尔滨电机厂、哈尔滨锅炉厂、哈尔滨汽轮机厂这三家重型装备企业拔地而起，并肩而立。它们就像三位坚毅的巨人，迅速投身到为新中国研制能源动力装备的伟大事业中。

哈电集团就是由这"三大动力厂"强强联合而成。作为"共和国装备制造业的长子"，哈电集团自诞生之日起，便肩负着"承载民族工业希望，彰显中国动力风采"的神圣使命。在随后的岁月里，哈电集团不负众望累计创造了200余项"新中国第一"，成为中国工业发展史上一颗闪烁的明珠。

然而，时代的浪潮滚滚向前，东北工业面临着转型的严峻挑战，哈电集团也无可避免地被卷入其中，经历着前所未有的阵痛。但正是在这艰难的转型历程中，哈电集团奋力实现着突破与跳跃，开启了一段波澜壮阔的新征程。

■ 往昔辉煌：奠定工业基石

新中国成立初期，电力作为工业发展的"先行官"，其匮乏程度成为制约国家建设的关键因素。当时，全国发电装机总容量仅为184

万千瓦，这点电力，甚至不足以支撑如今一座中型城市的日常运转，许多工厂因电力短缺而无法正常开工，居民生活也受到极大影响，夜晚常常陷入一片漆黑。

在这样的历史背景下，哈电集团应运而生，肩负起为国家提供电力装备的重任。1951年，哈尔滨电机厂在一片荒原上奠基，开启了哈电集团的创业征程。怀着满腔热血的建设者从全国各地汇聚而来，他们住帐篷、啃窝头，在艰苦的条件下，一边建设厂房，一边进行设备制造。

1951年12月22日，是一个值得铭记的日子。

这一天，哈电集团成功制造出新中国第一台800千瓦水轮机组，这台机组高约1.5米、底座直径约为1米，虽然在如今动辄百万千瓦级别的机组面前显得十分渺小，但在当时，它承载着新中国电力工业崛起的希望。

它的诞生，结束了我国不能自行生产发电设备的历史，从此照亮了中国电力工业发展的道路。

此后，哈电集团一发而不可收，在技术创新的道路上不断迈进。

1959年，成功研制出7.25万千瓦大型混流式水轮发电机组，安装在新安江水电站并投运发电，标志着我国已具备制造大型水力发电设备的能力。

1980年，制造出当时中国最大的葛洲坝水电站12.5万千瓦水轮发电机组，该机组获得"国家优秀新产品"称号、国家科技进步特等奖，并获得了发电设备产品首个国家优质金奖。

1951年，哈电集团自主设计制造了新中国第一台800千瓦水轮发电机组

当时哈电跟国外合资，国外就是一个要求，合资以后你们就不能做科研，只能做生产，当时我们如果合资，待遇就可以翻十倍，老一辈和我们宁可工资不要翻十倍，也要坚持独立自主研发，所以合资就没谈成。

丰满水电机组是我们国家第一个全天候运行的机组，它可以从 0 负荷到 100% 满负荷稳定运行，外国人到现在还做不到。从丰满，包括前面的白鹤滩，我们是面向需求来进行科研。因为以前跟跑的时候，总是看第一名跑到哪儿了，现在我们就看我们需要往哪儿跑，就意味着我们前面已经没有人，我们已经开始适应前面没有人的这么一种奔跑了。

覃大清
国家卓越工程师

扫码观看
亲历者说

随着改革开放的春风吹遍神州，哈电集团也焕发出新的生机与活力。通过与西门子、西屋等国际知名企业交流与合作，哈电集团引进先进技术，不断提升自身实力，缩小了与发达国家的技术差距。同时，积极参与国际竞争，先后向美国、加拿大、土耳其、伊朗、尼泊尔等国家出口了一大批发电装备，让"中国制造"的电力设备走向世界。

回首往昔，哈电集团在新中国电力工业发展的历程中，留下了一串串坚实的脚印。从无到有、从小到大、从弱到强，哈电集团凭借着顽强的拼搏精神和卓越的创新能力，为国家的电力事业做出了不可磨灭的贡献，成为共和国装备制造业的骄傲。

■ 转型初期：艰辛的自我革命

进入 21 世纪，全球经济格局发生了深刻变化，中国经济也进入了结构调整和转型升级的关键时期。

哈电集团作为东北工业的领军企业，也不可避免地受到了冲击。在过去的几十年里，哈电集团凭借火电业务的强大优势，在国内电力装备市场占据了重要地位。然而，随着全球能源革命的兴起，新能源产业迅速发展，火电市场需求逐渐萎缩。哈电集团的火电业务占比过大，成为制约其发展的一大瓶颈。

据统计，在转型初期，哈电集团火电业务收入占总收入的比重高达 60% 以上，而新能源业务收入占比不足 10%。这种不合理的业务结构，使得哈电集团在市场竞争中处于被动地位。

与此同时，哈电集团长期以来形成的体制机制僵化问题也日益凸显。在计划经济体制下，哈电集团形成了一套相对封闭的管理体系，机构庞大，流

哈电电机线圈智能制造车间生产现场

程繁琐，决策效率低下。随着市场经济的发展，这种体制机制难以适应市场变化的需求，导致企业在市场竞争中反应迟缓，错失了许多发展机遇。

在技术创新方面，哈电集团虽然在传统火电、水电领域拥有一定的技术优势，但在新能源、智能制造等新兴领域的技术研发相对滞后。与国际先进企业相比，哈电集团在技术创新投入、创新人才培养等方面存在较大差距，导致其在新兴技术领域的竞争力不足。

面对严峻的市场形势，哈电集团意识到，必须进行自我调整和变革，

世界最大单机容量、最大尺寸冲击式转轮在哈电电机焊接制造成功

大东北

才能在激烈的市场竞争中生存下去。于是，一场艰难的转型自救行动拉开了帷幕。

哈电集团开始大刀阔斧地调整产业结构。一方面，削减火电业务规模，对一些低效、高污染的火电项目进行关停或改造，优化火电业务布局。另一方面，加大对新能源业务的投入，积极发展风电、核电、太阳能等清洁能源装备制造。在风电领域，哈电集团先后引进了先进的风电技术，建立了自己的风电研发中心，推出了一系列具有自主知识产权的风电机组产品。在核电领域，哈电集团加强与国内外科研机构的合作，参与了多个核电项目的建设，不断提升自身的核电技术水平。

在企业内部管理方面，哈电集团也进行了一系列改革。精减人员，优化管理流程，减少管理层级，提高管理效率。通过竞聘上岗、绩效考核等方式，激发员工的积极性和创造力。同时，加强信息化建设，引入先进的管理信息系统，实现企业管理的数字化、智能化，提高企业运营效率。

为了提升企业的核心竞争力，哈电集团还加大了研发投入，尝试技术创新。建立了多个国家级研发机构，吸引了一大批优秀的科研人才，开展了一系列关键技术的研发和攻关。在火电领域，研发了超超临界机组、高效清洁燃烧技术等，提高了火电设备的效率和环保性能；在水电领域，攻克了大型水轮机转轮制造、水力稳定性等关键技术，提升了水电设备的可靠性和稳定性；在新能源领域，研发了新型风电机组、储能技术等，为新能源产业的发展提供了技术支持。

尽管哈电集团在转型初期付出了巨大努力，但由于各种原因，成效并不显著。企业的营收和利润仍然面临着较大压力，市场份额也有所下降。但哈电集团并没有放弃，他们深知，转型是一场持久战，只有坚持下去，才能迎来胜利的曙光。

■ 东北振兴带来新机遇

新时代东北全面振兴战略的出台对于哈电来说，无疑是一剂强心针。这一战略承载着国家对东北地区经济发展的殷切期望，为哈电集团带来了前所未有的发展机遇。

从政策层面来看，国家对东北振兴给予了全方位的支持，涵盖了产业

哈电电机智能制造车间

扶持、科技创新、人才引进等多个领域。这些政策犹如强劲的东风，助力哈电集团在转型升级的道路上破浪前行。

在资金支持方面，国家设立了专项扶持资金，为哈电集团的重大项目建设和技术研发提供了坚实的资金保障。这些资金的注入，使得哈电集团能够在技术创新、设备升级等方面加大投入，提升自身的核心竞争力。

项目倾斜也是政策扶持的重要体现。国家优先将一些重大能源项目安排给哈电集团，为其提供了广阔的市场空间和发展舞台。这些项目不仅规模宏大，而且技术含量高，对哈电集团的技术实力和制造能力提出了严峻挑战。哈电集团凭借着多年积累的技术优势和丰富经验，成功承接并高质量完成了多个重大项目。

在白鹤滩水电站机组项目上，哈电集团承担了部分机组的研制任务。面对技术难题和时间紧迫的双重压力，哈电集团组织了顶尖的科研团队，日夜奋战，攻克了一系列技术难关。最终成功研制出的机组在性能和稳定性方面均达到了世界领先水平，为白鹤滩水电站的顺利投产发电做出了重要贡献。

政策的落地离不开地方政府的积极配合。在新时代东北振兴战略的实施过程中，地方政府与哈电集团紧密合作，共同推进项目建设。在项目审批、土地供应、基础设施配套等方面，地方政府开辟了绿色通道，提供了高效便捷的服务。

这种央地合作的模式，不仅促进了哈电集团的发展，也带动了地方经济的繁荣。通过与哈电集团的合作，地方政府吸引了大量相关企业入驻，形成了完整的产业链条，创造了大量的就业机会，推动了地方经济的快速发展。

为了适应新时代能源发展的需求，哈电集团积极推进产业布局的优化升级，构建了"三个系统"的产业布局，即新型电力系统、绿色低碳驱动系统、清洁高效工业系统。这一产业布局的构建，旨在实现能源的高效利用和可持续发展，为我国能源转型提供全方位的解决方案。

右上／　　金沙江白鹤滩水电站航拍
右下／　　哈电研制的白鹤滩右岸电站 8 台机组全部投产发电

银江水电站

银江水电站位于四川省攀枝花市金沙江中游干流上，是国家新一轮西部大开发标志性工程之一，总装机容量39万千瓦，安装6台灯泡贯流式水轮发电机组。由哈电电机研制的银江水电机组单机容量达6.5万千瓦，是亚洲最大的贯流式机组；转轮直径达7.95米，为同类型机组世界第一。通过大量的模型试验和原型实践，其稳定性、能量特性更是达到了国际领先水平。

在新型电力系统方面，哈电集团加大了对新能源发电设备的研发和生产力度，涵盖了风电、太阳能发电、储能等多个领域。在风电领域，哈电集团推出了一系列大容量、高效率的风电机组，这些机组采用先进的设计理念和制造工艺，具有良好的抗风性能和发电效率。在太阳能发电领域，哈电集团研发了高效的太阳能光伏组件和逆变器，提高了太阳能发电的转换效率和稳定性。在储能领域，哈电集团除了上述提到的新型储能系统，还在不断探索其他储能技术，如抽水蓄能、压缩空气储能等，以满足不同场景下的储能需求。通过这些努力，哈电集团为新型电力系统的建设提供了关键设备和技术支持，推动了我国能源结构的优化调整。

在绿色低碳驱动系统方面，哈电集团聚焦于绿色能源的开发和利用，如生物质能、地热能等。在生物质能领域，哈电集团研发了生物质发电设备，能够将生物质废弃物转化为电能，实现了废弃物的资源化利用和能源的绿色生产。在地热能领域，哈电集团积极开展地热能开发利用技术的研究和应用，为地热能的高效利用提供了技术保障。此外，哈电集团还在氢能领域进行了布局，开展了氢燃

世界最大直径贯流式转轮——银江水电站首台机组转轮研制成功

料电池、电解水制氢等技术的研发，为未来氢能产业的发展奠定了基础。

在清洁高效工业系统方面，哈电集团致力于为工业企业提供清洁高效的能源解决方案，提高工业企业的能源利用效率和环保水平。哈电集团研发了一系列高效节能的工业锅炉、汽轮机等设备，这些设备采用了先进的燃烧技术和余热回收技术，能够有效降低工业企业的能源消耗和污染物排放。同时，哈电集团还为工业企业提供能源管理系统和技术服务，帮助企业实现能源的精细化管理和优化配置。

通过构建"三个系统"的产业布局，哈电集团实现了产业结构的优化升级，拓展了业务领域，增强了企业的抗风险能力和可持续发展能力，为我国能源事业的发展做出了更大的贡献。

三峡工程，这一举世瞩目的世纪工程，是哈电集团辉煌成就的有力见证。从国家论证三峡工程之始，哈电集团便深度参与其中。历经多年的技术攻关与不懈努力，从三峡左岸机组与国外知名公司联合承制、合作生产，到右岸机组的自主创新，再到地下电站机组的全部国产化，哈电集团实现了技术上的华丽转身与跨越式发展。

在这个过程中，哈电集团成功攻克多项技术难题，其中优质转轮带来的卓越稳定性，以及全空冷技术的开创性应用，开创了巨型全空冷发电机组运行的新时代。

凭借这些独门绝技和强大的科研、设计、制造、服务能力，哈电集团不仅在三峡工程中大放异彩，后续还承揽了国内50多台巨型水轮发电机组的制造合同，为国家水电事业的发展立下了汗马功劳。

■ 东北振兴的哈电力量

哈电集团的发展历程，是东北工业发展的一个缩影，它见证了东北工业的辉煌与挑战，也展示了东北工业在新时代的重生与崛起。

在未来的发展中，哈电集团将继续肩负起时代赋予的重任，以创新为驱动，以市场为导向，不断提升自身的核心竞争力，为东北振兴和国家能源事业发展做出更大的贡献。

我们有理由相信，在哈电集团等众多企业的共同努力下，大东北的工业必将迎来更加灿烂的明天。

丰满水电站

　　丰满水电站位于吉林省松花江上游、吉林市东南部的丰满区，始建于 1937 年，1943 年第一台机组发电，曾是亚洲规模最大的水电站。丰满水电站历经多次修复、改造和扩建，成为东北电网的骨干电站，同时在防洪、灌溉等方面也有卓越的贡献。新中国成立以来，丰满水电站累计向全国输送了 2000 余名水电人才，被誉为"中国水电之母""水电摇篮"。

冰雪破局：
东北振兴的新赛道

在转型阵痛时，历史为东北关上了一扇门。

在振兴东北的新时代，历史又为东北打开了一扇窗。

在新文旅时代，当全国各地以八仙过海、各显神通的"刀法"争相出圈时，大东北，以天然恩赐的千里冰封、万里雪飘的独特优势，一跃成为崛起的文旅经济新势力。

■ 时势造就东北冰雪经济

东北地区拥有无与伦比的冰雪资源优势，与欧洲阿尔卑斯山、北美落基山同处"冰雪黄金纬度带"，雪量大、雪质好、雪期长，是世界三大粉雪基地之一。东北的天然雪场星罗棋布，成为冰雪运动的理想之地。在我国现有国家级滑雪旅游度假地中，东北占据近乎半壁江山。

2022年北京冬奥会的成功举办，无疑为东北冰雪经济按下了"加速键"。冰雪运动在全国范围内迅速升温，大众对冰雪旅游、冰雪运动的热情高涨，冬季文旅需求日益旺盛。

2023—2024冰雪季，哈尔滨成为全国旅游的"顶流"，"南方小土豆勇闯哈尔滨"等话题火爆全网，哈尔滨多次荣膺《中国冰雪旅游发展报告》"冰雪旅游十佳城市"榜首，带动整个东北地区旅游、餐饮、住宿、交通等相关行业蓬勃发展。

冰雪经济的崛起，为东北振兴带来了新希望，成为推动东北经济转型发展的新质生产力。

与此同时，国家和地方政府纷纷出台一系列政策，为东北冰雪经济的发展注入强大动力，助力其腾飞。2024 年，中央区域协调发展领导小组办公室印发《推动东北地区冰雪经济高质量发展助力全面振兴取得新突破实施方案》，从冰雪旅游、冰雪运动、冰雪文化、冰雪装备四个方面精心部署了 15 项重点任务和具体举措，为东北冰雪经济发展绘制了宏伟蓝图。

　　东北地方政府积极响应，出台了一系列配套政策。吉林省发布《吉林省旅游万亿级产业攻坚行动方案（2023—2025 年）》，明确力争 5 年内实现旅游万亿级产业目标，其中冰雪旅游要撑起"半壁江山"，规模达到 5000 亿元。围绕这一目标，吉林省重点打造"深度玩冰、厚度玩雪、暖度温泉、热度民俗"等冰雪旅游产品，将冰雪与民俗、温泉、美食等元素深度融合，提升旅游产品的吸引力和竞争力。

　　黑龙江省开展冬季冰雪旅游"百日行动"，加强旅游市场监管，提升服务质量，建立旅游工作联席会议机制，加强部门协作，共同推动冰雪旅游发展；组织文旅产业投融资对接活动，为企业搭建融资平台，促进文旅产业项目落地。

　　这些政策的出台和实施，为东北冰雪经济的发展营造了良好的政策环境，激发了市场活力，吸引了众多企业和投资者投身于东北冰雪经济建设中。

■ 冰雪经济的多元发展

　　冰雪旅游是东北冰雪经济的核心板块，以其独特的魅力吸引着来自五湖四海的游客。

　　哈尔滨冰雪大世界堪称是"引无数土豆竞摔倒"的奇幻世界。如今的冰雪大世界，规模越发宏大，创意更加新奇。冰雕雪塑的造型设计突破传统，融合了世界各地的建筑风格与文化元素，打造出美轮美奂的冰雪王国。

　　夜幕降临，灯光亮起，五彩斑斓的灯光映照在晶莹剔透的冰雕上，如梦如幻，仿佛置身于童话世界。在这里，游客不仅能欣赏到精美的冰雕艺术，还能参与到刺激的冰雪娱乐项目中，如超长的冰滑梯，从高处飞速滑下，感受风在耳边呼啸，体验速度与激情的碰撞。

　　雪乡同样别具一格，这里的雪景宛如水墨画，厚厚的积雪在屋顶、树枝上堆积，形成千姿百态的蘑菇云造型，纯净而又迷人。当地推出的民俗

圣·索菲亚教堂

位于哈尔滨市道里区透笼街。圣·索菲亚教堂始建于 1907 年 3 月，原为沙俄东西伯利亚第四步兵师的随军教堂，1912 年改为砖木结构教堂。1923 年 9 月再次重建，1932 年 11 月建成。建成后的圣·索菲亚教堂为典型的拜占庭式建筑，通高 53.35 米，占地面积 721 平方米，平面呈拉丁十字，墙体全部采用清水红砖，外观由巨大的"洋葱头"式穹顶统领 4 个大小不同的帐篷顶，整体主次分明，形体错落有致。1996 年被列为全国重点文物保护单位。2007 年被评为国家 AAAA 级旅游景区。

体验活动，让游客深入感受东北的传统文化。游客可以入住温暖的农家炕头，品尝地道的东北美食，如热气腾腾的铁锅炖，各种食材在大铁锅中炖煮，香味四溢，让人垂涎欲滴。

长白山景区则将冰雪与温泉完美融合，让游客在冰天雪地中享受冰火两重天的奇妙体验。在长白山的温泉酒店，游客可以泡在热气腾腾的温泉里，看着周围银装素裹的雪景，呼吸着清新的空气，进入忘我的冰雪世界。

为了满足游客日益多样化的需求，东北各地还积极探索冰雪旅游新业态、新场景。雪地音乐节成为年轻人的最爱，在洁白的雪地上，搭建起绚丽的舞台，知名乐队和歌手激情演唱，动感的音乐与寒冷的冰雪相互碰撞，点燃了游客的热情。灯光秀则以冰雪为幕布，通过高科技灯光技术，呈现出美轮美奂的光影盛宴，奇幻的光影在冰雪上变幻，讲述着古老的传说和现代的故事，给游客带来全新的视觉冲击。

■ 冰雪文化：底蕴深厚的魅力传承

东北冰雪文化源远流长，有着深厚的历史渊源。早在隋唐时期，东北地区就有丰富的冰雪活动，史料中记载的当地居民骑木而行，被认为是古代滑雪的雏形。随着时间的推移，冰雪逐渐融入东北人民的生活，成为年俗文化的重要组成部分。冰象征着坚韧，雪寓意着纯洁，每到年末，人们在冰雪的陪伴下迎接团圆，期盼春天的到来。

哈尔滨国际冰雪节、吉林国际雾凇冰雪节等节事活动，是东北冰雪文化的重要展示平台。哈尔滨国际冰雪节历史悠久，从最初的冰灯游园会发展而来，如今已成为世界上最长的冰雪节日。节日期间，冰灯、冰雕、雪雕等艺术作品争奇斗艳，展示着冰雪艺术的独特魅力。冰灯制作工艺不断创新，从传统的手工制作到如今运用现代科技手段，冰灯的造型更加精美，灯光效果更加绚丽。雪雕作品则以其宏大的规模和细腻的雕刻工艺吸引着游客，艺术家们用雪作为原料，雕刻出各种栩栩如生的形象，如神话人物、动物、建筑等，让人叹为观止。

吉林国际雾凇冰雪节则以雾凇景观为特色，松花江畔的雾凇奇观如梦如幻，晶莹剔透的雾凇挂满枝头，宛如玉树琼花，美不胜收。游客们漫步在江边，仿佛置身于仙境之中，纷纷拍照留念。节日期间还举办了丰富多

大东北

秋日的小兴安岭，针阔混交林带的树木因变色落叶时间不同，
演化出富有层次的"五花山"森林景观，绘就出层林尽染的千里彩卷。

"一泓天池水，倒映千丈峰。"
长白山天池像一块瑰丽的碧玉镶嵌在雄伟的长白山群峰之中，
清致而雄浑地绘就了一幅壮美的山水画卷。

彩的文化活动，如冰雪摄影大赛、冰雪民俗展览等，让游客在欣赏美景的同时，深入了解东北的冰雪文化。

吉林省委书记黄强说：

我刷到一个微视频，我觉得挺有意思。她说第一次来到吉林，有这么多好玩好看的东西。她惊喜地喊道：低调的吉林到底还有多少种魔法，她一直在问自己，是什么原因孕育出如此朴素热情的人们，她查到的答案是东北土地辽阔，而辽阔的土地养育不出狭窄的爱。她还说，有一堂课叫离别，能不能改成再见呢，吉林，再见。

"尔滨现象"的火爆，更是让东北冰雪文化在网络上广泛传播。南方游客与东北文化的碰撞，产生了许多有趣的话题和故事。东北人的热情好客、豪爽大方给游客留下了深刻印象，铁锅炖、冻梨、黏豆包等东北美食也成为网红美食，吸引着更多人前来品尝。各种冰雪娱乐项目，如冻梨刺身、人造月亮、鄂伦春驯鹿等，更是成为网络热门话题，让东北冰雪文化走向全国，走向世界。许多游客因为这些网络热点，对东北冰雪文化产生了浓厚的兴趣，纷纷前来体验，进一步推动了东北冰雪文化的传播和发展。

■ 冰雪装备：工业底蕴的新绽放

东北的装备制造产业有着深厚的传统优势，这为冰雪装备器材的研发制造提供了坚实的基础。近年来，东北积极推动冰雪装备器材产业的发展，加大研发投入，取得了显著成果。

在冰雪场地设施设备方面，东北企业联合科研院所开展关键技术攻关，不断提升产品的性能和质量。鸿基索道研发的拖挂式架空索道工作基本完成并具备试生产条件，其产品成功进入北京冬奥会赛场，为冬奥会的顺利举办提供了保障。这种索道具有安全可靠、运行平稳、运输效率高等优点，能够满足大型滑雪场的需求，为游客提供便捷的上山服务。

在个人冰雪运动器材领域，东北也取得了突破。黑龙国际推出的一体式速滑鞋、冰球鞋以及定制碳纤维速滑鞋、碳纤维冰球鞋等产品，填补了国内高端冰雪运动器材的空白。这些产品采用先进的材料和工艺，具有重

东北滑雪场具有天然优势，深受滑雪爱好者青睐

量轻、强度高、舒适度好等特点，能够提升运动员的竞技水平。高端速滑刀的研发成功，让国内运动员能够用上国产的优质装备，不再依赖进口，降低了运动员的训练成本，也提升了我国冰雪装备的自主研发能力。

为了推动冰雪装备器材产业的集聚发展，东北支持有条件的地方建设冰雪运动装备器材特色产业园区。这些园区汇聚了众多冰雪装备制造企业、科研机构和服务机构，形成了完整的产业链条。企业之间可以实现资源共享、技术交流和协同创新，提高产业的整体竞争力。园区还配套了完善的

大东北

基础设施和服务设施，为企业的发展提供良好的环境。一些园区还设立了冰雪装备展示中心和体验中心，让游客和消费者能够直观地了解和体验冰雪装备产品，促进了冰雪装备的销售和推广。

■ 冰雪经济带来的全面振兴

冬奥会的余音还未散去，亚冬会的序曲再度响起，两大国际赛事的连续举办，更让大东北的振兴穿上了滑冰鞋，以速滑的效力疾驰而来。

无疑，冰雪经济已成为东北经济增长的新引擎，带动了消费与投资的双增长。

数据显示，2024—2025 年春节期间，辽宁省接待游客 5335.88 万人次，同比增长 30.57%，旅游收入 536.98 亿元，同比增长 30.11%；吉林省接待国内游客 2770.68 万人次，国内游客出游总花费 337.55 亿元；黑龙江省累计接待游客 2626.3 万人次，实现游客花费 336.5 亿元，分别同比增长 18.3%、23.8%。

这些数据直观地展示了冰雪经济对旅游消费的强劲拉动作用，游客们在东北不仅欣赏冰雪美景，还在餐饮、住宿、购物等方面产生了大量消费，为当地经济注入了活力。

冰雪经济的发展也吸引了大量投资。

2024 年以来，已有 10 余个冰雪服装项目在黑龙江落地，波司登投资 10 亿元建设羽绒服智能工厂，吉林北大湖滑雪度假区投资 4.2 亿元扩建滑雪场项目。这些投资不仅提升了冰雪产业的硬件设施水平，还促进了相关产业链的发展，形成了消费与投资相互促进的良性循环。

冰雪经济对于东北振兴的意义深远而重大，它是东北经济转型发展的关键突破口，是产业结构优化升级的有力助推器，是创造就业机会、吸引人才回流的重要平台，更是提升东北城市形象、增强对外开放水平的金色名片。

在冰雪的滋养下，东北这片古老而又充满生机的土地，正在寒冷与火热的交织中，走向一个崭新的东北新纪元。

筑巢引凤，
倾力打造营商环境

在东北振兴的新形势下，营商环境的优化成为大东北发展的关键。辽宁、吉林、黑龙江三省纷纷出招，致力于打造一流营商环境。

■ 辽宁：全力打造国际化营商高地

辽宁作为东北经济的"领头羊"，在营商环境建设上展现出了十足的决心和行动力。沈阳，这座古老又充满活力的城市，正在以崭新的面貌迎接八方来客。在政务服务方面，沈阳推行"一网通办"和"浑南会客厅"，让企业办事像网购一样方便。企业只需在网上提交相关材料，就能完成一系列审批流程，大大节省了时间和精力。就像一家科技企业的负责人所说："以前办个许可证，跑断腿、磨破嘴，现在坐在办公室点点鼠标就行，效率高多了！"

在市场环境上，辽宁积极培育各类市场主体，鼓励创新创业。大连高新技术产业园区里，众多初创企业如雨后春笋般涌现。政府不仅为这些企业提供场地、资金等方面的支持，还搭建了各类创新平台，促进企业之间的交流与合作。在这里，创新的火花不断碰撞，一个个创业梦想在这里生根发芽。

法治环境的建设也是辽宁的一大亮点。为了给企业提供稳定、可预期的发展环境，辽宁加强知识

沈阳"听劝"

沈阳站站，是地铁在沈阳火车站的一个站点，当初为了区别于火车站，所以叠加了一个站字，没想到这一叠加，让沈阳站站出了名。但在2022年5月，有关部门考虑到这个站名不简练，将其改名为沈阳站，可这一改，让慕名而来的游客失望了。游客的看法和建议很快被沈阳市有关部门关注到，有道理，那就改，时任沈阳市文旅局局长的刘克斌就在多个社交平台发文称：听劝，沈阳站站回来了。

浑南会客厅

    浑南会客厅坚持服务至上，全力打造清风铸"浑"、"南"事好办主题，大厅在布局上取消了传统的多个窗口，全部变成休闲卡座。让办事人听着音乐、在舒适的环境下轻松办理审批事项。"一枚印章管审批"是这里最大的特色，浑南区将原有的15个职能部门的25枚审批专用章全部封存，所有事项按"一件事"模式提供全科、全流程、无差别的综合受理服务。

"听劝"实际上就是一种态度，游客的需求反馈到你这儿，你一定要认真听，然后立即去改，用心去办。每一个游客，我们都要微笑服务，你给游客一个微笑，你可能换来一百个微笑。你如果不把游客捧在手心儿里，游客就不会把你这座城市放在心坎儿上。

这个城市文旅的火，实际上是我们这个城市精神面貌的火，是这个城市营商环境的好转。现在不仅是我们文旅部门听劝，我们沈阳市所有的机关、部门、各个区县市的领导干部都在听劝，把我们听劝作为这个城市转变机关工作作风的一种品牌、一个 IP，所以大家现在都是在用心、用情、用力地去做好自身的每项工作。

刘克斌

辽宁省沈阳市副市长

扫码观看
大家话东北

产权保护，严厉打击侵权行为。一家从事生物医药研发的企业表示："我们最看重的就是知识产权保护，在辽宁，我们的研发成果有了坚实的法律保障，能够放心地投入研发。"

■ 吉林：政策发力，为企业保驾护航

吉林省在营商环境优化上打出了一套"政策组合拳"。在政策扶持方面，吉林省出台了一系列惠企政策，从税收减免到财政补贴，为企业发展减轻负担。一家汽车零部件制造企业在享受到税收优惠政策后，将节省下来的资金投入技术研发中，产品竞争力得到了大幅提升。

在政务服务改革上，吉林省大力推行"最多跑一次"改革，简化办事流程，提高办事效率。企业办理营业执照、项目审批等事项，都能在短时间内完成。比如，在长春新区，企业开办时间压缩至 1 个工作日以内，让企业能够迅速开展业务。

为了让企业安心发展，吉林省还加强了金融支持。政府引导金融机构加大对企业的信贷投放，创新金融产品和服务。对于一些有发展潜力但资金紧张的中小企业，金融机构提供了低息贷款、信用贷款等多种融资方式，帮助企业解决资金难题。

■ 黑龙江：创新服务，激发市场新活力

黑龙江省以创新服务为突破口，在营商环境建设上取得了显著成效。在哈尔滨，企业开办实现了"零成本"，政府免费为新开办企业刻制印章、发放税控设备，让企业轻装上阵。

黑龙江省还积极推进"互联网＋政务服务"，实现政务服务事项网上全流程办理。企业可以通过政务服务网在线提交申请、查询办理进度，真正做到了"数据多跑路，企业少跑腿"。

为了及时了解企业需求，黑龙江省建立了常态化政企沟通机制。政府定期召开企业家座谈会，倾听企业心声，解决企业实际问题。一家农业企业在座谈会上反映农产品运输难的问题，政府相关部门迅速协调物流企业，为企业开辟了绿色运输通道，保障了农产品的及时运输。

夜幕下的哈尔滨，灯火如画，
营商环境的改善，激发出黑龙江省各行各业发展的澎湃动能

　　如今的东北，营商环境不断优化，曾经"投资不过山海关"的说法正在成为历史，越来越多的企业看到了东北的发展潜力，纷纷在这里投资兴业。

　　相信在大东北的共同努力下，营商环境会越来越好，东北振兴的步伐也会越来越快。

　　这片苍凉、沉雄、辽阔的土地，塑造了这里的人们热情、坚韧、开拓的性格。他们历尽艰险，但从不畏惧艰险。

　　他们饱经风雪，但始终报之以歌。

　　他们怀念曾经的辉煌，但更愿以新的奋斗再创新的辉煌。

　　因为他们，东北值得期待。

　　因为他们，全面振兴，关山皆可越。

民以食为天，
当华夏先民告别了茹毛饮血的生活，
开始在大地上播撒下第一粒种子，
就奠定了中华民族以农为本的文明底色。
对于一个建立在农耕文明上的国度，
粮食安全一直犹如一条坚韧的纽带，
维系着国家的兴衰、民族的命运。
洪范八政，食为政首！

五星山下收粮忙

大国粮仓

端稳中国饭碗，
筑牢强国根基

在漫长的中国历史上，历朝历代，都把粮食安全上升到关乎国家稳定的战略高度。粮食不仅是生民的口粮，更是军队的粮草。"兵马未动，粮草先行"，没有充足的粮食储备，军队就无法远征，国家的疆土就难以守护。

粮食，它承载着民族的希望与梦想，见证着国家的兴衰与荣辱，也守护着百姓的幸福与安康。

如今，在新时代的征程中，粮食安全依然是国家战略安全的重中之重。虽然今天的中国已经解决温饱，但我们不能有丝毫的懈怠。在当今这样一个百年未有的大变局时代，伴随着国际形势的复杂多变，国家的粮食安全时刻面临新的挑战。

因此，确保中国人的饭碗牢牢端在自己手中，一直是习近平总书记念兹在兹的重大关切。由此大食物观应运而生，成为保障国家粮食安全的新理念。

那么，在坚守大食物观的战略背景下，东北地区又该如何凭借其独特的资源禀赋和农业基础，肩负起国家重要的粮食使命？

答案，就在大东北广袤的田野、牧场和大海里。

一粥一饭，当思来处不易；
半丝半缕，恒念物力维艰。

粮食，作为人之生存的根基，其安全问题始终是国家发展的重中之重。习近平总书记反复强调，确保中国人的饭碗牢牢端在自己手中。这句质朴却极具分量的话语，背后蕴含着深远的战略考量与对国家和人民深切的关怀，关乎国家的稳定、发展与未来。

粮食安全是生存根基。

大东北

回顾历史，无数故事都诉说着粮食安全的重要性。古代战争中，一座城池被围困，最先匮乏的往往是粮食，一旦粮尽，城破人亡便近在眼前。长平之战中，赵国 40 万大军因粮草不济，最终被秦军击败，国运急转直下。近代中国，也因积贫积弱，粮食产量低下，使百姓常常食不果腹，在饥饿中挣扎。

新中国成立后，党和国家高度重视粮食生产，带领人民艰苦奋斗，逐步实现了从吃不饱到吃得饱，再到吃得好的转变。但我们不能忘记过去的苦难，粮食安全是国家发展的根基，必须牢牢把握在自己手中，这是历史给予我们的深刻教训。

粮食是民生的定海神针。

对于拥有 14 亿多人口的中国而言，粮食安全是社会稳定的基石。当市场上粮食供应充足，价格稳定，百姓的生活便能安稳有序。反之，若粮食供应出现问题，物价飞涨，人们的基本生活无法保障，社会矛盾便会随之滋生，甚至引发动荡。

在一些国际冲突和自然灾害频发地区，常常能看到粮食短缺引发的混乱局面，民众为了争抢粮食大打出手，社会秩序荡然无存。而近年来，我国即便面对疫情冲击、极端天气频发等挑战，国内粮食供应依旧稳定，价格平稳，有力地保障了社会的和谐稳定，让百姓心中有底，生活安心。

粮食是经济稳定的压舱石。

粮食产业关联着国计民生的方方面面，是国民经济平稳运行的支撑。从农业生产到食品加工，从物流运输到市场销售，粮食产业形成了一条庞大而复杂的产业链，影响着众多行业的发展。

粮食价格的稳定对于控制通货膨胀至关重要。在经济起步阶段，粮价的波动往往能直接反映在居民消费价格指数（CPI）上，进而影响宏观经济的稳定。即便在经济实力已跃上新的大台阶的今天，粮食价格仍然是物价总水平的重要影响因素。

作为全球第一大粮食消费国，如果我国过度依赖粮食进口，国际市场上粮食价格的微小波动，都可能像蝴蝶效应一般，在国内引发连锁反应。只有牢牢把握粮食安全主动权，才能增强我国经济的韧性，使其在面对外部冲击时更具抵抗力。

大食物观为保障国家粮食安全丰富了新内涵。大食物观强调食物的多样性和来源的广泛性，不仅包括传统的粮食作物，还包括肉、蛋、禽、奶、鱼、果、菌、茶等，发展目标从"吃得饱"向"吃得好"升级。践行大食物观有助于全方位丰富食物供应，在更大范围、更优结构、更高水平上为粮食安全提供新的保障。

大食物观为推动农业高质量发展拓展了新路径。大食物观强调从耕地资源向整个国土资源拓展，为化解我国人多地少的瓶颈约束开辟了新路径。践行大食物观有助于挖掘各类资源生产潜力，推动农业产业结构优化升级和多元化发展，提高农业产出效率和农产品质量，实现农业与自然生态和谐共生。

《人民日报》

2024 年 6 月 14 日 10 版

送粮车在黑龙江省富锦市一大型粮食仓储加工企业外排起长队

黑龙江富锦市的现代化粮库

[亲历者说]

在入职的头一天，我们集体参观
了一下公司，我们走走看看，走的时
候八九点钟，回来的时候已经中午了。

非常震撼，这么大的仓容，这么
多的库房，还是有生以来第一次看到。

李晓英
富锦象屿金谷农产有限公司
仓储二区区长

扫码观看
亲历者说

粮食是应对国际变局的底气。

当今世界，正经历着百年未有之大变局，国际形势复杂多变。粮食，作为基本生活资料和重要战略物资，在国际竞争与合作中扮演着关键角色。

近年来，全球粮食市场面临着诸多挑战。疫情蔓延、地缘政治冲突、极端天气频发，使得许多国家的粮食生产和供应受到严重影响。一些国家为了保障本国粮食安全，纷纷出台粮食出口限制政策，导致国际粮价大幅波动。在这种情况下，那些粮食不能自给自足的国家便陷入困境，面临着粮食短缺和价格上涨的双重压力。

正是基于上述背景，大食物观应运而生，成为保障国家粮食安全的新理念。大食物观的提出，是对传统粮食安全观念的重大突破和创新，具有多方面的重要意义。它有助于化解我国人多地少的瓶颈约束，提高资源利用效率，挖掘各类资源的生产潜力，推动农业产业结构优化升级和多元化发展。同时，大食物观能够满足人民群众日益增长的美好生活需要，提供更加丰富多样、营养健康的食物选择，提升人民群众的生活质量和健康水平。践行大食物观还有助于实现人与自然的和谐共生，促进生态系统的平衡和稳定，为经济社会的可持续发展奠定坚实基础。

在大食物观的战略背景下，东北地区凭借其独特的资源禀赋和农业基础，肩负起重要的使命，成为保障国家粮食安全的关键力量，在塑造大国粮仓方面发挥举足轻重的作用。

大东北

大东北：
国家粮食安全的基座

    大东北，这片广袤而富饶的土地，在我国粮食生产中占据着十分重要的地位，堪称国家粮食安全的基座。大东北，对于国家的粮食安全为何如此重要？这要从它的自然资源和粮食贡献率上细细道来。

    东北平原是我国面积最大的平原，由三江平原、松嫩平原和辽河平原组成，总面积达 35 万平方公里。尤为重要的是，地势平坦开阔，耕地面积广阔，集中连片，为大规模农业生产提供了便利条件。这种大规模的耕地资源，使得东北地区能够进行规模化、集约化的农业生产，提高农业生产效率，降低生产成本。

    东北平原不仅耕地广阔连片，更重要的是土壤肥沃，它拥有世界闻名的黑土地。黑土地是大自然赋予人类的宝贵财富，被誉为"耕地中的大熊猫"。它主要分布在辽宁、黑龙江和吉林三省，形成于万年前冰川时期的冰川活动和水动力作用，经过数千年的风化、堆积和矿物质富集，孕育出了丰富的养分和优质的土壤结构。

    黑土地的土壤颗粒细腻，含水量高，具有高持水性、良好透气性和优越保肥能力，能够有效储存和释放养分，为农作物提供充足的水分和营养。再加上丰富的有机质和微生物，使得这片土地的肥力无与伦比，是最适合粮食生长的土壤之一。在黑土地上种植的玉米、大豆、小麦等农作物，产量丰富，品质上乘，尤其东北出产的大米，以其颗粒饱满、口感软糯、香气浓郁而闻名全国，深受消费者喜爱。

    东北平原还是一个水资源极其丰富的平原。

    这里有乌苏里江、松花江、黑龙江、辽河、嫩江等多条大河，地表淡水总量多达 1600 亿立方米。丰富的水资源为农作物的灌溉提供了便利，能够满足农作物在不同生长阶段对水分的需求，确保农作物苗壮成长。这就

北大荒农业股份八五九分公司大豆播种场景

大豆播种

为水稻提供了可以快活生长的乐土。充足的水资源使得水稻能够得到充分的灌溉，保证了水稻的产量和质量。东北地区还有众多的湖泊和水库，这些水体不仅为农业灌溉提供了稳定的水源补充，还可以调节区域气候。

同时，大东北的农业机械化水平相对较高。东北地区地势平坦，适合大型农业机械作业，机械化在几十年前就已经非常普遍。从播种、施肥、灌溉到收割、脱粒等各个生产环节，都广泛应用了大型机械化设备。大型拖拉机、联合收割机、播种机等现代化农机具的使用，大大提高了农业生产效率，减轻了农民的劳动强度。机械化作业不仅提高了生产效率，还能够保证农业生产的质量和标准化程度，使得农作物的收割更加及时、精准，减少了粮食的损失和浪费。

科技支撑也是东北粮食生产的重要优势。

近年来，东北地区不断加大对农业科技的投入，积极推广先进的农业技术和管理经验。在品种选育方面，科研人员培育出了许多适合东北地区种植的优良品种，这些品种具有高产、优质、抗病虫害等特点，为粮食增产提供了有力保障。黑龙江省农业科学院培育的一些大豆品种，在产量和品质上都有了显著提升，有效提高了农民的种植收益。

农业科技的应用还体现在农业信息化、智能化方面。通过建立农业信息服务平台，农民可以及时获取气象信息、市场行情、种植技术等信息，为农业生产决策提供依据。智能化农业设备的应用，如智能灌溉系统、无人机植保等，助力实现农业生产的精准化管理，提高了资源利用效率，降低了生产成本。

凭借这些优势，东北地区的粮食产量持续增长，在全国粮食总产量中占据着重要份额。据相关数据显示，2024年，辽宁省、吉林省、黑龙江省及内蒙古自治区的粮食总产量超过3773亿斤，占全国粮食总产量的四分之一以上。

其中，黑龙江省作为我国的粮食生产大省，多年来粮食总产量、商品量、调出量均位居全国第一。以2022年为例，黑龙江省粮食总产量占全国的九分之一，为保障国家粮食安全做出了巨大贡献。

"辽"阔沃土五谷丰，见证了端牢中国饭碗的"辽宁力量"。

黑龙江省农业科学院大豆研究所

成立于1975年，是全国建立最早的大豆专业研究所，主要承担大豆种质资源创新、遗传育种、耕作栽培、植物保护与食品加工等大豆全产业科技创新研究工作。

在大豆高光效光合生理基础研究，重离子辐射诱变创制新种质，高产、高蛋白、高油、抗孢囊线虫等专用大豆及鲜食大豆新品种选育等项目上具有优势地位，现已育成以黑农84（高产多抗）、黑农511（高蛋白）、黑农531（高产高油耐逆）、黑农551（高产高油）、黑农527（鲜食）为代表的"黑农"号系列大豆品种120余个，覆盖东北地区、中晚熟区域及新疆等地。

2024 年，辽宁省粮食总产量达 500.1 亿斤，是历史上第三高产年；亩均单产 931.9 斤，稳居全国粮食主产省第二位。

吉林省的粮食生产也成绩斐然，有 7 个产粮大县的粮食产量位居全国前十位，连续四年粮食总产量超过 800 亿斤，居全国第四位，是全国五个粮食净调出省之一。

除了粮食产量高，东北地区的商品粮总量和调出量也十分可观。东北地区人口相对较少，粮食消费需求相对较低，因此有大量的商品粮可供调出。按照人均 400 公斤粮食需求量计算，2020 年区域粮食可剩余量达到 1.29 亿吨（2580 亿斤），输出的商品粮约占全国商品粮总量的三分之一，粮食调出量占全国的 40%。

这些调出的粮食源源不断地运往全国各地，有力地保障了其他地区的粮食供应，对稳定全国粮食市场、保障国家粮食安全发挥了不可替代的重要作用。

从增长趋势来看，从 2000 年到 2021 年的 20 年间，东北地区粮食产量增长了近 2 倍，粮食产量占全国粮食总产量的比例由 12.74% 上升到 25.36%，粮食增加量占全国粮食产量增量的 50.71%，即全国一半的粮食增产量来自东北地区。

这一增长趋势充分展示了东北地区粮食生产的巨大潜力和发展活力，也表明了东北地区在国家粮食安全战略中的重要地位日益凸显。

尽管东北地区在粮食生产方面具有显著优势，但也面临着黑土地退化、土地板结、生态压力增大、种子风险等一系列潜在风险和挑战。这些挑战对东北地区粮食生产的可持续发展构成了一定威胁。

为了守护好粮食安全这道铁栅栏，大东北在保障国家粮食安全、践行大食物观的战略背景下，做了一系列具有战略意义的开拓性工作。

保护黑土地，
夯实粮食生产根基

黑土地是东北地区粮食生产的命根子，保护好黑土地对于保障国家粮食安全具有至关重要的意义。

为此，国家和地方政府高度重视黑土地保护，出台了一系列法律法规和政策文件，为黑土地保护提供了坚实的制度保障。

2022 年 8 月 1 日，《中华人民共和国黑土地保护法》正式施行，这是我国首次对黑土地保护进行专门立法，标志着黑土地保护进入了法治化轨道。黑龙江、吉林、辽宁、内蒙古等地也相继出台了黑土地保护的地方性法规和政策措施，明确了黑土地保护的目标任务、责任主体和具体措施，加大了对黑土地保护的资金投入和政策支持力度。

在此背景下，黑龙江省设立了黑土地保护专项资金，每年安排数亿元资金用于黑土地保护项目；吉林省出台了《吉林省黑土地保护条例》，对黑土地的保护、利用、监测等方面做出了详细规定。

与此同时，东北地区积极推广应用黑土地保护的先进技术模式，如"梨树模式""龙江模式"等，取得了显著成效。

■ 梨树模式

可以说，吉林梨树在守护黑土良田上创造了一个生态奇迹。"梨树模式"宛如一位忠诚的卫士，日夜守护着珍贵的黑土地。

曾经，传统的农业生产方式让黑土地不堪重负。过度翻耕，使得肥沃的黑土层逐渐变薄，土壤结构遭到破坏，肥力不断下降。而"梨树模式"的出现，宛如一场及时雨，为黑土地带来了新生的希望。

中华人民共和国黑土地保护法

2022 年 6 月 24 日，第十三届全国人大常委会第三十五次会议通过了《中华人民共和国黑土地保护法》，自 2022 年 8 月 1 日起施行。

本法明确，国家实行科学、有效的黑土地保护政策。保障黑土地保护财政投入，综合采取工程、农艺、农机、生物等措施，保护黑土地的优良生产能力，确保黑土地总量不减少、功能不退化、质量有提升、产能可持续。黑土地应当用于粮食和油料作物、糖料作物、蔬菜等农产品生产。黑土层深厚、土壤性状良好的黑土地应当按照规定的标准划入永久基本农田，重点用于粮食生产。

刚翻过的黑土地

　　"梨树模式"的核心之一是秸秆覆盖还田。秋收过后，不再是以往那般将秸秆焚烧或随意丢弃，而是让它们"化作春泥更护花"。大片的秸秆被均匀地覆盖在田地上，像是给黑土地铺上了一层厚厚的棉被。这层"棉被"作用可大了！在寒冷的冬季，它能为土壤保暖，减少热量的散失；到了炎热的夏天，又能遮挡阳光，降低土壤温度，减少水分蒸发。同时，随着时间的推移，秸秆在微生物的作用下慢慢分解，为土壤源源不断地补充有机质，让黑土地重新变得肥沃起来。

　　免耕技术也是"梨树模式"的一大法宝。以往，农民习惯了一年又一年地深耕翻土，却不知这样的做法会破坏土壤原本的结构。而免耕，就是尽量减少对土壤的翻动。种子在经过特殊处理后，被精准地播撒在秸秆覆盖的土壤中。这样一来，土壤中的蚯蚓等有益生物得以安居乐业，它们在土壤中穿梭、打洞，形成了天然的通气管道，让土壤变得更加疏松透气。而且，免耕还能有效减少水土流失，黑土地不再像以前那样，在雨水的冲刷下大量泥沙流失，而是稳稳地守护自己的养分。

　　"梨树模式"还引入了轮作体系。不同的作物在这片土地上交替种植，

166　　**大东北**

玉米、大豆等作物各展所长。它们对土壤养分的需求不同，合理的轮作让土壤中的养分得到了更均衡的利用。比如，大豆具有固氮的作用，能把空气中的氮固定到土壤中，为后续种植的作物提供丰富的氮肥，减少了化肥的使用量。这种科学的轮作方式，不仅提高了作物的产量和品质，还让黑土地得以休养生息，恢复元气。

如今，走在吉林梨树的田野间，目之所及是一片片生机勃勃的景象。黑土地在"梨树模式"的呵护下，重新焕发活力。肥沃的土壤孕育出苗壮的庄稼，丰收的喜悦洋溢在农民的脸上。"梨树模式"就像一个成功的范例，向世人展示着如何在发展农业的同时，保护好我们珍贵的黑土地，实现农业的可持续发展。相信在未来，"梨树模式"将不断完善和推广，让更多的黑土地重披绿装，为我们的粮食安全和生态环境保驾护航。

在"梨树模式"的示范引领下，"龙江模式""三江模式""昌图模式"等一批黑土地保护模式和示范区相继建立。秸秆还田、粪肥养地、等高种植……为保护"耕地中的大熊猫"，大东北统筹布局，现代保护性耕作新方式正逐渐取代传统耕作方式。

■ 龙江模式

"龙江模式"是黑龙江省针对不同土壤类型存在的黑土层原位退化、迁移退化和原生障碍等突出问题，以秸秆还田为核心，因地制宜耦合米豆轮作、有机肥施用、深松深翻、土壤侵蚀治理、少耕免耕等黑土地保护技术而建立的模式。

该模式包括秸秆翻埋还田——黑土层保育模式，秸秆碎混还田——黑土层培育模式，四免一松保护性耕作模式，坡耕地蓄排一体化控蚀培肥模式等四个子模式。

"龙江模式"自实施以来取得了显著成效，耕层土壤有机质平均增加 3 克 / 千克以上，耕作层深度达到 30 厘米以上。海伦市通过实施"龙江模式"，黑土地保护项目区的土壤有机质含量得到明显提升，玉米每亩平均增产 50 公斤，大豆增产 22.2 公斤，水稻增产 40 公斤。

[大家话东北]

"梨树模式"是给我们的大地穿上衣、盖上被。黑土地退化的主要原因，是过度耕作条件下的风蚀、水蚀。其实，我们春天感受到的扬沙天气，就是典型的黑土地退化的过程。

21 世纪初，国家已经意识到我们东北黑土地的退化问题。在国家的号召下，中国科学院和中国农业大学的一些专家们集聚梨树县，开始了对黑土地保护的征程。

王贵满
梨树县农业技术推广总站站长

从技术角度来说，我们的"梨树模式"是因地制宜的，那么因为我们全国有各个类型的耕地，什么坡耕地、低洼地、风沙地、黑土区等吧，我们针对不同的区域，都有不同的因地制宜的"梨树模式"来推广。结合我们的"十四五"重点研发项目，以梨树县为核心，围绕我们的低洼地开展研究。力争到 2027 年，研究出一套适合低洼地的保护性耕作"梨树模式"。

王影
中国农业大学吉林梨树实验站
高级农艺师

扫码观看
大家话东北

富锦市万亩水稻公园稻田画

拓耕奇迹：
向海洋和盐碱地要粮食

　　除了从黑土地上要粮食，大东北还发扬拓荒精神，向不毛的滩涂和盐碱地进军，拓展耕种奇迹，丰富食物生态，多渠道践行大食物观战略，从而演绎出了一场场令人惊叹的土地"变形记"。

　　曾经荒芜的海洋滩涂与寸草难生的盐碱地，在他们的开拓下，在智慧与汗水的浇灌下，逐渐披上绿装，变身肥沃的农田，书写着东北扩张农田种植面积的传奇牧事。

　　先看辽宁盘锦那一片片辽阔的海洋滩涂。过去，这里是一片泥泞荒芜的景象，涨潮时一片汪洋，退潮后则是满目的淤泥和盐渍。但勤劳智慧的盘锦人没有被这看似毫无生机的滩涂吓倒。他们深知，这滩涂之下，蕴藏着无限的可能。

　　为了改造滩涂，盘锦人首先从治水开始。他们修建了纵横交错的水渠和堤坝，如同给滩涂编织了一张细密的水网。这些水渠和堤坝不仅能有效阻挡海水的倒灌，还能在涨潮时引入适量的淡水，冲刷滩涂中的盐分。接着，他们在滩涂上种植了特殊的耐盐植物，如碱蓬草等。这些植物就像先锋战士，率先在贫瘠的滩涂上扎根生长，它们的根系不断深入土壤，改善土壤结构，同时还能吸收土壤中的盐分。随着时间的推移，滩涂的盐分逐渐降低，土壤也变得越来越肥沃。

　　如今，盘锦的滩涂已经发生了翻天覆地的变化。曾经的荒芜之地，如今已成为一片片稻田。每到秋天，金黄的稻穗随风摇曳，仿佛诉说着盘锦人改造滩涂的艰辛与辉煌。

　　我们把目光从盘锦的滩涂转向吉林省镇赉县的盐碱地。这里的土地曾经是白花花一片，盐碱在地表结成硬块，几乎没有植物能够生存。

　　然而，镇赉人没有放弃这片土地，他们决心向盐碱地宣战，让它重焕

盘锦红海滩

生机。

科研人员和农民携手合作，通过无数次的试验和探索，找到了适合盐碱地种植的作物品种，如耐盐碱的水稻、高粱等。同时，他们采用了一系列科学的改良方法。比如，在盐碱地上铺设秸秆、有机肥等，增加土壤的有机质含量，改善土壤的酸碱度。还通过灌溉和排水系统，不断淋洗土壤中的盐分，以降低土壤的盐碱度。

在镇赉的一些盐碱地改造区，科研人员还运用先进的生物技术培育出能够分解土壤中盐分的微生物，将它们施用到土壤中，加速了盐碱地的改良进程。

经过数十年的努力，盘锦将"不毛之地"变成了165万亩优质水稻田。今天的盘锦大米、稻田蟹，已经成为闻名世界的农业品牌。

同样是盐碱地，吉林镇赉通过"以稻治碱"，让"八百里瀚海"变为沃野良田。今天，"地球之癣"这样曾威胁土地健康的世界性难题变成了大东北增产增收的"后备粮仓"。

大东北不但向滩涂和盐碱地拓荒，更开启了蓝色牧歌的新征程——

在大食物观的宏大时代背景下，辽宁，这个拥有漫长海岸线的北方大省，正以蓬勃的朝气和创新的智慧，积极开拓海上牧场，奏响了一曲向大海要粮食的激昂乐章。

辽宁拥有得天独厚的海洋资源，漫长的海岸线蜿蜒曲折，辽东半岛深入渤海与黄海之间，形成了众多天然的优良海湾。这些海湾不仅风浪较小，而且水温、盐度适宜，为海洋生物的生长繁殖提供了绝佳的环境。

辽宁开拓海上牧场的第一步，便是大力发展海水养殖。在大连、营口、葫芦岛等沿海城市，一片片整齐排列的养殖网箱星罗棋布地漂浮在海面上，如同蓝色海洋中的一个个"粮仓"。里面养殖着各种鱼类，如鲈鱼、黄鱼等，它们在精心构建的网箱中茁壮成长。同时，贝类养殖也独具特色，扇贝、牡蛎、蛤蜊等贝类生物，在浅海的滩涂和礁石间安了家。养殖户们利用先进的养殖技术，科学地控制养殖密度和投喂量，既保证了贝类的生长质量，又维护了海洋生态的平衡。

辽宁省大连长海县小长山岛的海上养殖

　　除了鱼类和贝类，海带、裙带菜等大型藻类养殖也在辽宁的海上牧场中占据着重要地位。在阳光充足的海域，大片的海带如同绿色的绸带在海水中摇曳。养殖户们巧妙地利用浮筏等设施，让海带在海水中充分吸收阳光和养分，进行光合作用。这些藻类不仅是优质的食物来源，还能吸收海水中的氮、磷等营养物质，净化海洋环境，实现了生态与经济的双赢。

　　科技创新是辽宁开拓海上牧场的强大引擎。辽宁的科研机构与高校和企业紧密合作，不断研发、推广先进的养殖技术和设备。例如，智能化的养殖监测系统，可以实时监测海水的温度、盐度、溶解氧等参数，为养殖户提供精准的决策依据；新型的抗风浪网箱，采用高强度的材料和独特的结构设计，能够抵御恶劣的海洋天气，保障养殖生物的安全。同时，辽宁还积极开展海洋生物的良种选育工作，培育出了一批适应本地海域环境、

辽宁省丹东东港市海蟹上岸，渔民们一派忙碌的景象，共同分享丰捕的喜悦

生长速度快、扩病能力强的优良品种，大大提高了养殖产量和质量。

辽宁还注重海上牧场的产业化发展。从养殖到加工，再到销售，形成了一条完整的产业链。在沿海地区，一座座现代化的水产品加工厂拔地而起，先进的加工设备和严格的质量控制体系，让新鲜的海产品经过加工后，变成了各种美味的食品，如鱼罐头、干贝、即食海带等，不仅满足了国内市场的需求，还远销海外。同时，辽宁积极发展海洋休闲渔业，将海上牧场与旅游、观光、体验等产业相结合，吸引了众多游客前来观赏海洋风光，品尝新鲜的海产品，为经济发展注入了新的活力。

目前，辽宁省已经获批建设 44 处国家级海洋牧场示范区，可年产优质水产品 250 万吨以上，"蓝色粮仓"为人们提供了更多的优质食物。

如今，辽宁的海上牧场正日益壮大，成为保障国家粮食安全的重要力量。在大食物观的指引下，辽宁将继续深耕海洋，不断探索创新，让这片蓝色的海洋孕育出更多的希望，为人们提供更加丰富多样的优质食物，书写属于辽宁的海洋牧歌新传奇。

不只海洋，在辽宁，菜、果、肉、蛋、奶同样品类丰富、品质上乘，通过设施土壤改良、水肥一体化等关键技术集成，实现了蔬菜水果周年生产、四季不闲。东港草莓、大连樱桃、铁岭榛子、兴城多宝鱼、营口海蜇、盘锦河蟹等，都是全国的单项冠军。

2024 年农历春节前夕，广西"小砂糖橘"宝宝们的东北之旅在全网火爆，这场南北"双向奔赴"的故事感动了无数网友。广西送给黑龙江价值 200 万元的砂糖橘，哈尔滨则回赠了 10 万箱蔓越莓，大家惊讶地发现，亚洲最大的蔓越莓生产地竟然在黑龙江。

2014 年黑龙江开始推广种植蔓越莓，到 2017 年，仅抚远的蔓越莓年产量就已经接近百吨，并有了"东方蔓越莓之都"的美誉。不只蔓越莓，在黑龙江，强畜牧、兴渔业、优果蔬，构建起多元化食物供给体系。森林食品，让人们真切感受健康与味蕾的碰撞。

在吉林，念好"山海经"、唱好"林草戏"、打好"豆米牌"，"土特产"正焕发出前所未有的生机与活力。

在内蒙古，促进牛羊肉、马铃薯等农畜产品精深加工，构建起"营养好、闻着香、味道美、有特色"的品质评价体系。

践行大食物观，东北跳出以粮论粮的传统思路，多途径开发食物来源，

大东北

上 / 大连樱桃

下 / 铁岭榛子

加快建成粮经饲统筹、农林牧渔多业并举的产业体系，把农业建成大产业，不断拓展农业发展新空间。

辽宁盘锦对海洋滩涂的改造，吉林镇赉对盐碱地的治理以及辽海的蓝色牧歌，只是东北在扩张农田种植面积征程中的一个缩影。

在这片充满希望的黑土地和大海之滨上，无数人正用自己的智慧和双手，不断挑战自然的极限，让荒芜的土地焕发出勃勃生机。他们的努力，不仅增加了农田的种植面积，拓展了食物来源，保障了国家的粮食安全，也为东北的农业发展注入了新的活力，描绘出一幅壮丽的农业新画卷。

科技赋能，
发展智慧农业

　　曾经，北大荒人以顽强的意志和勤劳的双手开垦出万顷良田；如今，当科技的春风拂过，这片被誉为"中华大粮仓"的黑土地上，正悄然发生着一场农业变革，智慧农业在这里生根发芽、茁壮成长，让这片古老的土地焕发出新的生机与活力。

　　走进北大荒的一处现代化农场，映入眼帘的是一片片整齐排列的农田，绿意盎然，生机勃勃。在这里，智慧农业的应用无处不在，而精准农业系统堪称其中的"智慧大脑"。

　　以种植大豆为例。在播种前，农场的技术人员利用卫星遥感技术和地理信息系统（GIS）对农田进行全面"体检"。卫星从高空俯瞰，能精确地获取农田的地形、土壤肥力、水分含量等详细信息。这些数据被传输到农场的大数据中心，经过分析处理后，生成一份份详细的种植方案。技术人员根据方案，确定每个地块的最佳播种密度、施肥量和灌溉时间。

　　播种时，搭载了智能导航系统的大型播种机在田间有序作业。这些播种机就像训练有素的士兵，严格按照预设的路线和深度进行播种，确保每一粒种子都能精准入土。智能导航系统的精度极高，误差能控制在几厘米以内，大大提高了播种效率和质量。

　　在大豆生长过程中，农田里分布着各种智能传感器，它们如同忠诚的卫士，实时监测着作物的生长环境。土壤湿度传感器会时刻关注土壤中的水分含量，当水分低于设定值时，自动灌溉系统就会启动，通过滴灌或喷灌的方式，精准地为作物补充水分。气象传感器则密切监测着天气变化，提前预警恶劣天气，让农场能够及时采取应对措施，减少损失。

　　在北大荒的现代化养殖场里，智慧农业同样大放异彩。以养猪场为例，每头猪都佩戴着智能耳标，耳标里存储着猪的身份信息、生长数据等。通

过智能监测设备，工作人员可以实时了解每头猪的体温、进食量、运动量等情况。一旦某头猪出现异常，系统会自动发出警报，提醒工作人员及时进行检查和治疗。

此外，养殖场还采用了自动化的饲料投喂系统和环境控制系统。根据猪的生长阶段和体重，系统会自动调整饲料的投喂量和营养成分，确保每头猪都能得到科学的喂养。环境控制系统则可以根据猪舍内的温度、湿度、空气质量等参数，自动调节通风、降温、供暖等设备，为猪创造一个舒适的生长环境。

北大荒的智慧农业，不仅提高了农业生产效率和质量，还大大降低了劳动强度。曾经，农民们需要在田间辛勤劳作一整天，如今，通过智能化的设备和系统，很多工作都可以在办公室里轻松完成。而且，智慧农业的应用还促进了农业的可持续发展，减少了资源浪费和环境污染。

智慧农业，就像一把神奇的钥匙，打开了北大荒农业现代化的大门，让这片黑土地焕发出更加绚烂的光芒。

七星农场田间的智慧农业设备

[亲历者说]

以前（巡田）一般就是拿锹，到地里溜达，可能三四百亩地就得溜达一小天，咱们现在用无人机巡田，省时、节约成本，效率也更高。

作业回来之后，咱把这个"处方图"上传到云台，导到无人植保机里，让无人植保机按照咱们这个"处方图"去作业。哪块有草，哪块有病虫害，一目了然了。

崔景斌
七星农场北大荒智慧农业农机中心
管理员

扫码观看
亲历者说

提到北大荒的智慧农业，就不能不说到七星农场。

如今，这里的水稻种植正上演着一场科技变革，无人机巡田成为助力水稻生长的"空中尖兵"，让传统农田焕发出勃勃生机。

当清晨的第一缕阳光洒在七星农场的稻田上，一架架无人机便蓄势待发。这些无人机犹如灵动的鸟儿，轻盈地从地面起飞，迅速升入空中，开始了它们一天的巡田任务。

无人机在稻田上方平稳飞行，它们搭载着高清摄像头，如同敏锐的眼睛，对稻田进行全方位、无死角的观察。从高空俯瞰，大片的稻田整齐排列，像是绿色的绒毯铺展在大地上。无人机缓缓飞过，不放过任何一个角落。它能清晰地捕捉水稻的生长状态，叶片的颜色、植株的高度，每一个细节都逃不过它的"眼睛"。一旦发现稻田里有异常情况，无人机便会发出警报。比如，当它监测到某片区域的水稻叶片颜色发黄，可能是缺少养分。这时，工作人员通过无人机传输回来的高清图像，就能精准定位到问题区域。随后，根据水稻的具体需求，调配合适的肥料，利用无人机进行精准施肥。无人机按照设定好的航线，均匀地将肥料播撒在需要的地方。

除了监测养分状况，无人机还能及时发现病虫害的踪迹。当害虫刚刚开始侵蚀水稻时，无人机敏锐的"眼睛"就能察觉到叶片上的细微变化。它迅速将信息反馈给农场的技术人员，技术人员根据病虫害的种类和程度，制定出科学的防治方案。无人机再次出动，携带合适的农药，在空中进行喷洒作业。它飞行高度稳定，喷洒均匀，能够有效地覆盖到每一株水稻，将病虫害扼杀在萌芽状态，确保水稻健康生长。

在水稻生长的不同阶段，无人机还能发挥不同的作用。在插秧后的初期，它可以监测秧苗的成活率和生长速度，为后续的田间管理提供数据支持。在水稻抽穗期，它通过监测水稻的穗部发育情况，预测产量。到了成熟期，无人机又能帮助工作人员观察水稻的成熟度，确定最佳的收割时间。

七星农场的无人机巡田，不仅提高了工作效率，还大大减少了人力成本。以往，工作人员需要花费大量的时间和精力在田间巡视，如今有了无人机的助力，巡田工作变得轻松又高效。而且，无人机提供的精准数据，让农场的种植决策更加科学合理，水稻的产量和质量都得到了显著提升。

无人机巡田，就像一支神奇的画笔，在这片肥沃的黑土地上，描绘出一幅绚丽多彩的科技种植新画卷。

而智慧农业指挥中心就像是农场的"大脑"，里面布满了各种先进的设备和屏幕。技术人员坐在计算机前，通过大屏幕实时查看无人机传回的图像和数据。根据这些信息，他们能够迅速做出判断，制定出精准的解决方案。

除了无人机，七星农场的稻田里还安装了许多智能传感器。这些传感器就像是隐藏在稻田里的"小哨兵"，默默地监测着土壤的湿度、温度、酸碱度等各项指标。它们将收集到的数据实时上传到云端，技术人员可以通过手机或电脑随时查看。有一次，一块稻田的土壤湿度传感器显示数值偏低，系统立即发出警报。技术人员收到警报后，迅速远程操控灌溉系统，为稻田补充水分。这种精准的灌溉方式，不仅节约了水资源，还为水稻的生长创造了最佳环境。

在七星农场的智能化温室大棚里，更是处处彰显智慧农业的魅力。这里种植着各种高品质的蔬菜和水果。大棚内安装了智能温控系统，能够根据作物的生长需求，自动调节温度和湿度。当温度过高时，系统会自动开启通风设备和遮阳网；当温度过低时，则会启动加热装置。

[大家话东北]

农业科技创新始终是东北地区的优势、特色，特别是智慧农业等前沿技术的先行先试和推广应用，通过大数据分析和农业智慧大脑智能决策，农户能够实时地了解到田间农作物的生长状态，能够应用智能化的一些农机进行精准化的农事操作，显著地提升了农业生产效率和效益。智慧农业技术不仅提升了东北现代农业以及它的区域竞争力，也为中国式的农业强国建设提供了宝贵的经验和示范。藏粮于技让中国饭碗端得更牢、成色更足。

苏中滨
农业农村部东北智慧农业技术
重点实验室主任

扫码观看
大家话东北

七星农场

　　七星农场位于黑龙江佳木斯富锦市，是生产型示范基地，总控面积1208平方公里，耕地122万亩，其中，水田105万亩，是全国优质粳稻面积最大的现代化农场之一，已被列入全国农垦现代农业示范区、粮食生产功能区和重要农产品生产保护区。

同时，大棚内还采用了水肥一体化系统，通过管道将肥料和水分精确地输送到每一株作物的根部。以草莓种植为例，以往农民需要凭借经验来判断草莓的浇水和施肥时间，现在有了智能化系统，草莓能够得到更加科学的照料，果实更加饱满，色泽更加鲜艳，口感也更加甜美。

　　在农作物收获季节，七星农场的智能化收割机大显身手。这些收割机配备了先进的导航和监测系统，能够按照预设的路线自动行驶，准确地收割作物。同时，收割机还能实时监测作物的产量和质量，将数据反馈给农场的管理系统。这样，农场管理人员就能及时了解每一块田地的收获情况，合理安排后续的储存和加工工作。

　　北大荒七星农场的智慧农业实践，就像一场农业领域的革命，让古老的北大荒焕发出新的生机与活力。

　　除了七星农场，在北大荒的千里沃野上，智慧农业的"黑科技"可谓遍地开花。

椰糠基质育番茄，自动化控制创丰收

大东北

赵光农场利用搭载光谱成像设备的无人机在农田上空往复飞行，工作人员在大屏幕前就可以查看田间实况影像，轻点鼠标，田里的作物长势、病虫害等信息便全部生成在一张图上。通过传感器、雷达等全面感知技术和5G、物联网等传输技术，工作人员可以实时感知农作物的生长环境，实现对农业生产的实时监控，计算出农作物最优生长状态，实现对农业生产的精准控制。

胜利农场试验田的无人机借助网络和导航技术进行自动前进、自动升降、自动换犁等智能化精准作业，与传统作业相比，每台智能机车生产效率提升10%以上，应用智能农机装备可提高土地利用率3%以上。

纵观大东北的广袤田野，一个个由机械化向智能化、无人化转变的智慧农场正在逐步形成，现代化大农业发展的先行地上，农业智能化时代已经开启。

在辽宁彰武玉米单产提升示范田里，借助北斗卫星导航系统种植的玉米，从每亩地3000株增加到6000株，产量翻了一番。

在吉林长春，108颗高分辨率、广覆盖的"吉林一号"遥感卫星，为农作物的长势提供着全时太空管护。

在内蒙古锡林郭勒，新牧人通过视频监控、牛羊定位可以实时监控草场状况及牲畜动向。

……

新一轮科技革命的所有成果，东北的工业积累和制造业优势，几乎都在现代农业的迅猛发展中找到了用武之地。而智慧农业通过物联网、大数据、人工智能、卫星遥感等技术的融合，实现了农业生产的精准化、智能化管理。同时，这些智慧农业技术的应用，提高了农业生产效率，降低了生产成本，减少了资源浪费，为粮食增产提供了有力保障。

相信在不久的将来，大东北将成为全国智慧农业的典范，为保障国家粮食安全和推动农业高质量发展绘就出更加绚丽的田野图景。

种业突围：
大东北的"粮食芯片"铸就之路

在农业的宏大版图里，种子是那至关重要的"芯片"，是丰收的希望之源，是国家粮食安全根基中的根基。

多年以来，全球种业已被少数几家跨国种业巨头高度垄断。这些巨头凭借着雄厚的研发实力和先进的生物技术，掌控着大量的种质资源和核心技术专利。它们在全球范围内攻城略地，像坚固的壁垒一般，将中国种业企业挡在高端市场之外。这从根源上直接影响着国家的粮食安全。

在这场事关农业命脉却不见硝烟的战役中，中国种业正开启一条轰轰烈烈的突围之路。在大东北，以陈温福、崔光辉等为代表的科学家们，用智慧与汗水为中国农业筑牢根基，让我们的饭碗牢牢端在自己手中。

在中国水稻育种界，素有"南有袁隆平，北有陈温福"之称。陈温福带领的沈阳农业大学水稻研究所，是我国开展水稻超高产育种研究最早的科研单位，也是我国超级粳稻的发祥地。

陈温福院士，这位扎根东北稻田的耕耘者，就像一位执着的"水稻画家"。东北的气候条件特殊，寒冷且无霜期短，想要培育出高产优质的水稻品种并非易事。但陈温福院士没有退缩，他带领团队一头扎进稻田里。无数个日夜，他们在田间观察水稻的生长形态，记录下每一个细微的变化。

为了找到理想的基因组合，陈温福院士和团队进行了无数次的杂交试验。他们就像在基因的迷宫中寻宝，小心翼翼地筛选着每一个可能的"宝藏"。终于，经过多年努力，他们培育出了超级稻品种。这种水稻不仅能适应东北寒冷的气候，而且产量高得惊人。这颗"粳型超级稻芯片"已经被植入超过 1.5 亿亩的土地，覆盖了东北稻作区超过六成。

当金黄的稻浪在东北的稻田里翻滚，那是陈温福院士和团队用智慧和汗水浇灌出的成果，让中国的水稻产量大幅提升，保障了我们的口粮安全。

不只水稻如此，在东北的玉米育种领域，也有一群科学家在默默奉献。

玉米是东北的主要粮食作物之一，然而，病虫害和恶劣的生长环境一直是困扰玉米种植的难题。黑龙江省农业科学院玉米研究所副所长、北大荒垦丰种业玉米首席育种专家扈光辉和他的团队深入研究玉米的基因特性，就像在破解一个复杂的密码。

扈光辉带领他的团队在实验室里精心培育着各种玉米品种，又将它们种到田间进行实地测试。无论是烈日炎炎的夏日，还是寒风凛冽的冬天，都能看到他们忙碌的身影。经过不懈努力，他们培育出了抗病虫害能力强、适应不同土壤条件的玉米品种。这些品种就像一个个坚强的卫士，在东北的土地上苗壮成长，为农民带来了丰收的喜悦，也让中国的玉米产量稳居世界前列。

在吉林长春，中国科学院东北地理与农业生态研究所宛如一座科技灯塔，照亮农业科研的漫漫征途。

大豆育种绝非易事，每一个环节都需要严谨的态度和敏锐的洞察力。副研究员耿宇深知，要培育出优质高产的大豆品种，必须从了解大豆的"脾气"开始。漫长而艰辛的筛选之路上，耿宇和团队成员们如同在沙海中淘金的勇士，从成千上万颗大豆种子中，寻找那些具有潜在优良性状的"金子"。除了传统的筛选方法，他们还积极引入先进的生物技术。

在研究所的实验室里，各种精密的仪器设备闪烁着光芒，团队成员们利用基因测序技术深入探究大豆的基因奥秘。他们各展所长，紧密协作。有的成员擅长田间管理，精心呵护每一株大豆的生长；有的专注于数据分析，从海量的数据中挖掘出有价值的信息；还有的负责与其他科研机构和企业的合作交流，为大豆育种成果的转化和推广搭建桥梁。

岁月流转，无数个日夜的奋战后，团队的努力终于结出了硕果。一批具有高产、优质、抗逆等优良性状的大豆新品种诞生了。这些新品种在黑土地上苗壮成长，为农民带来了丰收的喜悦。

在北大荒，大豆育种开创着同样的突围之路。以蒋旭翔、胡喜平、尹小建等研究专家为首的垦丰种业科研团队，宛如英勇无畏的先锋，带领着团队直面种子"卡脖子"的严峻挑战，在大豆育种的征程上披荆斩棘。

蒋旭翔，这位对大豆育种充满热忱的专家，犹如团队中的领航者。当国外先进的育种技术和优质种子带来巨大冲击，大豆种业面临"卡脖子"困境时，他没有丝毫退缩。他深知，要突破困境，必须深入了解每一粒种子的脾气秉性。于是，他一头扎进田间地头，无数个清晨，当第一缕阳光还未照亮黑土地，他就已经在大豆试验田里忙碌开来。他仔细观察着每一株大豆的生长形态，记录下叶片的大小、茎秆的粗细、花朵的数量。那些在常人眼中普通的大豆植株，在他眼里却如同珍贵的艺术品，每一个细节都可能隐藏着育种的关键线索。

胡喜平，如同团队中的技术攻坚手。在大豆育种过程中，面临着诸多技术难题，尤其是在基因编辑和分子标记等关键技术上，国内与国外存在着差距。胡喜平带领团队的技术骨干，日夜奋战在实验室里。实验室里的仪器设备，就像他的战友，与他一起探索着大豆基因的奥秘。无数次的失败后，胡喜平团队终于成功攻克了技术难关，掌握了高效的基因编辑技术，

北大荒集团玉米收获现场

为大豆育种开辟了新的道路。

尹小建则更像是团队中的后勤保障员，同时也是育种理念的传播者。他深知，大豆育种不仅是技术层面的突破，还需要让更多的人了解和支持。他积极奔走于各地，向农民宣传科学的育种理念和方法。在田间地头的培训会上，他耐心地向农民讲解如何选择优质的种子，如何进行科学的田间管理。

在蒋旭翔、胡喜平、尹小建等专家的带领下，整个团队紧密协作，如同一个紧密的齿轮组，每个人都发挥着自己的作用。他们不断筛选优良的大豆品种，从成千上万的种子中挑选出那些具有高产、优质、抗逆等优良特性的种子。经过多年的努力，他们培育出了一系列具有自主知识产权的大豆品种。这些品种在北大荒的黑土地上茁壮成长，不仅产量高，而且品质优良，受到了农民的广泛好评。

在大东北这片充满希望的土地上，这些科学家就像一群无畏的战士，他们用科学育种的武器，守护着中国农业的命脉。从水稻到玉米再到大豆，他们让中国的"粮食芯片"更加坚固，让我们的饭碗装满了自己的粮食，在世界粮食舞台上挺起了中国人的脊梁，书写着属于大东北、属于全中国的种业传奇。

[大家话东北]

随着人民生活水平的提高，对大豆的需求是越来越多。2023年，我们国家（大豆）进口了9100万吨，对国外的依存度已经超过80%。

解决这种需求的方法就是提高产量，需要我们育成越来越高产的、越来越优异的品种来满足市场和人民生活的需求。

胡喜平
垦丰种业大豆研究院院长

扫码观看
大家话东北

北大荒集团飞机航化作业

2023年9月，习近平总书记在新时代推动东北全面振兴座谈会上指出，当好国家粮食稳产保供"压舱石"，是东北的首要担当。

东北的收成好了，中国的饭碗就端稳了。

今天，中国人的餐桌上，每五碗米饭就有一碗来自东北。东北地区粮食总产量占全国四分之一，商品粮占全国三分之一，粮食调出量占全国40%。

东北四省区携手打造的"北粮南运"大通道，稳稳地托起盛满中国粮的中国饭碗。

在2024年12月召开的中央农村工作会议上，习近平总书记充分肯定了2024年三农工作取得的成绩，对做好2025年三农工作提出明确要求，科学指引三农工作从战略上布局、在关键处落子。

肩负维护国家粮食安全重任的东北四省区，正以高度的政治自觉，坚决贯彻落实习近平总书记关于三农工作的重要论述和重要指示精神，以新时代的新担当、新作为，为农业强国建设贡献东北力量。

大东北

吉林省委书记黄强用"鱼米之乡"的新诠释展现农业升级路径：

吉林是农业大省、粮食大省，连续四年粮食总产量超过 800 亿斤，居全国第四位，也是全国五个粮食净调出省之一。确保国家粮食安全责任重大，吉林深入实施"藏粮于地、藏粮于技"的国家战略，全力当好国家粮食稳产保供"压舱石"。大家都说江南是"鱼米之乡"，我来吉林工作五个多月，我就觉得吉林也是"鱼米之乡"，吉林大米嘎嘎香。白山、松水、黑土出好米。此外，吉林的玉米、杂粮、黄牛肉等品质也非常好。

作为东北粮仓的核心区，黑龙江用连续七年超 1500 亿斤的产量诠释着"压舱石"的分量。黑龙江省委书记许勤介绍：

黑龙江地处世界四大黑土带之一，发展现代化大农业条件得天独厚。我们认真地贯彻落实习近平总书记的重要指示，始终把当好国家粮食安全"压舱石"作为重大的政治责任，深入实施千万吨粮食增产计划，推进种业振兴行动，加强黑土地保护，累计建成高标准农田超过 1.2 亿亩。

今年（2024 年）粮食总产量历史性再上新台阶，突破了 1600 亿斤，连续七年超过 1500 亿斤，总产量、商品量、调出量均居全国第一，让中国人的饭碗装满更多的中国优质粮。

从松辽平原到三江平原，三省实践形成战略闭环：吉林突出特色农产品开发，辽宁强化科技集成应用，黑龙江聚焦规模效益提升。这种差异化发展路径，共同托举起东北粮食总产量占全国 1/4 的格局，生动诠释了习近平总书记"农业强国"战略的实践维度。

当白山黑水间的现代化大农业图景渐次展开，中国饭碗必将盛满更多优质粮。

[大家话东北]

种子是最"卡脖子"的问题，如果你没有种子的话，农业生产就无从谈起。我们通过育种手段，把这个单产提高，来育出这种高产的种子，才能够缓解我们国家的大豆严重依赖进口的局面。

尹小建
中国科学院东北地理
与农业生态研究所研究员

扫码观看
大家话东北

从大小兴安岭和长白山脉的茫茫森林，
到绵延 2200 多公里的最北海岸线，
从沃野千里的三江平原，到披上绿衣的科尔沁沙地，
东北的山、水、林、田、湖、草、沙、冰、海，
绘制出一幅幅壮美的山河画卷。
生命的火花在这里的每一寸土地上竞相绽放，
共同演绎着万物生长的交响曲。

黑龙江扎龙国家级自然保护区

万物生长

［第六章］

DADONGBEI

破局：在重工业发展
与生态安全维护中探寻出路

每当春回大地，万物复苏之际，自长城向北一路俯瞰，广袤无垠的草原、错落有致的牧场、生机勃勃的田野，还有那在日光下闪烁着灵动光泽的碧波，嫩绿与晶莹相互交织，错落有序，宛如一幅如梦似幻的绝美画卷。

山川葱郁，大地染绿，鹤鸣九皋，鱼翔浅底，对大自然的热爱和依恋，是刻写在东北人骨子里的基因。

然而，一亿东北人要生存、要发展、要制造，在产业发展与生态保护两难的艰难处境里，大东北究竟面临着怎样复杂棘手的矛盾冲突，又做出了怎样坚定的抉择？

东北重工业在国家经济建设进程中扮演着极为关键的角色。长期以来，东北重工业不仅为一代又一代勤劳坚毅的东北人民提供了生存与发展的保障，更是为国家经济建设立下不朽功勋，在国家工业体系中发挥着中流砥柱的作用，撑起了国家的钢铁脊梁。

但是，随着时间的推移，重工业发展带来的生态问题也逐渐显现。高耸的烟囱冒出的滚滚浓烟，让曾经湛蓝的天空变得灰蒙蒙；工业废水排入河流，令清澈的河水变得污浊不堪，鱼虾绝迹；过度的资源开采，使得山体满目疮痍，植被破坏严重。种种状况昭示着大东北的生态安全正面临严峻挑战，不仅对自然生态产生了负面影响，同时也制约着重工业的可持续发展。

过去，人们往往将产业发展与生态保护视为相互对立的两面，认为要发展产业就必然会牺牲生态环境，要保护生态就不得不放缓产业发展的步伐。这种传统观念的束缚，使得大东北在发展过程中一度陷入迷茫的困境。

就当大东北在困境中徘徊时，"两山理论"的提出，如同一束光，照亮了大东北前行的路，为东北地区化解产业发展与生态保护的两难困境提供

大东北

了全新的思路和方向。

党的十八大以来，以习近平同志为核心的党中央把生态文明建设摆在全局工作的突出位置，推动我国生态环境保护发生历史性、转折性、全局性变化。

"两山理论"，核心是"绿水青山就是金山银山"，它深刻揭示了生态环境保护与经济发展之间的辩证统一关系，让人们认识到，良好的生态环境不仅是宝贵的自然财富，更是经济可持续发展的重要支撑。当我们尊重自然、保护自然，合理利用自然资源时，绿水青山就能源源不断地为我们带来金山银山。这一理论的提出，是对传统发展理念的一次深刻变革，它就像一把神奇的钥匙，为东北打开了通往可持续发展的大门。

2018年5月，习近平总书记在全国生态环境保护大会上发表重要讲话，提出新时代推进生态文明建设的原则，强调要加快构建生态文明体系。这次大会总结并阐述了习近平生态文明思想，为全球生态治理、建设清洁美丽世界提供了中国智慧和中国方案。

党的二十大报告更加清晰地为大东北的生态文明建设之路指明了方向。报告强调："大自然是人类赖以生存发展的基本条件。尊重自然、顺应自然、保护自然，是全面建设社会主义现代化国家的内在要求。必须牢固树立和践行绿水青山就是金山银山的理念，站在人与自然和谐共生的高度谋划发展。"报告还指出："要推进美丽中国建设，坚持山水林田湖草沙一体化保护和系统治理。"

这是对生态系统整体性和系统性认识的深化，为生态保护修复工作提供了科学指导。

建设美丽中国是全面建设社会主义现代化国家的重要目标，是实现中华民族伟大复兴中国梦的重要内容。党的二十届三中全会《决定》将聚焦建设美丽中国、促进人与自然和谐共生作为进一步全面深化改革总目标的重要方面，并对深化生态文明体制改革做出系统部署。

沿着习近平总书记指引的方向，大东北牢固树立和践行"绿水青山就是金山银山"理念，大力推进生态文明建设和环境保护工作，新时代美丽中国建设迈出重大步伐。

"两山理论"

2005年8月，时任浙江省委书记习近平在浙江安吉的余村考察时，首次提出"绿水青山就是金山银山"的重要论断。

党的十八大以来，习近平总书记在多个场合对"两山理论"进行了更加深刻、系统的理论概括和阐释。"我们既要绿水青山，也要金山银山。宁要绿水青山，不要金山银山，而且绿水青山就是金山银山。""要积极探索推广绿水青山转化为金山银山的路径……"

如今，"绿水青山就是金山银山"的理念逐步成为全党全社会的共识和行动，绿色发展按下快进键，我国生态文明建设驶入快车道。

绿 水 青 山

辽宁省彰武县在做好生态恢复建设的同时，加快产业融合发展，走出了一条"绿水青山"
与"金山银山"双向转化的高质量发展之路。图为彰武草原生态恢复示范区

就是金山银山

东北防护林：
风沙中架起的绿色长城

"三北"工程

我国是世界上荒漠化最严重的国家之一，荒漠化土地主要分布在"三北"地区，是我国自然条件最恶劣、生态最脆弱的地区，治理的工作量巨大。

1978 年，党中央、国务院做出在西北、华北、东北风沙危害和水土流失重点地区建设大型防护林的战略决策。工程建设从 1978 年开始到 2050 年结束，历时 73 年，分三个阶段八期工程进行。2021 年至 2030 年是"三北"六期工程建设期，是巩固拓展防沙治沙成果的关键期，是推动"三北"工程高质量发展的攻坚期。

在新中国的发展历程里，西起新疆、东至黑龙江的"三北"防护林工程宛如一座绿色长城，守卫着我国北方辽阔的疆土。

20 世纪 70 年代，我国"三北"地区——西北、华北、东北，正面临着严峻的生态危机。那时，广袤的"三北"大地，沙漠戈壁纵横，风沙弥漫。狂风裹挟着沙尘，以摧枯拉朽之势，吞噬着农田、牧场和村庄。内蒙古的部分区域，风沙甚至掩埋了房屋，村民们被迫一次次搬迁；陕西榆林，因风沙侵袭，肥沃土地逐渐沙化，粮食产量锐减，百姓生活苦不堪言。

彼时，新中国正处于经济发展的关键阶段，可恶劣的生态环境成了拦路虎。如何在发展经济的同时，抵御风沙、改善生态，成了亟待解决的难题。在这样的时代背景下，"三北"防护林工程应运而生，承载着无数人对绿色家园的渴望，肩负起扭转生态命运的历史使命。

1978 年 11 月，这是一个注定被铭记的时刻，"三北"防护林工程正式拉开帷幕。消息传开，"三北"地区的人们热血沸腾，纷纷投身这场绿色战役。经过几十年的不懈努力，"三北"防护林工程取得了举世瞩目的成就，曾经肆虐的风沙被有效遏制，一条绿色生态屏障横亘在"三北"大地。

辽宁省与内蒙古自治区相接处的边界林

　　"三北"防护林工程，是人类改造自然的伟大壮举，是中国生态文明建设的壮丽史诗。据统计，自工程实施以来，"三北"地区森林覆盖率从 5.05% 提高到 13.84%，61% 的水土流失面积得到有效控制，45% 以上可治理沙化土地得到初步治理，创造了荒漠变绿洲、荒原变林海的生态奇迹。

　　在"三北"防护林建设的征程中，东北防护林是至关重要的一级，它是维护国家生态安全的重要防线，不但守护着东北这片肥沃的土地，保障了国家的粮食安全，同时，它也鲜明地印证了"绿水青山就是金山银山"的伟大理念，为全国其他地区的生态建设提供了宝贵的经验和借鉴，成效十分卓著——

　　在与西伯利亚寒流的对抗中，东北防护林坚强地阻挡住了南下的风沙，沙尘暴的次数和强度明显减少减弱，大片农田得到了保护，农作物产量稳步提高。

[大家话东北]

经过 40 多年的不懈努力，"三北"工程取得了显著的生态、经济和社会效益。以科尔沁沙地重点建设区为例，40 多年来，区域内共完成工程建设任务约 330 万公顷，与工程启动之初相比，区域内森林面积增加了将近 1 倍。为东北全面振兴、京津冀协同发展等国家战略的实施创造了良好的生态基础。

耿润哲
生态环境部环境与经济政策研究中心
生态部主任

扫码观看
大家话东北

在东北防护林的护佑下，曾经饱受风沙之苦的村庄，如今变得宁静祥和，人们的生活质量得到了极大提升。防护林也涵养了水源，改善了区域气候，黄河中上游地区的水土流失得到有效控制，黄河泥沙含量大幅减少。

同时，东北防护林还为野生动物提供了栖息地。生态环境改善之后，生物多样性呈现复苏态势，一些珍稀动物如东北虎、梅花鹿等重新出现在人们的视野中，狼、狐狸、天鹅等野生动物也重新回归家园，为这片大地增添了生机与活力。

防护林不但抵抗住了风沙，还加持了经济的发展。防护林的树木经过科学合理的培育和采伐，为社会提供了大量的木材资源。同时，林下种植的人参、木耳、蘑菇等经济作物，以及林下养殖的家禽、家畜等，为当地居民带来了可观的收入。此外，"三北"地区的生态旅游也逐渐兴起，茂密的森林、清新的空气吸引了众多游客前来观光旅游，促进了当地经济的多元化发展。

对于建设美丽中国而言，东北防护林的重要性不言而喻。它不只是北疆大地上蓬勃生长的绿意，更是人与自然和谐共生理念的鲜活例证，见证着中国在生态环境保护领域的坚定步伐与斐然成就。

如今，东北防护林工程建设仍在继续推进，嫩绿的树苗不断种下，绿色的版图不断扩大。展望未来，这道绿色长城必将越发巍峨，越发雄伟，它将继续以坚韧不拔的姿态守护东北大地，保卫我们共同的美丽家园，续写属于它的绿色传奇。

右上 / 大天鹅，国家二级重点保护野生动物。每年春季，天鹅北归都是东北大地上一道壮丽的风景

右下 / 梅花鹿，国家一级重点保护野生动物，因其身上独特的白色斑点而得名

彰武：
"沙窝子"写就的治沙传奇

在东北防护林建设的征程中，辽宁彰武的实践是生态治理最鲜活的样本。

辽北的彰武县一度曾是风沙肆虐的代名词，那漫天飞舞的黄沙，如同一场挥之不去的噩梦，牢牢地印刻在这片土地之上，更嵌入人们的记忆深处。

早年，当人们还未充分意识到生态保护的重要性时，毫无节制的开垦、放牧恰似一记记重拳，狠狠地挥向这片土地。大片的草地被开垦成农田，原本稳固的植被根系被破坏，使得土地失去了那层天然的防风屏障；过度放牧更是让仅存的草地雪上加霜，牛羊肆意啃食，植被难以恢复生机。

每年风起之时，便是彰武人噩梦的开始。狂风裹挟着黄沙，铺天盖地席卷而来，瞬间让天空变得昏黄一片。那风沙如同无数把利刃，肆意刮擦着人们的脸庞，刺痛且冰冷。村庄里，房屋被风沙掩埋，门窗被吹得"嘎吱"作响，仿佛随时都会被这肆虐的风沙吞噬。农田里，刚刚播种的种子被无情地卷走，幼苗也在风沙的侵蚀下枯萎死亡。一年又一年，农民们辛勤的劳作在一场场的风沙中付诸东流，致使收成锐减，生活陷入困境。

"一碗米，半碗沙；走一步，退半步，五步不认爹和妈。"当地民间的这句顺口溜，真实地调侃着彰武人民的无奈。

风沙不仅对当地的农业造成了巨大的打击，对水资源的破坏也不容小觑。由于植被的破坏，水土流失加剧，大量的泥沙随着雨水流入河流和湖泊。河道被堵塞，湖泊的蓄水能力下降，原本清澈的水源变得混浊不堪。水资源短缺与污染，让生态环境雪上加霜，周边的动植物生存空间被压缩，许多物种数量锐减甚至消失。

在县城中，风沙带来的影响同样明显。街道上积满了厚厚的沙尘，车辆行驶过后尘土飞扬，空气质量急剧下降。居民们出门不得不戴上口罩，

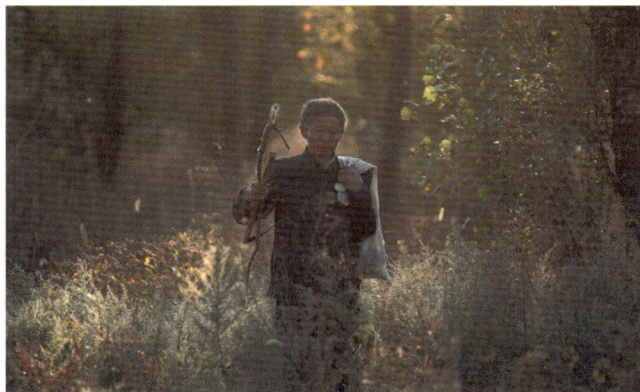

左 / 1953 年，辽宁省固沙造林研究所首任所长刘斌带领干部群众开赴治沙现场
右 / 如今，74 岁的侯贵已经坚守了 24 年，在荒漠上栽树 2400 亩

全副武装，生怕吸入那污浊的空气。长期处于这样的环境中，人们的身体健康受到了严重威胁，呼吸道疾病的发病率居高不下。

风沙笼罩下的彰武，俨然成了一座被生态困境囚禁的孤岛。土地贫瘠化加剧，水资源告急，生物多样性受损，一系列问题相互交织，恶性循环不断加剧。彰武周边生态系统濒临崩溃，犹如一张千疮百孔、支离破碎的大网，每一处破损都诉说着严峻的危机。

困局当前，彰武人选择勇敢抗争，无畏地踏上了艰难的生态改造之路。

侯贵，辽宁彰武四合城镇刘家村的一位普通村民，以他超乎常人的毅力，数十年如一日地投身于栽木成林的伟大事业中，是当地

昔日被黄沙围困的西旧府湖

[亲历者说]

春季播完种之后，如果起了大风，刚要出苗或者没出苗的庄稼，就容易被埋上或者被吹跑了，这样的损失每年都有。没有林，我们这个地区的生存就是个危机，不搬走就没有好日子过。

2010 年，山上的杨树得了立枯病，陆续死去将近三分之一，这是我种树 20 多年来遇到的最大危机。我去问了国有林场的工程师和技术员，他们说杨树要是得了病，没有回天之力。我只好把患有立枯病的杨树伐掉，改栽油松和樟子松。

侯贵

辽宁省彰武县四合城镇刘家村村民

扫码观看
亲历者说

彰武的治沙方案

面对风沙的严重威胁，彰武县委、县政府将防沙治沙作为推动经济社会发展和改善生态环境的重要举措，坚持一级带着一级干，一届接着一届干，创造性地推行"以树挡沙、以草固沙、以水含沙、以光锁沙、以工用沙"五大工程，成功地将这片曾经的荒漠之地转变为生态绿洲，为全球荒漠化治理提供了宝贵的"彰武方案"。图为治理后的彰武县西旧府湖，犹如镶嵌在绿毯中的蓝宝石。

大德镇轧制草方格

科尔沁、浑善达克沙地歼灭战

科尔沁、浑善达克沙地歼灭战

科尔沁、浑善达克沙地是距离京津冀地区最近的天然风沙源，治理这两大沙地对构建京津冀生态安全屏障具有至关重要的作用。

2023 年 8 月，国家林草局在彰武召开科尔沁、浑善达克沙地歼灭战现场推进会，两大沙地的治理进入了决战时刻。这场战役将通过科学安排重大生态保护修复工程项目，实现区域内可治理沙化土地的全覆盖，稳步提升林草植被覆盖度，进而斩断影响京津冀地区的风沙源，构筑保护黑土地和粮食安全的生态屏障。

人人传颂的治沙英雄。

日光与风沙的常年"洗礼"，让侯贵的皮肤呈现出如大地般深沉的黝黑色，他的言行举止中，尽显纯粹的质朴与诚恳。别瞧他外表朴实无华，衣着朴素、神色憨厚，可他那胸腔里跳动着的，是一颗满含倔强的赤诚之心，他那深陷的眼窝里藏着一股执拗劲儿，无声诉说着一路走来、无论风雨都未曾动摇的坚定。

回想起当初决定种树的那一刻，侯贵感慨万千："那时候，风一刮，沙子能埋到房檐，日子实在没法过了，我就想着得做点什么，把这风沙给治住！"

就这样，2001 年，已经 50 岁的他，迎着风沙走进了村外一片 2400 亩的山坡，种下了第一棵树，自此踏上了他的种树之旅。

种树的过程远比想象中艰难。

彰武县地处科尔沁沙地南缘，土壤贫瘠，干旱少雨，树苗想要存活谈何容易。起初，侯贵从集市上买来树苗，满怀希望地种下，可没过多久，大部分树苗就在风沙的肆虐下夭折了。面对失败，侯贵没有气馁，他开始四处请教有经验的林业专家，学习种树的技巧和方法。为了提高树苗的成活率，他起早贪黑，打井抽水，一桶一桶地给树苗浇水。

在漫长的岁月里，侯贵几乎将自己所有的精力都投入了种树事

"以水含沙"使沙海变水田

沙地森林

　　辽宁章古台沙地国家森林公园位于辽宁省彰武县章古台镇，距阜新市区 160 公里，距省会沈阳市 126 公里，始建于 20 世纪 50 年代，是中国第一片防风固沙林，是东北唯一的国家沙地森林公园，是沙漠奇观与人工林海巧妙结合的生态景观，尤其是植于百米沙层上的万顷人造林，堪称世界奇迹。

20多年里，我老伴儿几乎把家里所有的积蓄都拿来种树了，我们自己的家，却一直拿不出钱翻修，漏风漏雨，十分破旧。我有时候就想，同样是小姑娘，同样是找婆家、找男人，人家咋那么幸福，咋那么轻松，我咋这么累呀？有时候也抱点委屈。但是后来想了想，我还是很幸福的。现在我一瞅这树可高兴了，天蓝了，树绿了，草也绿油油的，水也清亮了。

李树媛

侯贵老伴

扫码观看
亲历者说

业中。每天天未亮，他就扛着铁锹，背着树苗，走向那片广袤的沙地。一锹一锹地挖坑，小心翼翼地种下树苗，再仔细地培土、浇水。

"有时候，刚种好的树苗，一场大风就给吹倒了，我就再重新种，一遍不行就两遍，两遍不行就三遍，我就不信种不活！"侯贵回忆起那些艰难的日子，眼神中依然透着不屈的光芒。

日复一日，年复一年，他的身影在风沙中被衬托得极为渺小，然而他迈出的每一步，都沉稳有力，他扬起的每一锹土，都是对风沙困局的宣战。

在侯贵的带动下，越来越多的乡亲加入了种树治沙的行列中，大家齐心协力，共同为改善家乡的生态环境而努力。

从一棵树，到一片林，再到漫山遍野的绿色，在几代彰武人的接力下，当地的林地面积由70年前的18万亩，增加到212.9万亩。森林覆盖率从2.9%提高到31.47%，实现了从"沙进人退"到"绿进沙退"的转变。如今，走在彰武县的土地上，再也看不到漫天飞舞的黄沙，取而代之的是一片片生机勃勃的绿色森林。

侯贵，这位平凡而又伟大的农民，用他的一生诠释了坚持与奉献的力量。他就像一棵顽强的大树，深深地扎根在这片土地上，为家乡带来了绿色的希望。

千千万万的植树人，用汗水对抗黄沙，以执着点绿家园，一年年积累、一代代传承，在祖国大地上筑起了一道坚不可摧的绿色长城。

大兴安岭：
从砍树到护林的华丽蝶变

一把"弯把锯"是一个时代的象征，"最后一棵树"的倒下是林区转型的开始。大兴安岭林业局和桦南林业局曾是伐木时代的重要支柱，电锯轰鸣、木材运输车辆穿梭的场景，是那个时期鲜明的标志。但随着生态意识的觉醒与"天保工程"的推进，成千上万的林业工人拥抱变革，由"砍树人"变为"栽树人""护林人"，林场实现从"伐木经济"到"护林生态"的功能转变，成为东北林业转型实践中极具代表性的生动样本。

过去，在国家建设对木材需求极大的背景下，大兴安岭林业局和桦南林业局凭借丰富的森林资源，承担起重要的木材供应任务。无数林业工人深入山林，在银装素裹的林海雪原中，凭借坚韧的意志与专业的技能，将一棵棵粗壮的树木伐倒，再想尽办法搬运出山，为国家建设添砖加瓦。然而，长期高强度采伐和采育失调，让森林资源面临枯竭危机，生态环境也亮起红灯。森林覆盖率下降，水土流失加剧，大量珍稀动植物失去赖以生存的家园，生态警钟在东北大地上敲响。

为保护青山绿水、促进林区可持续发展，东北林业人以"壮士断腕、舍我其谁"的勇气和魄力，做出了足以改写生态格局的抉择——告别伐木时代。大兴安岭林业局率先响应国家"天保工程"号召，大规模减少木材采伐量，直至全面停止商业性采伐。这意味着曾经支撑林区经济的主要产业戛然而止，众多林业工人面临转岗。桦南林业局同样迅速行动，关闭一批伐木场，将工作重心转移到森林保护上。

停止采伐仅仅拉开了生态保护的序幕，后续的护林工作才是一

"林大头"

"一木独大"是新中国成立初期东北地区林业发展的真实写照，人们形象地称为"林大头"。据统计，从1952年开发建设到2015年停伐前，内蒙古大兴安岭林区累计向国家提供商品材和林副产品2亿多立方米，上缴利税200多亿元，是国家同期投入的4倍，有力地支援了国家经济建设。

我是第四代林业人，我的长辈们都是伐木工人，而我却是林场的一名护林员，每天的工作是运用现代技术监测森林生态环境。大家可能平时对森工人的理解就是砍树，就有膀子力气。可实际上森工已经在进步了，我们会使用高科技手段，对森林进行管理，森工的职责已经从昔日的伐木变成了现在的对多种资源的管理。

徐玮庚

桦南林业局下桦实验林场护林员

扫码观看
亲历者说

在保护森林资源的同时，我们积极发展六大生态产业体系，包括森林旅游、森林康养、森林果蔬、森林中草药等，推动森林农业产业实现新发展，坚定走上了绿富同行、绿富同兴的高质量发展之路。

王强

桦南林业局有限公司党委副书记

扫码观看
大家话东北

场任重道远、充满挑战的持久战。大兴安岭林业局组建了专业护林队伍，这些护林员大多是曾经的伐木工人，如今他们放下电锯，拿起望远镜和巡护记录簿，成为森林的守护者。他们穿梭在山林间，每天徒步数十公里，监测森林病虫害、防范森林火灾。为了提高护林效率，林业局还引入先进科技手段，利用无人机定期对林区进行巡查，一旦发现异常情况，立即通知护林员前往处理。

桦南林业局则建立起完善的森林防火体系，在林区设置多个瞭望塔，安排专人二十四小时值守。同时，通过宣传教育提高周边居民的防火意识，在林区主要路口设置防火宣传标语和检查站，严禁火种进入林区。在病虫害防治方面，林业局与科研机构合作，运用生物防治和物理防治相结合的方法，减少化学药剂使用，保护森林生态平衡。

护林是守护现有资源，生态涵养则是为森林注入新生力量。大兴安岭林业局积极开展植树造林活动，根据不同区域的生态特点，选择合适树种进行补种。在河流两岸，种植杨树、柳树等耐水湿树种，稳固河岸，防止水土流失；在高山地带，种植云杉、冷杉等针叶林，恢复高山植被。此外，林业局还持续加强对森林生态系统的保护，通过封山育林，让自然力量修复受损森林。

下桦实验林场的护林员在紫苏大棚内检测育苗成效

刺五加，黑龙江省发展中药材产业的优势品种之一

　　桦南林业局注重森林抚育工作，对幼龄林进行科学修枝、间伐，改善林木生长环境，促进林木健康生长。同时，积极发展林下经济，在林下种植人参、刺五加等珍贵中药材，养殖林蛙、蜜蜂等，既增加了经济收入，又提高了森林资源的综合利用效率。

　　从曾经"油锯一响，黄金万两"，到现在"不砍一棵树，照样能致富"。停伐 10 年的东北，走上一条生态优先的绿色发展快车道。

　　从伐木到护林、守林、涵养，大兴安岭林业局和桦南林业局在"天保工程"推动下，成功走出了一条生态优先、绿色发展之路，为东北林业转型树立标杆，也为全国生态文明建设贡献宝贵经验，让东北林海重展往日益然生机，成为人与自然和谐共生的生动范例。

夏季的大兴安岭，云雾缠绕着山林，辽阔而神秘，宛若人间仙境

牡丹江市：
森林碳汇绘就绿色新征途

[大家话东北]

2022 年，国家林草局启动全国林业碳汇试点建设，东北地区 3 个市（县）和 7 个国有林场入选，占比超过四分之一。东北通过林业碳汇市场化机制，探索"含绿量"换"含金量"、让"碳库"变"金库"的生态产品价值实现路径，有力推动了生态保护和经济发展的良性互动。

邱灵
国家发展和改革委员会产业经济
与技术经济研究所研究员

扫码观看
大家话东北

守住绿水青山，就是守住金山银山。

踏入牡丹江的林区，广袤的森林像一片绿色的海洋。高大的红松与挺拔的白桦并肩而立，在阳光的轻抚中，每一片树叶，都堪称一个微缩版的"碳汇工厂"，为生态平衡贡献着力量。

牡丹江市直属林业调查规划设计队的赵鹏，每天行走在牡丹峰林区，测量树木高度，掌握轮廓尺寸，计算森林的面积，计算这片林子的碳汇值。

随着中国向实现"双碳"目标迈进，东北的森林资源，因一个新名词的出现，打开了新的财路。这个词，就是"森林碳汇"。

森林碳汇，是指大气中的二氧化碳被植物通过光合作用捕获，并被固定在植被、土壤中的过程。增加碳汇，是世界公认的最经济、最有效、最可持续性解决气候危机的办法，被确认为降碳减排的重要举措。

黑龙江省 2100 多万公顷的森林面积，位居全国第一，森林生态系统约 57 亿吨的碳储量，约占全国的 10%，为黑龙江省发展碳汇产业带来了巨大的机遇。

2024 年 7 月，黑龙江省林业碳汇交易体系建成，完成了首批"龙江绿碳"交易。

回首过往，广袤的森林宛如忠诚的卫士，默默守护这片土地，承担起调节气候、涵养水土的重任。如今，随着碳汇交易平台的出现，它们被赋予了新的使命和价值。碳汇交易平台，就像是一个特殊的市场，在这里，森林吸收的二氧化碳被量化成商品，"生态服务"成为可量化、可交易的资产，森林从单纯的"资源库"，升级为可以创

造经济价值的"绿色银行"。

　　对于牡丹江的林业企业和林农来说，碳汇交易平台带来的是实实在在的收入。以往，他们守着这片森林，收入来源有限。现在，通过参与碳汇项目，他们能够将森林的生态服务价值转化为经济收益。企业可以对森林进行科学的经营管理，增加森林碳汇量，通过在碳汇交易平台上出售碳汇指标，获得额外的收入。林农们也能通过参与造林、森林抚育等活动，在碳汇项目的"红利蛋糕"里，分享到属于自己的一份。这些新的收入渠道，不仅提高了林业工作者的生活水平，也让他们更加积极地投入到森林保护和培育中来。

　　碳汇交易平台促使牡丹江绿色产业蓬勃发展，众多企业也敏锐察觉到了森林碳汇的潜在价值，纷纷加入这片充满前景的领域之中。一些科技企业带来了先进的监测技术，能够精准地测量森林碳汇量；金融机构也积极参与，为碳汇项目提供资金支持和金融服务。这一系列产业融合举措在牡丹江落地生根，使牡丹江的经济发展顺势踏上了绿色、可持续的新征程。这不仅是经济发展模式的转变，更是对未来发展路径的前瞻性探索。

　　新时代的大东北，在践行"绿水青山就是金山银山"的征途中，真切体会到，绿水青山是万物休养生息的家园，更是福泽后人的金山银山。未来，随着碳汇交易市场的不断完善和壮大，大东北注定会在绿色经济领域大显身手，书写出闪耀着绿色光辉、承载生态使命的绚烂篇章。

大东北

人水和谐，美在镜泊

镜泊湖位于黑龙江省牡丹江市西南部的松花江支流牡丹江干流，是中国最大、世界第二大高山堰塞湖。近年来，牡丹江市探索出"系统环境管理、强化源头治污、精准生态修复、推动绿色转型"的美丽湖泊保护与建设模式，全力推进镜泊湖水生态环境治理由"见效"向"长效"转变，为其他北方通江深水湖泊治理保护提供了宝贵经验。

草原转场：
阿鲁科尔沁的生态变奏

阿鲁科尔沁草原游牧系统

内蒙古阿鲁科尔沁草原游牧系统位于内蒙古自治区赤峰市，是我国首个游牧类农业文化遗产地，也是全球可持续牧业和脆弱牧场管理的典范。早在新石器时代，该地区就有早期居民狩猎和游牧生活。

阿鲁科尔沁草原游牧系统拥有森林、草原、湿地、河流等多样的生态景观。当地牧民现今依旧坚持传统游牧生活，通过不断转场放牧，植被受到保护，水资源得以合理利用，畜牧产品稳定供应和多样化的食物来源得到保障。

这里的生态系统承担着保护大兴安岭南麓山地生态系统完整性，保护西辽河源头湿地生态系统，保护栖息于此的东北亚种野生马鹿种群，保护国家重点保护鸟类大鸨和黑鹳及其他珍稀濒危鸟类繁殖地等重要功能。

内蒙古阿鲁科尔沁辽阔的草原，像一块巨大的绿毯，铺展在大东北的天地间。这里的每一片草场，都承载着蒙古族牧民们的生活与梦想，也见证着牧民们为守护绿水青山而展开的生态变革——转场。

当草原上的春天开启时，阿鲁科尔沁草原上的牧民们便开始了他们一年一度的转场之旅。这可不是简单的搬家，而是一场与大自然和谐共舞的仪式。随着悠扬的马头琴声，牧民们驱赶着成群的牛羊，浩浩荡荡地向着春季牧场进发。羊儿咩咩、牛儿哞哞，声声相应，清脆的马鞭声如灵动的音符跳跃其间，交织成一曲生机勃勃的草原牧歌。

转场，是赤峰市阿鲁科尔沁草原牧民古老的智慧，也是千百年来他们与大自然之间心照不宣的默契。草原牧场非常脆弱，过度放牧很容易造成草场退化，草量下降。正因如此，游牧转场作为维系草原生态平衡的关键之举，深深嵌入了阿鲁科尔沁草原游牧系统的肌理之中，成为其不可或缺的重要构成部分。

春天一到，牧场便焕发出勃勃生机，水草丰美，宛如大自然特意为牛羊搭建的温馨"育婴房"。新生的羊羔、牛犊在嫩绿的草地上肆意奔跑，你追我赶，尽情享受着鲜嫩多汁的青草。

时间慢慢推移，春季牧场在牛羊的不断啃食下，草量日益减少，承载力开始下降。此时，牧民们就像收到大自然的神秘指令一般，再次踏上转场之路，前往夏季牧场。

夏季牧场海拔较高，气候凉爽，水草更为繁茂。牧民们赶着牛羊，沿着熟悉的牧道前行，沿途的风景如诗如画。天空蓝得纯粹，白云白得耀眼，远处的山峦连绵着向远方伸展，与一望无际的草原相接，构成了一幅绝美的画卷。

转场的牧民

转场，对于草原生态来说，就像是给大地按下了"修复键"。当牛羊离开后，被啃食的草场得以休养生息。草儿们在阳光雨露的滋润下，迅速恢复生机，重新焕发出勃勃的绿色。这种轮牧的方式，犹如为草原撑起一把保护伞，避免了过度放牧对草原的破坏，为草原生态系统的稳定与可持续发展提供了坚实保障。

在阿鲁科尔沁草原上，转场不仅是一种传统的生产生活方式，更是一场守护绿水青山、收获金山银山的生动实践。阿鲁科尔沁草原的牧民们深知，只有保护好这片草原，才能有源源不断的财富。曾经，过度放牧让草原出现沙化现象，牛羊的食物减少，牧民的收入也受到影响。而如今，通过转场，草原生态越来越好，牛羊膘肥体壮，牧民们的生活也越过越红火。

"逐水草而居"的游牧生活是草原牧民根植在血液中的记忆。在漫长岁月里的一次次迁徙中，牧民们以生活为笔，以大地为纸，如同坚守古老的誓言一般，严格恪守与自然定下的时间之约，巧妙地维持着人与自然、人与生态之间那微妙而珍贵的平衡，用自己的智慧和行动，精心勾勒出生态与发展相辅相成、和谐共鸣的华彩篇章。

在内蒙古自治区的科尔沁草原上，成群的马儿在五角枫林
和秋草之间肆意奔跑，呈现出"枫"情万种的秋韵

守护林海生灵，
共筑生态家园

[大家话东北]

1998 年冬天，在东北地区首次开展了对野生东北虎的野外调查。非常遗憾，国际上的专家认为中国在 20 世纪末就已经没有可繁殖的、可持续发展的野生东北虎种群了。1998 年，恰好也是 20 世纪的最后一个虎年。

2006 年的时候，我们在中俄边境第一次发现了野生东北虎的生存痕迹——半个比较新鲜的脚印。因为地表情况不是特别理想，虎爪印只露出了一半，但这也让我们非常兴奋。

冯利民
国家林草局东北虎豹监测与研究中心
主任、北京师范大学教授

扫码观看
大家话东北

《山海经·大荒北经》载："大荒之中有山，名曰不咸。""不咸"之山即长白山，意为有神仙的山。长白山是拥有"神山、圣水、奇林、仙果"的人间仙境，是当之无愧的世界"物种基因库"和"天然博物馆"。

长白山林，曾是东北虎和东北豹的家园，但进入 20 世纪后，森林被大量砍伐，树木在电锯的轰鸣中接连倒下，曾经郁郁葱葱的林海逐渐变得稀疏。狍、鹿、野猪等有蹄类动物失去了它们的食粮。人类活动致使虎豹的生存空间被极度压缩，猎物越发稀缺。到了 20 世纪末，东北虎、东北豹在我国的土地上已踪迹难觅，几乎消失在人们的视野之中。

21 世纪初，在国内外专家都认为中国不再生存着野生东北虎繁殖种群时，冯利民教授加入北京师范大学虎豹研究团队，从北京来

冯利民和团队在野外追踪虎豹的踪迹

到中俄边境区域，钻进深山老林，开始寻找"森林之王"的蛛丝马迹，开启了一段让虎豹重回自然、繁衍生息的壮丽征程。

自 2005 年开始，冯利民教授怀揣着对野生动物的热爱和保护生态多样性的使命感，数千次进入东北林区，带领团队在茫茫林海中寻找和追踪中国最后的野生东北虎种群。长白山林区地形复杂，山峦起伏、沟壑纵横，茂密的植被让人寸步难行。但这些困难并没有吓退监测队员们，他们 20 年如一日，背着沉重的监测设备，在密林中艰难跋涉，一步一个脚印地耕耘在科研第一线，逐步建立起野生东北虎豹生物多样性长期定位观测体系，取得了一系列里程碑式发现。

2007 年，拍摄了第一张我国境内自然状态下的野生东北虎照片；

2013 年，第一次记录了一只完全在我国境内定居和繁殖的雌虎及其 4 只幼崽；

2015 年，累计观测到我国境内至少生存有 27 只野生东北虎、42 只野生东北豹；将 10 年的科研成果编写成《关于实施"中国野生东北虎和东北豹恢复和保护重大生态工程"的建议》，提出建议将东北虎豹保护列入国家战略；

2021 年，1.4 万平方公里的东北虎豹国家公园正式设立，《Science》杂志评论"这将是未来 20 年内世界最成功的老虎保护故事"。

经过不懈努力，长白山林区发生了令人欣喜的变化。东北虎和东北豹的身影逐渐频繁地出现在人们的视野中，幼崽那稚嫩而充满生机的啼叫声也开始在山林间回荡。目前，稳定生活在东北虎豹国家公园的野生东北虎达 70 只，野生东北豹达到 80 只。"虎啸山林、豹跃青川"的生动画面从"再现"到"频现"，长白山林区再次成为东北虎和东北豹的欢乐家园。

在长白山的广袤林海中，不只有东北虎这样的珍稀动物，也有"百草之王"野山参。

长白山人参，是吉林省的金字招牌之一，素有"世界人参看中国，中国人参看吉林"的美誉。

很多人都知道东北三宝。从最早的人参、貂皮、鹿茸角，到人参、鹿茸、靰鞡草，东北三宝的内容不断发生变化。

今天，中国式现代化吉林新篇章有了全新的内涵，吉林从大自然馈赠的资源宝库里，重新界定了长白山三宝——人参、矿泉、松花砚。

东北虎豹国家公园

2021 年 10 月，东北虎豹国家公园正式设立，这座横跨吉林、黑龙江两省，与俄罗斯、朝鲜隔江相望的生态要塞，正书写着中国生物多样性保护的传奇故事。

东北虎豹国家公园融合运用现代通信、人工智能、云存储大数据分析等技术，建立了全球首个国家公园大面积覆盖的"天空地"实时监测系统，实现了对东北虎豹种群动态连续精确观测以及中俄跨境联合监测。

数据显示，国家公园内食物链正在快速增长，东北虎豹种群数量在短时间内实现了翻倍，创造了世界生物多样性保护的奇迹。

吉林华康药业现代中药技术与智能化产业园的智能车间

从原来的东北三宝到长白山三宝，新旧三宝的转变，不仅承载着这片土地的历史和精神，文化属性也日益凸显。不论怎么改变，人参都是东北三宝之首。

作为中国三大"中药材基因库"之一，长白山的人参产量占全国的60%、世界的40%。大自然的禀赋，孕育了道地的药材，也催生了大批中医药企业。

2024年，吉林省把人参产业高质量发展作为重点专项部署，强化政策保障和机制创新，依托长白山得天独厚的资源禀赋，吉林省的人参产业正向千亿级优势产业强势迈进。

在大东北生态文明建设的号角声中，"长白山人参"正在开启它全新的荣耀之旅。

蛇鸟共舞：
岁月长河中的和谐画卷

在渤海与黄海之滨，辽宁大地宛如一颗秀美的明珠，闪耀着独特而迷人的光彩。它的生态故事，犹如一部宏大的史诗，远古的化石宛如史诗的开篇，静静诉说着岁月的秘密；如今老铁山蛇岛上蛇鸟共舞的景象则是史诗的高潮，生动演绎着生命与自然的和谐乐章。

早在1亿多年前的白垩纪，辽宁这片土地便是生命演化的大舞台。那时的辽河平原，茂密的森林遮天蔽日，河流湖泊星罗棋布，为各类生物提供了繁衍生息的乐土，中华龙鸟就在这片充满活力的家园中，开启了它独特的进化之旅。

1995年，中华龙鸟化石在辽宁被发现，作为世界上最早的带羽毛的恐龙化石，这只"明星恐龙"的惊艳现世，填补了恐龙向鸟类进化史上关键性的空白，更是让辽宁成为全球古生物学家探索鸟类起源的"圣地"。

一花一鸟天下知

辽宁省朝阳市是"中国优秀旅游城市"，拥有灿烂的红山文化，被誉为"世界上第一朵花绽放的地方，第一只鸟飞起的地方"，亦被称为"花鸟源头"。

中华龙鸟 出土于辽宁省北票市四合屯，体态很小，但形似恐龙，最引人注目之处是它从头部到尾部都披覆着像羽毛一样的、长度约为0.8厘米的皮肤衍生物。中国地质博物馆馆长季强认为，这是介于恐龙与鸟类之间的过渡型动物，将其命名为原始中华龙鸟。

辽宁古果 出土于辽宁省北票市黄半吉沟村，是一种早期的被子植物，比以往发现的早期被子植物还要早1500万年至2000万年。尤为珍贵的是化石显示了胚珠为心皮包藏这一典型特征，无可辩地被国际古生物学家认定为迄今首次发现的有确切证据的世界最早的花。

左／　中华龙鸟
右／　辽宁古果

丹东鸭绿江口湿地

2024 年，辽宁丹东鸭绿江口候鸟栖息地成功入选《世界遗产名录》，成为中国黄（渤）海候鸟栖息地（第二期）系统遗产最北端的遗产地。每年 3 月至 5 月，数十万只鸻鹬类水鸟从澳大利亚、新西兰和东南亚等地迁徙至俄罗斯远东地区和美国阿拉斯加等地繁殖，鸭绿江口湿地是这些迁徙涉禽北迁途中最后的停歇地和补给地，对其繁殖延续起着至关重要的作用。

当历史的车轮滚滚向前，辽宁在时光流转中始终怀揣着对生灵的深厚爱意，逐渐成为候鸟的梦幻家园。每年春秋两季，辽宁的沿海湿地、河口、稻田和山林，都会准时奏响生命迁徙的宏大乐章。数百万只候鸟跨越千山万水，从遥远的西伯利亚、北极圈甚至南半球振翅而来。辽宁丰富的鱼虾、贝类和水生植物，是候鸟们最爱的美食，而宁静安全的湿地环境，则为它们提供了安心栖息、繁衍的空间，让这些长途跋涉的精灵得以补充能量，继续踏上它们的迁徙征程。

鸭绿江口湿地，是被国际湿地组织誉为"鸟类的国际机场"的宝地。这里每年都会迎来大批黑脸琵鹭、丹顶鹤等珍稀候鸟。它们在浅滩上觅食，在芦苇丛中休憩，或振翅高飞，或悠然踱步，与辽宁的山水构成了一幅灵动的生态画卷。

2024年9月，来自俄罗斯西伯利亚和中国东北的大量候鸟，沿着东亚—澳大利西亚候鸟迁徙路线，开始了长达12000公里的迁徙之旅。当候鸟飞行到辽东半岛最南端，就到达了一个重要的落脚地——辽宁蛇岛老铁山国家级自然保护区。

辽宁蛇岛老铁山国家级自然保护区管理局副局长王小平在蛇岛老铁山已经工作了20多年，除了观测和保护候鸟，他还有一项危险的工作——保护蛇岛上的2万多条蝮蛇，维护蛇岛的生态平衡。

蛇岛面积虽小，却栖息着数以万计的黑眉蝮蛇，是全球独一无

王小平带领蛇岛科研小组成员用针管给蛇岛蝮植入生物芯片

王小平在蛇岛老铁山保护区拍摄到的黄嘴白鹭，每年 5 月初，上百只黄嘴白鹭飞临蛇岛，在这里筑巢产卵，繁育后代

二的蝮蛇王国。蛇岛蝮以小型鸟类为食，要维护蛇岛的生态平衡，守蛇、护鸟必须同时进行。

为了掌握蝮蛇种群数量的变化以及生长情况，王小平和科研人员会捕捉蝮蛇，在它们尾部植入生物芯片。将生物芯片技术应用到蛇类研究领域，是世界范围内蛇类研究的首创。

20 多年来，王小平与蛇共舞，与鸟为伴。

2024 年 7 月，蛇岛老铁山候鸟栖息地作为中国黄（渤）海候鸟栖息地（第二期）的组成部分，入列世界遗产名录。

蛇岛的存在，不仅是大自然神奇创造力的体现，更是辽宁生态多样性的有力见证。尊重自然、顺应自然、保护自然，是全面建设社会主义现代化国家的内在要求。

今天的东北，珍稀濒危野生动植物种群稳步增长，栖息繁衍环境不断改善。多样的生命在这片土地上和谐共生，它是岁月长河中的生命守护者，为不同的生物提供了生存、繁衍和进化的家园，不停歇地谱写着一曲曲永不终结、动人心弦的生态赞歌。

猛禽的天堂

蛇岛—老铁山候鸟栖息地记录鸟类达 375 种，其中国家一级保护动物有 21 种，如金雕、黄嘴白鹭、东方白鹳、白尾海雕、黑脸琵鹭等。特别值得称道的是，全国 99 种猛禽里，有 45 种在此分布。

2024 年 8 月 24 日至 11 月 17 日，老铁山猛禽监测团队共记录到迁徙猛禽 30 种，超过 11 万只次，其中，2024 年 9 月 23 日，单日记录猛禽 11175 只，创中国大陆秋季猛禽监测首个"万猛日"，次日，又以 17576 只刷新纪录。

政和壬辰上元之次夕忽有祥雲拂鬱

《瑞鹤图》

在辽宁省博物馆，珍藏着一件国宝级文物——宋徽宗赵佶的绢本设色画《瑞鹤图》，描绘了鹤群盘旋于宫殿之上的壮观景象。

在中国传统文化中，鹤象征着盛世和祥瑞，鹤的到来，往往意味着生态环境向好。古人寄托在鹤身上的盛世祥瑞，在今天的大东北，有了新时代的全新解读。

绿色蝶变，
大东北奏响振兴新华章

习近平生态文明思想为大东北化解产业发展与生态保护的两难困境提供了科学指引，照亮了前行的道路。如今，这片曾承载着无数辉煌与荣耀的黑土地，正站在时代的新起点上，凭借产业升级转型与新技术新能源的强劲东风，振翅飞翔。

钢铁行业，曾经被视为高能耗和高污染的代名词，如今正在经历一场深刻的绿色变革。在辽宁的钢铁厂，新技术被广泛应用，智能炼钢系统让生产过程更加精准高效，能源消耗大幅降低。过去浓烟滚滚的烟囱，如今变得洁净，废气经过处理回收，实现了资源的再利用。

煤炭产业也在积极转型。黑龙江的煤矿企业引入先进的清洁开采技术，从源头减少煤炭开采对生态环境的破坏。同时，加大对煤炭深加工的投入，将煤炭转化为具有高附加值的化工产品，延伸产业链，提升产业竞争力。

曾经受困于"耕地碎片化、灌溉粗放化、生产低效化"的传统农业，也在向着绿色、高效、可持续的智慧农业转变。吉林的黑土地上，无人机在田间穿梭，实时监测农作物生长状况；智能灌溉系统根据土壤墒情精准供水，以节约水资源。绿色有机农业发展迅猛，东北大米、黑龙江大豆等均贴上了绿色标签，畅销国内外，成为市场新宠。

新技术新能源，是东北振兴的另一大法宝。在吉林西部，大片的风力发电场犹如白色森林般拔地而起，巨大的风叶迎着劲风旋转，将风能转化为电能，源源不断地将电力输送到千家万户。风能产业不仅为东北提供了清洁电力，还带动了装备制造、技术服务等相关产业发展，创造了大量就业岗位。

辽宁沿海地区，太阳能发电项目也开展得如火如荼。太阳能板在阳光下熠熠生辉，汲取着日光的能量。这些绿色电力，点亮了城市乡村，也为工业生产注入新动力。

新能源汽车产业更是东北经济发展的新引擎。沈阳的新能源汽车制造车间里，自动化生产线飞速运转，一辆辆崭新的新能源汽车驶出下线质量门。政府出台优惠政策，吸引企业加大研发投入，提升新能源汽车的续航里程、智能驾驶水平。未来，东北有望成为新能源汽车产业的重要基地，不断推动产业向高端化、智能化、绿色化方向发展。

在党中央高度重视生态文明建设的大背景下，生态旅游作为一种可持续的旅游发展模式，正逐渐成为人们关注的焦点。东北有着独特的自然风光和民俗文化，无论是欣赏自然美景，还是寻找历史文化遗迹，大东北都是一个值得一游的旅游胜地。

辽宁的辽河口湿地，天蓝水清，绿苇红滩，鸟鸣啾啾。大片的碱蓬草在秋季染红滩涂，形成世界罕见的"红色海洋"。数以百万计的鸟类在此停歇、栖息，尽显自然之美、生态之美。近年来，当地政府不遗余力加强对湿地的保护修复，打造生态科普基地，"人鸟相依"的和谐乐章持续奏响。

吉林的长白山，以其壮观的火山地貌、独特的冰雪风光、壮美的天池闻名遐迩。如今，长白山景区在保护生态的前提下，完善旅游设施，开发特色旅游项目。游客可以乘坐环保观光车，欣赏天池开冰季的震撼与美丽；源自地壳深处的火山温泉为游客带来卓越的康养休闲旅游新体验。

黑龙江的大兴安岭，森林覆盖率高，空气清新，是天然大氧吧。蜿蜒的河流在林间穿梭，珍稀的野生动物在这里栖息，大自然的宁静与神秘令人心驰神往。生态旅游线路一经推出，便吸引众多游客前来探寻"北方秘境"，了解森林生态知识，感受原始森林的独特魅力。

就是在这样一个大背景下，大东北的冰雪文旅经济也瞬间"热"了起来。

2024年12月21日，第二十六届哈尔滨冰雪大世界在万众瞩目中盛大开园。这座集冰雪艺术、冰雪文化、冰雪演艺、冰雪建筑、冰雪活动、冰雪体育于一体的冰雪乐园，再一次将"尔滨热"引爆全国。

2024年11月，国务院办公厅印发《关于以冰雪运动高质量发展激发冰雪经济活力的若干意见》，提出以冰雪运动为引领，带动全产业链发展，推动冰雪经济成为新增长点。一个月后的中央经济工作会议，明确提出积极发展冰雪经济，再次为冰雪"冷资源"转化为发展"热动力"指明了方向。

在多年防沙、固沙、用沙的基础上，辽宁省彰武县推出光伏治沙项目，化解沙化地区人、地、生态间的矛盾，构建"板上发电、板下修复、板间种植"的农牧交错带生态治理体系。

大东北

黑龙江省委书记许勤在接受采访时表示：

党中央、国务院制定实施一系列推动冰雪运动、冰雪经济高质量发展的政策措施，为发展绿色生产力和冰雪经济提供了有力的支持。2024年，黑龙江的冰雪旅游全面升级，哈尔滨的冰雪大世界建设面积扩大到100万平方米，全省冰雪活动也更加丰富多彩。第九届亚冬会于2025年2月7日开幕，我们热情欢迎国内外朋友再到黑龙江来，到哈尔滨来，体验冰天雪地的独特魅力，感受亚冬盛会的激情活力！

在全面推进美丽中国建设的征程中，东北正以绿色生态保护为魂，以产业升级转型为笔，以新技术新能源为墨，绘就一幅经济繁荣、生态优美，人与自然和谐共生的盛世图景。

未来，这片充满希望的黑土地，势必会以崭新的风貌重铸昔日的辉煌，为世人奏响一曲奇绝壮丽的振兴乐章。

冰雪大世界

冰雪大世界位于哈尔滨市松北区，始创于1999年，是哈尔滨市政府为迎接千年庆典神州世纪游活动，凭借其冰雪资源优势，推出的大型冰雪艺术精品工程，至今已举办26届，年接待游客超过百万人次。冰雪大世界以冰雪为依托，集景观展示、资源开发等于一体，将科技、艺术和文化完美融合。它不仅是哈尔滨亮丽的城市名片，也是国内冬季旅游的热门景区、国际知名的冰雪旅游品牌。

如果说新中国的成立是给古老的东方大国安装了一台崭新的发动机，
那么，大东北的能源供给就是这台新型发动机的核心助推剂。
回望历史，大东北之于共和国的价值意义，
远非油田、煤矿、水电站等能源要素所能概括。
在这片广袤的黑土地上，
无数劳动者用汗水和智慧铸就了坚韧不拔、勇于创新的奋斗精神。
他们用铁犁破土的韧劲在历史的考卷上写下震撼世界的答案：
黑土地上不仅能长出五谷丰登，更能挺立起钢铁脊梁！

夜幕下的大庆油田

动力澎湃

流金岁月：
东北能源照亮强国之路

新中国成立初期，大东北以其丰厚的石油、煤炭和电力储备，源源不断地为古老中国的新征程输送澎湃的动力，为新中国在一穷二白的基础上快速崛起提供资源保障。

然而，回望历史，大东北之于共和国的价值意义，又远非油田、煤矿、水电站等能源要素所能概括。在这片广袤的黑土地上，无数劳动者用汗水和智慧铸就了坚韧不拔、勇于创新的奋斗精神，他们用铁犁破土的韧劲在历史的考卷上写下震撼世界的答案：黑土地上不仅能长出五谷丰登，更能挺立起钢铁脊梁！

在共和国工业文明的史诗长卷中，大东北从未沉湎于历史的功绩，也从未因身处产业变革的凛冬而灰心丧气，他们以滚石上山、爬坡过坎的劲头，在传统工业向绿色能源、科技创新转型的过程中破解发展的难题。

而今，世界局势变乱交织，在全球能源格局剧烈重构的时代背景下，在"四面边声连角起"的刀光剑影里，大东北以其天然的资源禀赋和传统的责任担当，助力共和国构建起既能抵御短期能源危机，又能支撑长期大国竞争的国家安全体系。

过去 70 余年，中国以世界罕见的速度和规模完成了工业化的战略性构建，将 14 亿人民带进小康生活，并成长为一个产业链完整的制造业强国。这一壮举，堪称人类历史上的发展奇迹。大东北，以其丰富的能源储备为这一伟大的史诗级跨越提供了坚实的动力源泉。

回溯新中国成立之初，刚刚从战争废墟中站立起来的共和国，满目疮痍，百废待兴，工业基础薄弱得如同一张白纸。就是在这样的境况下，大东北，以其丰厚的能源供给挺身而出，成为推动国家

东北的煤和电

1949 年，东北煤炭产量占全国 50% 以上。

"一五"期间，辽宁本溪、阜新等地出产的原煤支撑着包括鞍钢等在内的 156 个重点项目的运行。

与此同时，东北电网初步实现了跨省联网，成为全国首个大区级跨省统一电网。

工业发展的"急先锋"。

1959 年，这是每一个中国人都难以忘怀的历史时刻。就在这一年，松嫩平原上的大庆油田横空出世，喷涌而出的石油震撼了整个世界。

曾经，新中国在石油资源上严重匮乏，西方列强甚至断言中国是"贫油国"，企图在能源上卡住新中国发展的脖子。然而，以"铁人"王进喜为代表的石油工人们，怀揣着"宁可少活二十年，拼命也要拿下大油田"的豪情壮志，在松嫩平原上展开了一场气壮山河的石油大会战。他们在冰天雪地中风餐露宿，克服了难以想象的困难。当第一口油井喷出黑色的油龙时，那是胜利的曙光，是大东北为新中国能源安全送上的一份厚礼。

自此，这些黑色的"工业血液"从大庆油田汩汩涌出，通过输油管道和油罐车，流向全国各地，为刚刚起步的新中国工业机器注入了强劲的动力——汽车开始在公路上飞驰，飞机开始翱翔蓝天，轮船驶入大海破浪前行，一座座工厂也在这新鲜"血液"的滋养下焕发出勃勃生机与活力。

60 多年来，大庆油田累计原油产量已超过 25 亿吨。这 25 亿吨的石油不仅为共和国机器的运转提供了强大动力，也为全国人民提供了不可或缺的生活物资。

煤炭，是大自然赋予大东北地区的资源宝藏，在新中国建设中发挥了不可替代的作用。辽宁的抚顺、本溪、阜新，黑龙江的鹤岗、双鸭山，内蒙古的宝日希勒……一座座煤矿的强劲组合，为共和国注入了无限的动能和力量。

在漫长的岁月里，来自大东北的煤炭源源不断地运往全国各地，在熊熊燃烧中释放出巨大的能量，化作电流点亮城市的夜空，冶炼钢铁加工成各种机械、桥梁、建筑材料，支撑起新中国的基础设施建设。

众多火力发电厂依托丰富的煤炭资源拔地而起，高压线宛如银色的巨龙，翻山越岭，将电能输送到每一个需要的角落。在城市里，电灯驱散了黑暗，让夜晚变得明亮而繁华；在工厂中，优质电能极大地提高了生产效率，满足了人们日益增长的生活需求。从点亮千

<hr>

1 吨原油是什么概念

1 吨原油等于 450—550 升汽油或 250—350 升柴油。

除此之外，1 吨原油还可生产以下物品：280 件涤纶衬衫、455 个塑料量杯、1100 多支蜡烛、5200 多把梳子、150—300 公斤的沥青、250 个煤球、剩余燃料在发电厂产生近 490 千瓦时的电力。

每一吨石油都给我们的日常生活提供了丰厚的能量。

家万户的灯泡，到驱动工业电机的持续运转，东北的电力为新中国的发展提供了稳定而持续的能源保障，成为新中国经济社会平稳运行的关键支柱。

　　大东北所提供的能源支持，奠定了新中国工业起步的基础，成为推动各地建设的强大动力。在某种意义上可以说，如果没有东北煤炭的支撑，就没有新中国早期工业化的灿烂光芒。

抚顺西露天煤矿矿坑

　　2019 年，抚顺西露天煤矿正式关停，宣布结束长达 118 年的开采历史。抚顺西露天煤矿的转型，采用了科学的生态修复方法。生态修复团队根据矿区的特殊情况，创新地提出了"三维立体修复法"，通过填埋、植被恢复、地下水治理等一系列措施，逐步恢复矿区的生态功能。

　　如今，曾经裸露的矿坑已被绿色覆盖，植被恢复的面积逐年扩大，抚顺西煤矿已成为一个典型的生态修复项目，并吸引了大量游客参观，成为地方经济的一个新亮点。

向深而行：
地下长河激荡能源新章

作为共和国的核心动力之源，能源输出的关键在于稳定持久的出油率。

大庆油田在经历了多年的高速开发后，面临着严峻的产能危机。随着开采规模扩大，油田部分区块含水率出现上升趋势，传统的开采技术逐渐暴露出地层压力不均衡、采收率受限等问题，采收率的提升遇到了瓶颈，难以满足油田持续高产的需求。在当时的背景下，大庆油田若不能实现技术突破，不仅产量会大幅下降，还可能影响国家的能源安全。

压力之下，大庆油田做出了一系列令人惊叹的成就——

当时，国际上通用的油井压力计算方法是"赫诺法"，但在大庆油田的实际应用中，这种方法误差较大，并不符合当地油田的地质情况。这导致"试井"效果不理想，油田开采率很低。

这时，一个毕业于北京石油学院的大学生大胆提出，国外盛行的"试井"方法可能不适用于中国油田，中国人必须靠自己推导测油方式。这个初出茅庐即语出惊人的大学生叫王德民。

这个想法在当时很难令人信服，毕竟王德民只是一个经验不足的年轻人，而"赫诺法"是国际上广泛认可的权威方法。但王德民骨子里那股不服输的劲头上来了，他暗下决心，一定要攻克这个难题。

为了推导新的压力计算公式，王德民开始了艰苦的研究工作。他学的是采油专业，试井测量只是所学32门功课中的一门，并且他学的是英语，为了研究当时苏联在这方面的经验资料，掌握数学推导知识，他又自学俄语。他白天要进行高强度的体力劳动，只能利用晚上的时间苦学。常常在深夜，他还穿梭于大草甸子之间，跑到萨尔图一号院的图书馆借书。图书馆的工作人员一开始对他半夜借书感到十分惊奇，但在听了他的解释后，被他的执着所打动，此后无论他几点去，都能借到书。

有一年的春节，单位克服粮食短缺的困难，给大家发了面粉和肉馅。这本是一件令人开心的事，大家都在准备包饺子，享受这难得的改善生活的机会。但王德民却没有时间享受这份快乐，他觉得包饺子太浪费时间，会把大半天"包"

1972年，王德民（右）与同事们在现场试验偏心配水工艺

进去。于是，他干脆把半斤重的面团擀成脸盆大小的面皮，包了两个特大号饺子，匆匆吃完后就转身回了办公室。

就这样，经过100多天废寝忘食的日夜钻研，王德民终于推导出适用于本地油田的专属油井压力计算公式——"松辽法"。经鉴定，针对大庆油田，"松辽法"比国际通用的"赫诺法"精确度高出两倍，大庆油田开采效率因此大幅提升，首次赶超了世界先进水平。

王德民也因此被破格提拔为工程师，这一年，他年仅24岁。他的名字开始在大庆油田崭露头角，成为众多石油工作者学习的榜样。"松辽法"的成功推导，仅仅是他辉煌科研生涯的开端，在后来的日子里，他又研究出了分层注采技术、注水开发技术、泡沫复合驱油技术等。每一次技术的突破都让大庆油田的开采技术站在了世界前列，为大庆油田稳产增产提供了技术保证。

更加值得庆幸的是，在此后的岁月中，大庆油田人才辈出，他们怀揣着对科学的热爱和对国家的忠诚，致力于攻克一道道技术难关，推动大庆油田乃至整个中国石油工业的不断进步。

程杰成是继王德民之后大庆油田的又一位院士专家。在程杰成院士的带领下，技术团队研究开发出了三次采油技术，这一石油开采领域的前沿

大庆油田在不断革新采油技术的同时，全面推进清洁生产和绿色矿区建设。图为大庆油田的生态美景

化学驱油是在20世纪七八十年代由美国人发明的，他们做了大量的提高采收率的实验，最后他们认为提高的采收率也就在3%到5%之间，所以这就是一个二次采油方法，不是大幅度提高采收率方法，他们就放弃了。我们就在这种条件下坚持了下来。

最近印度尼西亚在找我们给他们做驱油方案。现在大家如果提起化学驱，都说化学驱就要看中国，中国主要看大庆。

程杰成

中国工程院院士、

大庆油田有限责任公司首席技术专家

扫码观看

大家话东北

三次采油

三次采油也被称为化学物质驱动采油。

原油靠自身压力喷出来，是一次采油；压力不足时，注水恢复压力，这是二次采油；把气体或聚合物注入地下，保持压力，溶解原油，强力粘连原油，将一、二次采油无能为力的储能挖掘出来，这是三次采油。

技术，被誉为"石油开采技术的皇冠明珠"，其对于提高原油采收率、保障能源供应安全意义非凡。

在石油开采的漫长历史进程中，一次采油依靠地层自身的能量，让原油自然喷发而出，就像一位轻松开启宝藏之门的探险家，利用现成的力量获取石油。但随着时间的推移，地层能量逐渐耗尽，一次采油的产量也随之下降。

为了持续获取石油，人们迎来了二次采油时代。通过向油层注水，补充地层能量，如同给疲惫的马拉松选手补充水分和能量，让原油能够继续被开采出来。然而，当二次采油进行到一定阶段后，油层中的原油依然有相当一部分被困在岩石孔隙中，难以被采出。

此时，三次采油技术应运而生。它通过向油层注入化学物质，改变油、气、水及岩石相互间的性能，如同一位拥有神奇魔法的工匠，巧妙地将那些隐藏在岩石孔隙深处的原油"洗"出来。这种技术能够显著提高原油的采收率，让老油田焕发出新的生机与活力。

对于大庆油田而言，三次采油技术是其实现可持续发展的关键所在。大庆油田作为我国重要的石油生产基地，历经多年的开采，面临着储采失衡、剩余油高度分散等严峻挑战。在这样的背景下，三次采油技术成为大庆油田突破困境、实现高质量稳产的"金钥匙"。它不仅能够提高原油产量，延长油田的开采寿命，还能为我国的能源安全提供坚实保障。

1983年，21岁的程杰成从黑龙江大学化学系毕业，怀揣着对石油事业的无限憧憬，踏入了大庆油田勘探开发研究院，就此开启了他与三次采油技术的不解之缘。

彼时的大庆油田，在经历了多年的一次采油和二次采油后，面临着严峻的挑战。油田的综合含水率不断上升，原油产量逐渐递减，储采失衡的问题日益突出。地下的剩余油高度分散，就像隐藏在迷宫深处的宝藏，难以被发现和开采。传统的开采技术已经难以满足油田持续高产稳产的需求，寻找新的技术突破迫在眉睫。

在这样的背景下，三次采油技术成为大庆油田的希望之光。程杰成和他的团队成员们深知，这项技术不仅关系到大庆油田的未来，更关系到国家的能源安全。他们没有丝毫犹豫，毅然决然地投身到

大庆油田采油一厂南一区钻井现场

三次采油技术的研究中。

当时，三次采油技术在国际上也尚处于探索阶段，可供参考的资料和经验少之又少。程杰成团队面临着重重困难，就像在黑暗中摸索的行者，每一步都充满了未知和挑战。在实验室里，他们夜以继日地进行着各种实验，对不同的化学物质进行筛选和组合，研究它们对油、气、水及岩石相互间性能的影响。每一个实验数据都来之不易，他们反复测试、分析，不放过任何一个细节。在油田现场，他们深入到油井中，实地观察和研究油层的特性和变化，与工人们一起克服各种困难和挑战。尽管困难重重，但程杰成团队始终没有放弃。在一次又一次的失败中，他们总结经验教训，不断调整研究方向和方法。

正是这种勇于探索、敢于创新的精神，让程杰成团队在三次采油技术的研究道路上不断前进。他们逐渐揭开了三次采油技术的神秘面纱，为后续的研究和实践奠定了坚实的基础。

除了采油技术，大庆油田还不断开拓勘探技术，2021年，靠着他们自主创新的勘探技术，大庆发现了预测地质储量为12.68亿吨的页岩油，这相当于大庆底下又找到了一个新大庆，这举世瞩目的成功开源，令世界为之惊叹。

此刻，1500口页岩油井组成的钢铁森林正在大庆的黑土地上律动，地下奔腾的能量通过银色管道注入国家经济血脉的各个毛细血管。从常规油到页岩油，从人工举升到智能开采，这场跨越一个甲子的接力，让大庆油田在60多年后再次感受青春的脉动！

上 / 按图索骥，科技人员正在准备重点井岩心下架
下 / 大庆油田最早的岩心

岩心馆

原油主要藏在地下的岩石缝中，人们相当于在头发丝里采油，岩心是了解地下油藏分布最直接的依据。大庆油田岩心馆，岩心样本总长度超过47万米，足可以铺成一段公路，通向共和国的能源安全之路。

[亲历者说]

现在我们看的这口井的岩心，就是我们大庆油田最早的岩心，现在还有一点油气的味道。这口井的岩心就是松基三井的岩心，1959年9月26日下午，这口井喷出了日产13.02吨的原油，标志着我们大庆油田的发现。

孟德福
大庆油田岩心馆负责人

扫码观看
亲历者说

驭煤而歌：
智控煤矿书写工业新篇

曾经，位于内蒙古的宝日希勒露天煤矿的采煤现场呈现出一番传统的景象。巨大的电铲挥舞着机械臂，一铲一铲地挖掘着煤炭，随后，装满煤炭的卡车沿着蜿蜒的土路来回穿梭，扬起漫天的煤烟。在那个时期，煤矿主要依赖单斗—卡车工艺，这种传统的开采方式就像一位年事已高的老者，虽然有着多年积累的经验，但在新时代的挑战面前，渐渐显露出疲态。

传统采煤方式效率低下。单斗电铲每次挖掘的煤炭量有限，而且卡车的运输速度相对较慢，在运输过程中还需要频繁地装卸货物，这就导致了宝日希勒露天煤矿每天的煤炭产量相对较低，难以满足快速增长的能源需求。同时，由于设备的老化和技术的落后，设备的故障率较高，经常需要停机维修，这也进一步降低了生产效率，增加了生产成本。

安全问题更是传统采煤方式的一大痛点。在开采现场，尘土飞扬，能见度低，给操作人员带来了极大的不便，也增加了安全事故发生的风险。此外，由于设备的自动化程度较低，很多工作都需要人工完成，这就使得工人长时间暴露在恶劣的工作环境中，面临着粉尘污染、机械伤害等多种安全威胁。一旦发生安全事故，不仅会给工人的生命安全带来严重的威胁，也会对煤矿的生产经营造成巨大的损失。

党的十八大以来，党中央从国家发展和安全的战略高度，提出"四个革命、一个合作"的能源安全新战略，东北地区各省市积极践行党中央的战略要求，推进能源革命，致力于构建清洁低碳、安全高效的能源体系。在"双碳"目标的倒逼下，宝日希勒露天煤矿开

[亲历者说]

我爸基本上都在网上能看到，他就觉得现在都这样了，就感觉很稀奇，感觉特别吃惊。有的时候他就问是（这样）吗？然后我不断地告诉他，是的，现在就是这样，他一是觉得（自己是）这个矿的，第二个就是能感觉到这是祖国的伟大。

魏德志
宝日希勒露天矿专业工程师

扫码观看
亲历者说

国内首个高寒地区无人机雷达测量系统落户雁宝能源宝日希勒露天煤矿

启了他们的鼎新之旅。

如今，在宝日希勒露天煤矿的采煤现场，已是一番截然不同的景象。曾经占据主导地位的单斗电铲和卡车逐渐退居幕后，取而代之的是一系列先进的智能化设备，它们成为现代化采煤的主力军。

轮斗挖掘机更是其中的佼佼者，它犹如一个巨大的钢铁巨兽，静静地矗立在采煤现场。其长长的悬臂上，安装着一排锋利的铲斗，这些铲斗以每分钟数十转的速度旋转着，如同一只高速运转的巨型齿轮，源源不断地从煤层中挖掘出煤炭。轮斗挖掘机的作业效率极高，每小时能够采掘数千立方米的煤炭，是传统单斗电铲的数倍。而且，它采用了先进的自动化控制系统，操作人员只需在远程控制室内，通过电脑屏幕和操作手柄，就可以精确地控制轮斗挖掘机的采掘动作，大大提高了作业的安全性和精准度。

超大型远程无线操控平地机同样引人注目。这台平地机体型庞大，自重可达上百吨，但其操作却极为灵活。它配备了先进的无线操控系统和高精度的传感器，操作人员可以在距离现场数百米甚至更远的控制室内，通过远程操控平台对平地机进行精确控制。在作业时，平地机的铲刀能够根据预设的参数，自动调整角度和高度，对采煤现场的道路和场地进行平整。无论是在白天还是夜晚，无论是在晴天还是恶劣的天气条件下，超大型远程无线操控平地机都能够稳定工作，为煤炭的开采和运输提供坚实的保障。

除了轮斗挖掘机和超大型远程无线操控平地机，宝日希勒露天煤矿还引入了无人驾驶矿卡、智能电铲等一系列智能化设备。无人驾驶矿卡采用了先进的自动驾驶技术和高精度的定位系统，能够在采煤现场自动行驶、装卸货物，实现了运输过程的无人化。智能电铲则配备了先进的传感器和智能控制系统，能够根据煤层的厚度、硬度等参数，自动调整挖掘力度和角度，大大提高了挖掘效率和煤炭的回收率。

这些智能化设备的应用，不仅极大地提升了宝日希勒露天煤矿的开采效率，还显著降低了生产成本。据统计，在引入智能化设备后，煤矿的煤炭产量大幅提高，每天的煤炭产量相比传统采煤时期增加了数千吨。同时，由于设备的自动化程度提高，人力成本大幅降低，设备的故障率也明显下降，维修成本和能源消耗也随之减少。智能化设备的应用，让宝日希勒露天煤矿在激烈的市场竞争中脱颖而出，焕发出新的生机与活力。

总重接近 340 吨的重型矿车在矿区内穿梭自如，二十四小时作业不息，井然有序。几百米外，无人驾驶管控平台上的工作人员就像打游戏一样，远程遥控矿车

第七章 │ 动力澎湃　　257

极寒工况下，5G+ 无人驾驶卡车自动对位装车

点煤成金:
技术突围催生万亿产业

石油,从最早发现利用逐渐支撑世界的工业体系,形成新的一个时代叫油气时代,说明它的重要性。但我们国家的用量也越来越大,我们国家也在努力勘探和开发石油,但总量不够,所以我们要解决这件事,要想办法弥补石油资源不足。

这就是原料,它原则上就是碳,它的形状像透明的大米粒,再加温之后它就熔了,变成玻璃体,你可以加工成任何形状。只要不污染,这个东西你回收之后,再加工可以变成另外一个形状。

刘中民
中国工程院院士、
中国科学院大连化学物理研究所所长

扫码观看
大家话东北

烯烃,是一种碳氢化合物,能用于化工生产,也能做燃料,传统上一直从石油中提取。20世纪80年代,全球石油危机引发了人们对烯烃原料来源的担忧。彼时,我国科研人员立足"富煤、贫油、少气"的国情,开始探索煤制烯烃技术。中国科学院大连化学物理研究所的刘中民教授无疑是这个领域的探路者。

煤制烯烃分两步:首先是以煤为原料合成甲醇,再通过甲醇制取烯烃,其中甲醇制烯烃是核心难点。刘中民团队从实验室起步,首先面临的难关便是研制催化剂。这就像是为一场艰难的化学反应寻找一把神奇的钥匙,有了它,甲醇才能顺利转化为烯烃。1995年,团队突破技术难关,完成百吨级中试试验,验证合成气经二甲醚制烯烃工艺。2004年,总投资8610万元的甲醇制烯烃工业性试验装置在陕西省华县(今渭南市华州区)开工建设。刘中民带领团队在艰

上 / 刘中民教授团队:把煤变成烯烃的"魔术师"
右 / 世界首套万吨级甲醇制烯烃技术工业性试验装置

神华包头 180 万吨／年煤基甲醇制 60 万吨烯烃项目

苦的条件下坚守了 700 多个日夜，终于在 2006 年 5 月试验宣告成功，甲醇制烯烃取得了设计建设大型装置的可靠数据——这不仅意味着团队终于将煤制烯烃从实验室推向全球领先的工业化应用，重塑了中国能源化工格局，更以"中国方案"为全球煤炭高效利用提供了新路径。

2010 年，神华包头 180 万吨／年甲醇制烯烃工业装置投料试车一次成功，标志着煤制烯烃技术首次实现工业化应用，并在随后的 2011 年 1 月正式进入商业化运营阶段。

煤制烯烃技术的工业化应用带动了一系列相关产业的发展，形成了完整的产业链条。从煤炭开采、运输，到甲醇合成、烯烃生产，再到下游塑料制品、合成橡胶等产业，每一个环节都创造了大量的就业机会，促进了当地经济的发展。同时，产业的集聚效应也吸引了大量的资金、技术和人才流入，按评估数据，这一产业链的发展，可形成万亿级煤化工市场。这无疑为东北地区的产业升级和创新发展提供了有力支撑。

能源革命：
新能源点亮东北振兴火炬

在新时代东北振兴的宏大叙事里，一场悄然而至却又波澜壮阔的新能源革命，正为这片黑土地的转型、升级与发展，注入前所未有的澎湃动力。

长期以来，东北作为我国重要的老工业基地，传统工业的烙印深刻而鲜明。重工业的辉煌虽然曾让东北在全国经济版图中熠熠生辉，可在新时代生态文明建设的征程中，也逐渐成为发展的"枷锁"。高能耗、高污染的产业模式，在资源日益紧张、环保要求越发严格的当下，让东北经济面临着前所未有的挑战。

新能源革命的开启，恰似一场及时雨，润泽着这片渴望变革的土地。从风力发电场那一排排高耸入云、随风起舞的白色风车，到光伏发电站里大片反射着耀眼光芒的太阳能板，新能源正以独特的姿态融入大东北的山川大地。这些绿色能源设施，不仅是技术的结晶，更是希望的象征。

2024年12月底，随着黑龙江辰升风电场新建的20万千瓦机组并网运行，东北电网新能源装机规模实现重大突破，成功跨越1亿千瓦大关，占比达44%，成为我国新能源装机领域的佼佼者。这一数据不仅彰显了东北地区在新能源开发上的决心与成就，更标志着其在全国新能源版图中占据了举足轻重的地位。

在发电量方面，2024年东北电网新能源表现同样出色，超过1800亿千瓦时，同比增长约17%，发电量占比约29%，高出全国平均水平10个百分点，在国家电网公司的6个经营区域独占鳌头，甚至超越欧盟，达到国际领先水平。

这一飞跃式的发展，正是东北新能源产业迅猛发展的实证。

老工业基地的新挑战

今天的东北，肩负着国家能源安全与推进"双碳"目标的双重使命。

2014年，阜新海州露天煤矿正式关闭，其旧址上崛起了国家矿山公园；2019年，抚顺西露天煤矿停产转型，矿坑区域积极部署新能源开发。

全面关停省内煤矿，这是辽宁对传统能源依赖的一次大胆割舍，更是对绿色低碳发展道路的有力践行。

华能辽宁清洁能源公司庄河海上风电 IV2 项目

进入能源革命的新时代以来，广袤的东北地区凭借其得天独厚的自然条件，以前所未有的速度推进风电建设。从辽宁的广阔海域到吉林、黑龙江的广袤陆地，一座座风力发电站拔地而起，巨大的风车叶片接受大自然无私的馈赠，在风力作用下缓缓转动，将自然界的能源转化为清洁的电能。

2024 年 6 月，中国华能辽宁清洁能源公司庄河海上风电 IV 2 项目首批 4 台风机成功并网，发出了东北地区第一度平价海上风电，实现了辽宁"平价"海上风电从无到有的重大突破。项目并网后，每年上网电量将达 6.3 亿千瓦时，可满足 50 万户家庭的基本用电需求。全容量并网后，它将与庄河 II 项目、IV 1 项目共同构成装机容量为 850MW 的华能北方最大海上风电集群。这一项目的实施将有力地带动区域海上风电装备、船舶、运维等产业落地，加速辽宁地区的能源转型，缓解电力供需矛盾，推动地方绿色高质量发展，为国家"双碳"目标的实现贡献力量。

与此同时，吉林也在全力推进"陆上风光三峡"工程，致力于打造国家级新能源生产基地。白城市作为"陆上风光三峡"工程的

"陆上风光三峡"工程

"陆上风光三峡"工程主要依托吉林西部丰富的风、光资源和充裕的土地优势，以国家级清洁能源基地为支撑，大力发展风电、光伏发电。主体区域包括白城、松原两市全部及四平双辽市，面积约 5.1 万平方公里，是国家松辽新能源保障基地的核心区。

吉林"陆上风光三峡"工程

主战场，年均日照时间 2919.4 小时，太阳能辐射量均在 5000 兆焦 / 平方米以上，光热条件优越。目前，华能、中广核、国家电投等 10 户电力央企已落户白城开发新能源，三一、远景、中材等 17 户新能源装备制造企业也在此投资建设，基本形成了从整机到零部件全程配套的全产业链，昔日的盐碱地正逐渐成为新能源产业发展的沃土。数据显示，截至 2024 年 12 月底，吉林省风电、光伏发电总装机容量超过 2140 万千瓦，全年新增超过 600 万千瓦，是正常消纳能力的 10 倍。

黑龙江在新能源领域的积极探索则显现出独特的地域和产业特色。2023 年 7 月 1 日，喇嘛甸油田低碳示范区第一度绿电成功并入油田电网，标志着喇嘛甸油田低碳转型迈出坚实一步。截至 2024 年底，自消纳风光发电项目并网规模累计 53.5 万千瓦，发电量超 12 亿千瓦时，居中国石油首位。

东北地区的其他城市也正利用各自的地域资源优势，积极发展新能源产业：

辽宁朝阳，光伏项目将荒山变为"金山"。

营口火电厂，通过采用更高效的燃烧工艺，实现以更少的煤发

[大家话东北]

新时代东北地区在突出抓好高质量原油稳产的基础上，着力推动区域能源低碳绿色转型，锚定"风光"能源新赛道，大力发展能源接续，加快构建能源多元化供给体系，持续提升区域清洁能源消纳和能源保供能力。

邱灵
国家发展和改革委员会产业经济与技术经济研究所研究员

扫码观看
大家话东北

星火水面光伏项目

大庆油田星火水面光伏示范工程是中国石油首个水面光伏项目，于2022年7月完成自主设计建设水面光伏的成功探索，实现并网发电。

2024年12月10日，大庆油田星火水面光伏示范工程日均发电量达7.7万千瓦时，累计发电超6600万千瓦时。

更多的电，并整合风能、太阳能资源，与传统火力发电相结合，打造出一体化综合能源产业体系。

黑龙江省齐齐哈尔，依托丰富的风电资源，成功培育出现代能源装备产业集群。

内蒙古霍林郭勒，正经历着"煤电铝之城"向"绿电铝之城"的转型。

新能源为东北打开了一扇通往全新产业领域的大门。过去，东北过度依赖传统能源与重工业，产业结构单一脆弱。如今，新能源产业的崛起，如同一颗颗充满活力的种子，在黑土地上生根发芽。

新能源装备制造、新能源技术研发等新兴产业蓬勃发展，吸引着大量人才与资金回流。曾经在传统工业中迷茫的工人，经过培训转型，成为新能源产业里的技术能手；高校与科研机构的创新力量，也找到了新的施展舞台，围绕新能源开展的产学研合作如火如荼。

东北的名片不再是"钢城""煤都"，大东北正向着"绿能之都"大步迈进，实现从传统工业向绿色低碳产业的华丽转身。如今东北绿色产业的春风，不仅点亮了东北大地的火炬，而且已经跨越山海，浩浩荡荡吹向全国。

"扎鲁特—青州"±800千伏特高压直流，是东北地区首条特高压外送通道，全长1234千米的电力大通道，纵贯内蒙古、河北、天津、山东，每年向华北地区输送电量550亿千瓦时，运用世界最先进的特高压输电技术，经过上千次转化，从直流电变成交流电，送入千家万户。

截至2024年8月19日，这条东北电力外送通道累计输送电量2000亿千瓦时，以年人均用电量947千瓦时计算，2000亿千瓦时相当于2.11亿居民1年的用电量。

2024年，东北电网通过鲁固直流等通道，实现跨区外送电规模超640亿千瓦时，新能源电占比达55%。

在迎峰度夏期间，东北电网跨区满功率外送电力1050万千瓦，累计支援北京、江苏、湖南、青海、四川等13个省

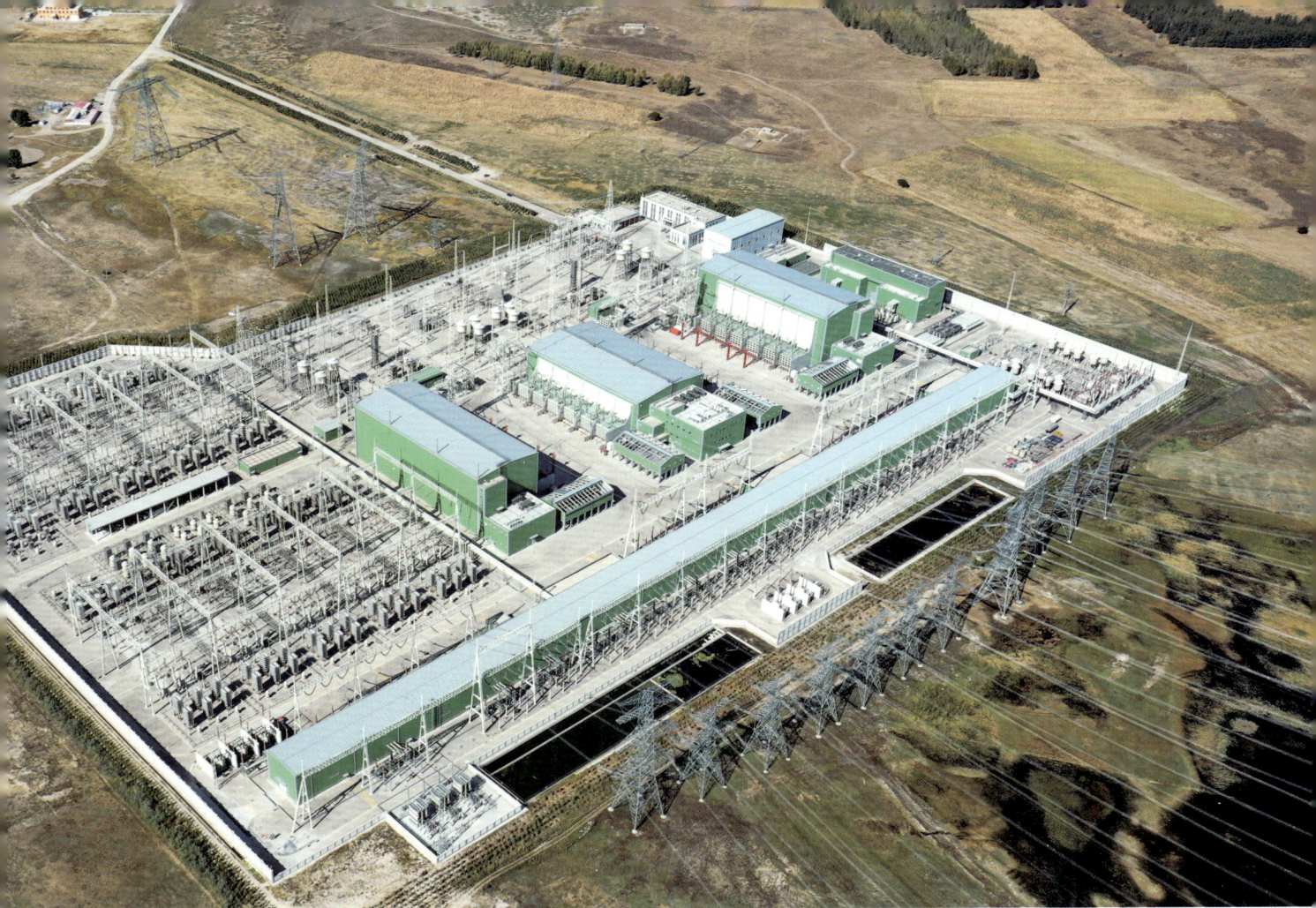

扎鲁特—青州 ±800 千伏特高压直流输电工程。截至 2024 年 11 月 26 日，该工程累计跨省外送电量达 2138.87 亿度，这一电量相当于 2 亿居民 1 年的生活用电量

份用电，涉及华北、华东、华中、西北、西南五大区域电网，共外送电量 139 亿千瓦时，外送电力、电量双创历史新高。

东北新能源的跨区外送，不仅优化了全国能源资源配置，也提升了国家整体能源供应的稳定性。

大东北富裕的新动能不仅输往华北，也开始向周边国家输送：丹东水丰水电站电力输送到朝鲜，内蒙古东部的电力输送到蒙古国，东北地区正逐步成为向周边国家提供稳定、环保、高效能源的重要基地。

大东北向全国输出的不只是绿电，还有打开大自然绿色能源宝库的钥匙——新能源装备制造。

吉林通榆，这个几乎名不见经传的小城，拥有超出我们想象的实力。

三一重能通榆制造基地，24 小时作业的风机叶片车间正在铺层，
这是叶片制作的第一道工序，相当于塑造叶片的"脊椎"

[大家话东北]

东北地区非化石能源资源较好，风电和光伏发电经济技术可开发量合计超 6 亿千瓦。东北地区清洁电力在满足本地区消费需求的基础上，具备外送的资源条件和潜力，可输送至华北地区，有力支撑东北和华北地区能源绿色低碳转型。

董万成
国家能源局综合司副司长

扫码观看
大家话东北

大到风机整机、小到螺丝锚栓，所有风机部件，通榆全部能生产，它是全国唯一能做到风电全产业链"一站式采购"的城市。一位来自广东的客商感叹："像这种全产业链配套这么齐全的地方，对小县城来说，只有通榆能做到。"

在距离通榆县 154 千米的松原，不出园区，就能组装出一部完整的风力发电整机。

在辽宁沈阳，沈鼓集团突破技术封锁，成功研制出中国首台 140 万吨乙烯压缩机组，为能源化工装备国产化填补空白；同样在这座工业重镇，世界首款四座氢内燃飞机原型机在法库财湖机场腾空而起，标志着航空动力革命取得突破性进展。向北延伸至黑龙江，齐齐哈尔的中国一重以单重达 3025 吨的超级加氢反应器刷新世界纪录，哈尔滨则依托 300 亿元氢能产业投资打造出涵盖制、储、运、用的全产业链条。哈电集团为白鹤滩水电站研制的百万千瓦水轮发电机组，则以全球最大单机容量彰显着中国水电装备的绝对领先地位。

这些硬核科技成果的密集涌现，印证了东北老工业基地正以"国之重器"的担当，在传统产业升级与新兴能源革命的双重赛道上领跑前行。

大东北

钒流澎湃，
储能筑基绘就东北新局

东北地区风能、太阳能资源丰富，然而，这些可再生能源也有一定的不稳定性，大规模并网后，风光发电的波动性对电网的冲击十分严重，弃风弃光现象屡见不鲜，造成了资源的极大浪费。在这样的困境下，中国科学院大连化学物理研究所启动全钒液流储能技术研发工作。历经 20 余年，这项技术从实验室走向产业化，犹如一道曙光，照亮了东北振兴与能源破局之路。

2022 年，一座由全钒液流电池建成的储能电站在大连投入使用，这意味着如果大连市全城停电，电站可以为应急单位提供 4 个小时的电力供应。

全钒液流储能技术的核心原理是通过钒元素的不同价态在电解液中发生可逆的氧化还原反应，来实现电能与化学能的相互转化，从而完成储能与释能的过程。这一技术甫一问世，就以不可比拟的优势让其在众多储能技术中脱颖而出。

从安全性来看，它在常温常压下运行，电解液为不燃烧、不爆炸的水溶液，消除了传统储能技术如锂电池可能存在的起火、爆炸等安全隐患，为大规模储能应用提供可靠保障。

在稳定性方面，全钒液流电池的循环寿命极长，可达到 15000—20000 次充放电，日历寿命长达 20—30 年，这意味着在漫长的使用周期内，它能够始终保持稳定的性能，减少了频繁更换设备带来的成本与资源浪费。而且，它的功率和容量相互独立，可根据实际需求进行灵活配置，无论是小型分布式储能项目，还是大型集中式储能电站，都能完美适配。

在能源利用方面，它有力地促进了可再生能源的消纳。以东北

[大家话东北]

当时我们布局这个技术，中国的新能源发展没那么快，但是我们认定了国家的整个未来新能源的发展，一定是一个重大的战略，这个方向一定是未来国家重大发展的战略，我们才布局这个方向。我们队伍从 2000 年做到现在，历经 20 多年，才真正把这个技术从实验室走向产业化。

李先锋
中国科学院大连化学物理研究所
副所长

扫码观看
大家话东北

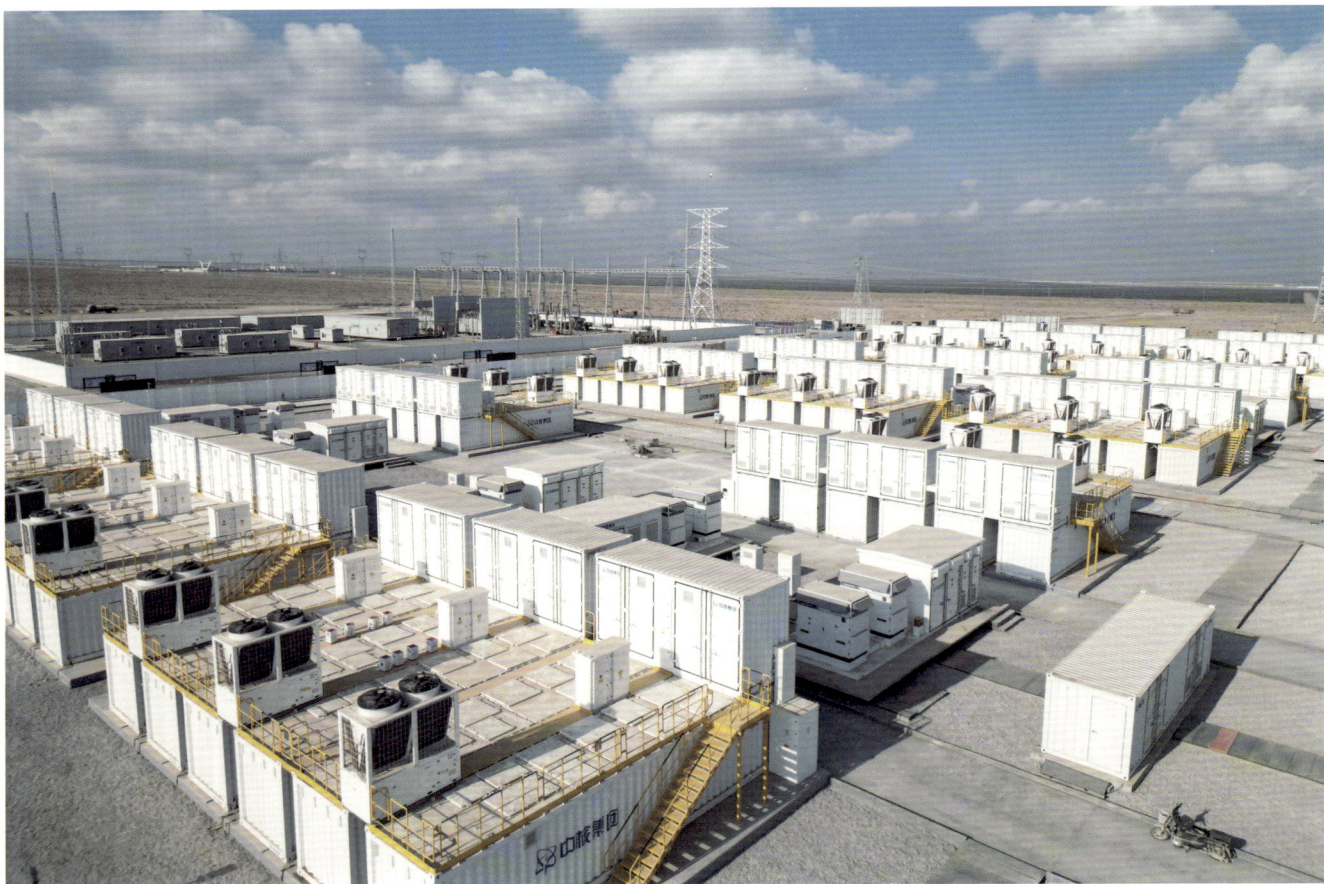

全钒液流储能电站

地区丰富的风能为例，过去因风电不稳定，大量电能被白白浪费。如今，全钒液流储能系统能够在风电过剩时储存电能，在用电高峰或风电不足时释放电能，极大地提高了风能的利用率，让"风"真正转化为推动经济发展的能源。这不仅减少了对传统化石能源的依赖，降低了碳排放，还为新能源产业的发展开辟了广阔空间，吸引了众多上下游企业汇聚东北，形成完整的新能源产业链，创造了大量的就业机会。

从东北的工业转型角度来看，全钒液流储能技术为东北传统工业的升级改造提供了关键支持。传统工业生产对电力的稳定性要求极高，以往电网的波动常常影响生产效率和产品质量。全钒液流储能系统能够有效平抑电网波动，保障工业生产的稳定电力供应，助力传统工业向智能化、高效化迈进。比如在钢铁、机械制造等行业，稳定的电力让自动化生产线得以更顺畅运行，提高了生产精度和产能，增强了东北工业产品在市场上的竞争力。

大东北

全钒液流储能电池的核心优势，使其成为国家能源战略中保障电力系统韧性、支撑电网应急恢复能力的关键技术，这也为国网辽宁电力全球首次城市黑启动试验提供了技术基础。2024年6月，国网辽宁省电力有限公司组织大连恒流储能电站、华能大连电厂，开展全球首次新型储能黑启动城市电网大容量火电机组试验，在成功带动华能大连电厂火电机组近9000千瓦的厂用负荷后，机组成功点火并网。

客观地说，新型储能正以其强大的能量改写着东北的经济与能源版图，成为东北振兴的有力助推器，更是国家能源战略布局中不可或缺的重要力量。

2023年，全国"两会"首次将"发展新型储能"写入《政府工作报告》。在这一顶层设计的指引下，东北地区正通过多元化技术路径推进新型储能产业布局：沈阳微控依托科技创新建成国内唯一量产的磁悬浮储能飞轮生产线，以尖端技术填补飞轮储能产业化空白；抚顺清原发挥传统能源优势，建设东北规模最大的抽水蓄能电站，强化区域电网调峰能力；吉林通过消纳新能源生产铅碳电池，实现清洁能源与储能产业链协同发展；黑龙江则聚焦"新能源＋储能"

[亲历者说]

我们这个"黑启动"相当于什么呢，整个电网黑掉了，就是没电了，怎么把电网恢复。

……

这个"黑启动"的意义还是非常大的，对于我们沿海城市用电极端的情况，这样的一些设施配置，（对于）能源安全应该说是（起到）重要的一个作用。

刘宗浩
大连融科储能技术发展有限公司
总工程师

扫码观看
亲历者说

大连液流电池储能调峰电站国家示范项目

"绿电点亮大连"

以"绿电点亮大连"为理念的景观照明提升改造项目正式完成。所有改造灯组都采用高效系统降低能耗，还利用"光伏发电＋全钒液流电池储能技术"，实现了新能源电力消纳和谷电峰用，最大限度实现绿色能源供电和电力成本节约。

辽宁清原抽水蓄能电站项目建设现场

电站和基地化开发外送模式，优化电源侧储能配置，以提升新能源消纳效率。这一系列实践形成"技术突破＋场景应用＋系统优化"的立体发展格局，生动诠释了以新质生产力推动能源结构转型的战略部署。

辽宁省委书记郝鹏在接受《大东北》节目组采访时表示：

辽宁是能源大省，也是能源储备大省，清洁能源的装机和发电量占比均超过了 50%，新能源利用效率位居全国前列，是国家重要的能源安全通道。

我们聚焦"双碳"战略目标，加快建设清洁能源强省，打造风、光、火、核、储一体化能源基地，完善多元化能源安全保障的格局，不断提升能源的自给率和保障率，在服务保障国家能源安全中勇挑大梁。

大东北

新时代对东北能源的主体战略定位有四大基准线：

传统能源保底线；

新能源上拓空间；

地缘合作破封锁；

技术创新争高地。

以此为基，构建起既能抵御短期能源危机，又能支撑长期大国竞争的国家安全体系，是东北能源战略定位的重中之重。

这不仅关乎东北振兴，更是中国在百年变局中实现能源自主可控、破解"碳—地缘"双重约束的核心抓手。正如《新时代东北全面振兴规划》所强调："东北能源安全，是国家安全棋盘上的'活眼'。"

当今世界局势，变乱交织，地缘政治冲突频发，从俄乌冲突的硝烟弥漫，到中东地区的剑拔弩张，国际形势越发错综复杂。这些冲突深刻地影响着全球能源格局，传统能源价格犹如惊涛骇浪中的扁舟，起伏不定。

俄罗斯作为全球重要的能源生产与出口大国，在俄乌冲突的影响下，能源供应面临诸多变数。欧洲对俄罗斯能源制裁的连锁反应，使得天然气与石油供应渠道受阻，价格随之剧烈波动。欧洲天然气市场首当其冲，价格一度飙升至令人咋舌的高位，许多欧洲国家陷入能源短缺困境，工业生产受限，民众生活成本大幅攀升。

与此同时，中东地区作为全球石油的核心产区，其地缘政治的不稳定也时刻牵动着国际油价的神经。巴以冲突的持续升级，红海局势的紧张，导致石油运输通道面临威胁，国际油价频繁大幅波动，进一步加剧了全球能源市场的不确定性。

在这样的国际形势背景下，在新时代的征程中，东北地区作为国家能源安全的战略屏障、转型创新的试验田以及地缘博弈的关键枢纽，其能源布局与国家安全的关系已从单一的资源供给，升级为涵盖能源安全、产业升级、地缘战略、生态治理和科技突破的综合性国家安全体系，同时也是破解海上石油运输线"马六甲困局"的战略支点。

在共和国的工业征程中，

东北地区始终是锻造国之重器的核心熔炉。

从松嫩平原到渤海之滨，

这里孕育的产业链不仅承载着国家战略装备的制造使命，

更构建起抵御技术封锁的产业防线。

曾经的老工业基地，为服务国家发展战略而兴；

今天的产业链担当，也因维护国家产业安全而强大

新时代的大东北，为强国之梦，铸强国之器。

"蛟龙"号在西太平洋海域完成下潜出水

[第八章]

DADONGBEI

钢铁为基，
撑起大国产业脊梁

2017年5月，"蓝鲸一号"在我国南海成功试采出了可燃冰。有着同样钢筋铁骨的"海葵一号"、大洋钻探船"梦想"号，在2024年服役，向着那片深蓝挺进。

"蓝鲸一号"，体重达到42000吨的海上巨无霸，能够在全球95%的海域作业，哪怕是在12级风暴的极端环境中，也能平稳地从15000米的钻井深度里开采能源矿产。

这座世界最大、钻井深度最深的海上钻井平台，是人类海洋工业的巅峰之作。用于锻造这身钢筋铁骨的，是全世界顶级的钢材——F级海工钢。

F级海工钢，具有超高强度、低屈强比、超低温冲击韧性等特性，它的制造能力也标志着企业在高端钢材研发和工业应用方面的实力。它与新中国的第一炉钢，来自同一个地方——辽宁鞍山。

钢铁是工业的"粮食"，几乎一切伟大的工业构想，都要从最基础的一块钢材开始谋划。同时，钢铁作为产业链的上游产业，它又是国家产业安全的基石。

纵观鞍钢70余年的钢铁历程，从共和国的第一炉钢，到飞天的"神舟"、探海的"蛟龙"、驰骋的复兴号，再到一桥飞架的港珠澳大桥、深中通道以及"蓝鲸一号"的F级海工钢……几乎所有的大国重器、大国工程身上，都有着鞍钢的筋骨和基因——

1948年2月19日，鞍山解放，鞍钢就此回到人民手中，但此时饱经战火摧残的厂区已是破败不堪、荒草丛生，厂房设备七零八落，日本专家甚至断言，"鞍钢只能用来种高粱"，恢复生产至少需要20年。

然而，英勇无畏的新中国的鞍钢人就不信这个邪，他们怀揣着对新中国的无限热爱与建设祖国的坚定决心，毅然投身到为鞍钢的新生保驾护航之中。

1949 年 4 月 25 日，第一炼钢厂 2 号平炉首次出钢，钢水奔腾而出，照亮了鞍钢的天空，也点燃了全体中国人的希望。

同年 6 月 27 日，炼铁厂修复后的 2 号高炉提前 1 个月零 3 天流出了第一炉铁水，标志着鞍钢采矿、选矿、炼铁、炼钢、初轧、成材整个生产系统的初步形成。

仅仅用了 16 个月，鞍钢便从一片废墟中站了起来，创造了举世瞩目的奇迹。这第一炉钢水，不仅是鞍钢重生的标志，更是新中国钢铁工业崛起的第一声号角，它向世界宣告：中国人民有能力在废墟上重建自己的工业，也有决心在一穷二白的基础上实现国家的繁荣富强。

新中国成立初期，国家亟须改变工业落后的面貌，"一五"计划应运而生，而鞍钢作为钢铁工业的重中之重，承担起了历史赋予的重任。在"一五"计划的 156 个重点项目中，鞍钢的"三大工程"——现代化大型轧钢厂、无缝钢管厂和炼铁厂的 7 号高炉——位列首位。国家为鞍钢准备的计划投资额是 22.8 亿元，占所有投资的 11.3%。投资最大，期望最高，这足以体现国家建立属于新中国自己的工业体系的战略雄心。

1953 年 10 月 27 日，是一个值得铭记的日子。

鞍钢海工钢科研团队在生产现场

孟泰仓库

在鞍钢工作多年的老工人孟泰，成了这场战斗中的先锋楷模。他不顾严寒，带领工友们在废墟中刨冰雪找零件，四处搜集散落的器材。为了寻找关键设备零件，他甚至砸破冰层，跳进齐腰深的水中，全然不顾冰冷刺骨的河水。在他的感召下，炼铁厂配管班的工人们齐心协力，短短几个月内，便将日伪时期遗留下来的几个废铁堆翻了个底朝天，回收了上万种材料和零部件，堆满了整整一间屋子，这便是后来闻名全国的"孟泰仓库"。

在孟泰的带动下，鞍钢公司发起了大规模的献交器材运动，数千名职工肩扛、担挑、车推，将家中的器材纷纷献出，队伍从厂区一直排到几里外，场面十分壮观。

"蓝鲸一号"

　　鞍钢集团海洋装备用金属材料及其应用国家
重点实验室，自主研发出满足极寒环境使用的耐
低温超高强大厚度钢板 F 级海工钢，应用于全球
首座超深水钻井平台"蓝鲸一号"。图为"蓝鲸
一号"及姊妹平台"蓝鲸二号"。

大东北

跨越伶仃洋的港珠澳大桥"中国结"海上日出

　　下午 2 点半，通红的钢坯从 1200℃ 高温的加热炉中缓缓吐出，穿孔机里吐出火红的钢管头，新中国第一根无缝钢管诞生了！工人们欢呼雀跃，激动的泪水夺眶而出，他们深知，这根小小的钢管，承载着国家的希望，打破了西方国家对我国的经济封锁，解决了工业发展的"卡脖子"难题。

　　随后，锅炉管、地质管、油管和不锈钢管等各种类型的钢管纷纷从鞍钢的生产线中轧制而出，源源不断地输送到国家建设的各个领域——第一座自动化高炉、第一根钢轨、第一根无缝钢管、第一条原油输送管线用钢，一项项中国钢铁工业的空白，被一代代鞍钢人的智慧、勤奋和汗水填补。

　　在浩瀚宇宙中，"神舟"飞船一次次闪耀出征，开启探索宇宙的征程，每一次成功的背后，都离不开鞍钢的默默奉献。从飞船的关键零部件到重要结构件，鞍钢提供的特种钢材发挥着至关重要的作用。

　　大东北

多年来，鞍钢与航天科研团队紧密合作，不断攻克技术难题，持续优化材料性能。从神舟一号到神舟十六号，鞍钢见证了中国载人航天事业的每一次突破，用优质钢材为中国航天梦插上了坚实的翅膀。

2012 年 6 月 27 日，这是一个令所有中国人为之骄傲的日子。"蛟龙"号载人潜水器在马里亚纳海沟成功下潜至 7062 米的深度，创造了世界同类载人潜水器的最大下潜深度纪录，标志着中国在深海探测领域达到了世界领先水平。

在"蛟龙"号的研发和制造过程中，鞍钢扮演了重要角色，为其提供了关键的技术支持和材料保障，尤其是在"蛟龙"号的控制系统等关键部位，鞍钢的技术体现得淋漓尽致。

2018 年 10 月 23 日，港珠澳大桥正式开通，这一举世瞩目的超级工程横跨伶仃洋，东接香港，西连珠海和澳门，全长约 55 公里，是世界上最长的跨海大桥，也是中国从桥梁大国迈向桥梁强国的标志性建筑。在港珠澳大桥的建设过程中，鞍钢为其提供了 17 万吨桥梁钢，成为大桥的"主心骨"。

如今，港珠澳大桥宛如一条巨龙横卧在伶仃洋上，成为粤港澳大湾区的一道亮丽风景线。而鞍钢的桥梁钢，就像大桥的脊梁，默默地支撑着这项宏伟工程，见证着中国桥梁建设大国工程的辉煌成就。

2023 年 5 月 28 日，C919 大型客机成功完成首次商业载客飞行，标志着中国民航运输市场首次拥有了属于自己的喷气式干线飞机，中国大飞机事业迈出了重要的一步。

在 C919 大飞机的制造过程中，鞍钢提供的超高强度钢发挥了关键作用，成为支撑飞机起落架等关键部件的钢铁力量。

……

从跨越江河的铁路桥到连接海湾的跨海大桥，从国内的重点工程到国际的知名项目，鞍钢的身影无处不在。

作为"新中国钢铁工业的摇篮"，鞍钢不仅包建了攀钢、水钢，援建了包头、武汉、宝山、酒泉、昆明、舞阳等钢铁厂，更输送了 12 万多名优秀人才。这些建设者遍布全国各地，落地生根、开枝散叶，铸就了民族工业的钢筋铁骨。

[亲历者说]

鞍钢作为"新中国钢铁工业的摇篮"，也承载着我们新一代年轻人的青春与梦想。

杨洁
鞍钢集团钢铁研究院
理化检验研究所副研究员

我觉得学钢铁材料的人，应该天生就有这种骨气，或者说是这种坚定的信念和意志。就是一定得干成，因为我们是在为鞍钢去干，在为国家去做。

严玲
鞍钢集团钢铁研究院
造船用钢研究室主任

扫码观看
亲历者说

鞍钢钢板生产线

铁肩国运：
锚定中国战略安全坐标

很多像鞍钢一样的东北功勋企业，自诞生起就肩负着服务国家发展战略、维护国家产业安全的使命，为国铸器，初心如磐。

吉林开创了我国碳纤维原丝规模化生产的先河，并已初步形成国内最完整的碳纤维全产业链条，碳纤维原丝产能全球第一。

黑龙江晶质石墨保有资源量占全国的50%以上，位列全国第一；铝镁合金、航空航天石墨等材料在大飞机、载人飞船、高铁、探月工程中发挥着关键作用。

内蒙古建成了我国较完整的稀土资源产业链，并打造全国最大的稀土新材料基地，推动从"世界级储量"迈向"世界级产业"。

回首往事，东北工业的崛起堪称一部国家产业布局的创业史诗。当年，无数怀揣热血与理想的建设者奔赴东北，他们战天斗地，在冰天雪地中筑起一座座工厂，让机器的轰鸣声打破了往日的寂静。

在长春第一汽车制造厂，第一辆解放牌汽车从这里驶出，奔赴祖国各地，开启了中国汽车工业的新纪元；

沈阳机床厂，生产出一台台精密机床，为制造业提供了"工作母机"，支撑起工业生产的核心力量。

……

白山黑水间奔涌的工业血脉，铸就了国家命脉最厚重的安全基座。作为共和国重工业基地和产业链中心，东北的产业安全绝非地域命题，而是支撑大国复兴的立体防线。当世界进入动荡变革期，东北产业体系的抗压性与反脆弱性，成为守护国家经济主权的定海神针。

尤为重要的是，大东北的产业价值不仅在于存量的万亿级工业

黑龙江省鸡西市哈工高碳石墨材料有限公司生产车间内，工人正在进行作业

资产，更在于持续铸造的安全盾牌。东北地处战略要地，其产业为国防工业提供了坚实支撑。这里生产的重型装备，在守护着祖国边疆的同时，更筑起一道坚不可摧的钢铁长城。

2023 年 10 月 27 日，在东北振兴战略实施 20 周年之际，中共中央政治局召开会议审议《关于进一步推动新时代东北全面振兴取得新突破若干政策措施的意见》。会议指出，推动东北振兴是党中央做出的重大战略决策。东北地区资源条件较好，产业基础比较雄厚，区位优势独特，发展潜力巨大，在国家发展大局中具有重要战略地位。

东北作为"共和国长子"，以重工业为体，以红色基因为魂，锚定着国家战略安全的坐标。

"黑金"变"真金"

石墨是高新技术发展必不可少的矿产资源。黑龙江省鸡西市是世界上最大的优质鳞片石墨蕴藏区之一，2014 年被中国矿业联合会授予"中国石墨之都"称号。近年来，鸡西立足石墨资源储量优势，将石墨新材料产业作为转型升级的主导产业来打造，做强石墨产业链条，推动石墨产业向高端化、智能化、绿色化、整合化方向快速发展，实现"黑金"变"真金"。

吉林化纤集团国兴碳纤维有限公司碳化二车间内，工人正在整理碳纤维原丝

淬火铸国魂：
机床镌刻中国精度

 沈阳，被誉为"中国机床之乡"。新中国第一枚金属国徽就诞生在这里。当时，以铸造技术闻名全国的沈阳第一机器厂，也就是现在的通用技术沈阳机床厂，从铸造第一枚金属国徽到今天的高端数控机床，他们亲历了大东北怎样的产业跨越？

 1950年深冬，沈阳第一机器厂的烟囱喷涌着赤红火焰，−30℃的严寒中，这座承载着共和国重工业使命的厂房正孕育着惊天动地的热流。当中央下达铸造金属国徽的绝密任务时，没有人知道，这块即将淬炼成型的钢铁，将成为镌刻在共和国门楣上的国家象征。

 木型车间的工人事先从木型的角度为国徽做一些准备工作。做好了模型，由焦百顺带领裴庆江、朱凤仪等十几名技术尖子，组成国徽铸造攻坚团队，开始向一个个难关发起冲击。

 东北的寒夜被冲天炉火撕裂，10吨特种钢在1600℃的熔炉里翻涌，如

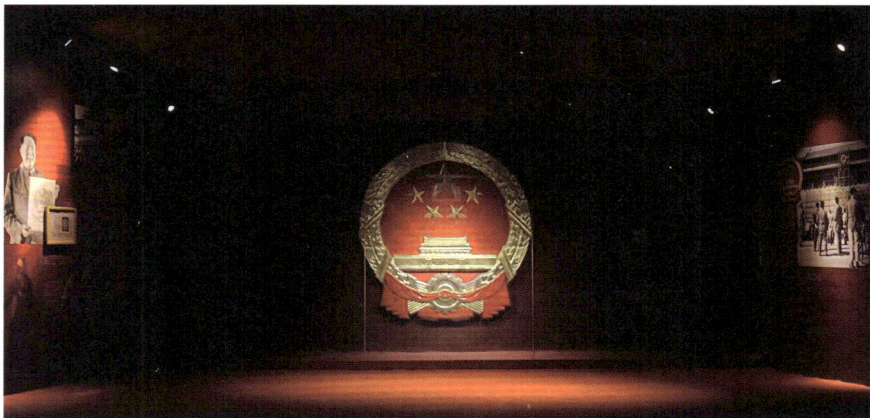

沈阳中国工业博物馆严格按照天安门城楼上那枚金属国徽的尺寸，
用老工艺复制了一枚金属国徽在馆里专门展出

同暗夜中奔腾的岩浆。老师傅赵文瑞，这个曾在伪满时期被迫为侵略者修枪炮的八级工匠，此刻正用布满老茧的双手丈量着新中国的精度——国徽纹样中每道麦穗的弧度必须精确到 0.1 毫米，齿轮的每个锯齿都要闪耀金属特有的冷峻光芒。

车间墙上"再造山河"的标语在热浪中微微卷曲，当第一炉钢水冲破黑暗倾泻而下时，飞溅的火星在夜空中划出金色的轨迹，恰似天安门城楼上的琉璃瓦折射出的晨光。

国徽铸造现场宛如钢铁锻造的战场。

12 吨冲天炉需要持续运转三个月，工人们轮班睡在车间角落的草垫上，棉袄前襟结着冰碴，后背却被炉火烤得发烫。青年技工王景洲为调试立体浇铸系统，七天七夜未下机床，最终用 3 根木棍支起精准的 45 度浇铸角度——这个被苏联专家判定为"不可能"的难题，在东北工匠布满冻疮的手掌中迎刃而解。

在麦穗与齿轮交织的模具深处，更藏着惊人的匠心。

工人们用放大镜在齿轮上雕出 72 道细纹，暗合中国古法"七十二候"的农耕文明智慧；五角星尖端的 0.3 毫米倒角，让冷硬的金属泛出玉器般的温润。当脱模的瞬间到来，覆盖着蓝色火焰的国徽在蒸汽中显露真容，现场突然陷入寂静——他们看见钢水凝固成了山川的脉络，铁屑飞扬化作麦浪的纹路。

1951 年五一国际劳动节，历经半年的艰苦铸造，重达 487 公斤的金属国徽悬挂在天安门城楼。

她经历过七道火焰的淬炼，能抵御百年风霜侵蚀；她凝聚着 0.02 毫米精度的匠心，可映照出最细微的光影变幻。当阳光穿透齿轮的间隙，在地面投下稻穗形状的光斑时，金属国徽不仅是悬挂在城楼上的图腾，更是注入共和国工业躯干的基因代码。她让世界看见：一个用钢铁重塑脊梁的民族，终将在火光中挺立起不朽的雄姿。

这是属于新中国的金属记忆——当炽热的钢水与热辣滚烫的理想相遇，冰冷的金属便有了体温，沉默的钢铁从此也会说话。

在制造业的星空中，高端数控机床无疑是最耀眼的"明珠"，是衡量国家工业实力的核心标尺，被誉为"工业母机"。长久以来，这一高端领域被国外技术重重封锁，国内企业望"洋"兴叹，差距如

[亲历者说]

我们现在做的机床，叫高端数控机床，其实我们现在做的是工作母机，工作母机其实是造机床的机床。非常重要，没有工作母机，我们中国的工业可能就要受限。

第一次失败后，我们冷静了好长时间，也没敢再做第二个试验，因为我们这个一块试料可能 10 多万，将近 20 万，其实我们成本损失非常巨大，但这事既然到这儿了，我个人认为又没有退路，只能往前走。

我个人认为"从 0 到 1"是一个非常艰苦的过程，其实"从 1 到 99"反而是相对容易点儿，那阵儿可能也就属于一种迭代吧。

严昊明
通用技术机床研究院沈阳分院技术专家、
高精度龙门加工中心项目总工程师

扫码观看
亲历者说

沈阳机床先进制造车间

鸿沟般横亘。而沈阳机床，在中国制造业版图中本就举足轻重，以严昊明为首的团队更是挺身而出，向着高端数控机床的技术巅峰发起冲锋，开启了一段波澜壮阔的逆袭征程。

严昊明，他的劳模创新工作室为中国高精度机床的研发创造了多项"从0到1"的突破。

大型龙门数控机床，是工程机械、汽车工业、能源设备等重工业领域不可或缺的关键装备，能生产的国家屈指可数。严昊明团队负责这台设备的整体设计，以及攻克这台设备的核心部件之一——导轨。导轨的质量直接影响着机床的加工精度。国际上大体积龙门数控机床定位精度达到0.01毫米，属于精密级水平，但国外对这项技术进行了严格封锁。

严昊明团队不仅要突破难题，还要挑战对11米长的导轨进行淬火，难度之大前所未有。尽管他们提前做了大量论证和测试，第一次淬火还是失败了。导轨变形量竟然达到了8毫米，与目标相去甚远。

对于严昊明和他的团队来说，当时的心情可想而知。

一切归零再出发，严昊明和他的团队对技术环节一一复盘，不断完善

　大东北

工艺，终于在 6 个月之后的第 10 次成品淬火试验中，攻克了 11 米导轨的难关，且淬火后的变形量几乎为零。

由此，沈阳机床在大型龙门数控机床的研发和制造方面掌握了关键核心技术，打破了国内大型龙门数控机床长期依赖进口的局面。

对于一个企业来讲，实现一项核心技术"从 0 到 1"的突破，意味着巨大的人才、资金、时间以及试错成本的投入；但对于一个产业而言，这样的突破往往意味着"从 1 到 99"的广阔发展空间。

数控系统，作为数控机床的"大脑"，更是重中之重。严昊明们深知，没有自主可控的数控系统，就如同被人扼住了咽喉。团队从零开始，自主研发数控系统。这是一场艰苦的攻坚战，研发过程中遇到了无数技术难题，资金也一度紧张。但团队成员凭借着坚定的信念和顽强的毅力，日夜奋战。经过多年努力，他们成功研发出了具有自主知识产权的数控系统。

在高端机床这条全球工业竞争最为激烈的赛道上，沈阳机床并不是孤军奋战，还有很多扎根东北的机床企业，在国外优势企业形成的包围圈下，奋力劈开一道生存的缝隙，向着全球制造业的巅峰攀登。

大连科德数控自主研发的五轴联动数控机床和世界首台整体叶盘机，在航空发动机的关键部件制造上，实现了关键"卡脖子"技术的突破。

大连科德数控制造车间

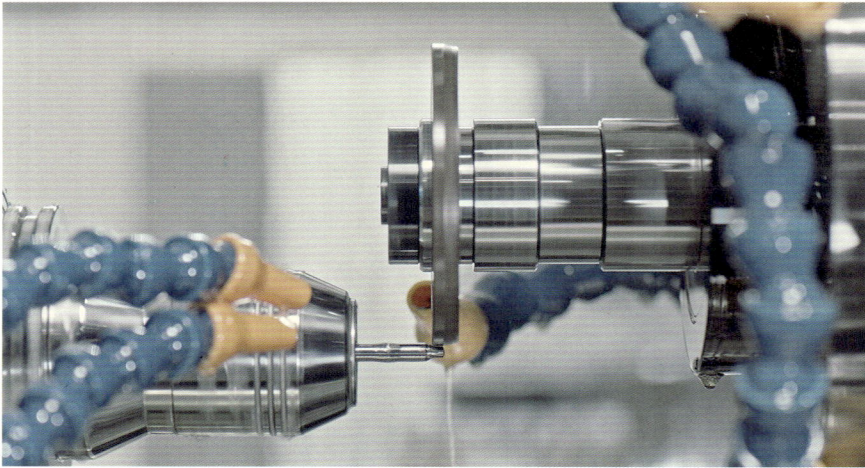

大连科德数控自主研发的世界首台整体叶盘机

　　齐齐哈尔二机床经过 70 多年的发展建设，已成为我国重型机床及锻压设备的重要生产基地，为我国的国防工业发展提供了强大技术和装备保障。

　　将"卡脖子"变成"杀手锏"，齐重数控始终走在自主创新的路上，重型数控机床为国家建设重点工程提供了关键装备。

　　高端数控机床的高精度、超强的加工能力，决定了它在重型机械和高端制造领域的核心作用，直接影响着一个国家的高精尖技术装备制造水平。

　　严昊明们在"中国精度"上的突破，打破了国外技术垄断，降低了我国高端制造业对进口设备的依赖，保障了国家产业安全。同时，沈阳机床厂高端数控机床的崛起，带动了整个产业链的发展。从上游的原材料供应商、零部件制造商，到下游的装备制造商，形成了一个完整的产业生态，从而践行着我国从制造大国向制造强国的新质攻坚。

大东北

擎工业火炬,
铸大国重器

在东北,有两家以"中国第一"命名的企业,最广为人知的是位于吉林长春的中国一汽,它生产了新中国第一辆卡车——解放、第一辆轿车——东风、第一辆高级轿车——红旗。

另一家是位于黑龙江齐齐哈尔的中国一重,它是中国独立生产成套重型机械装备的起点,在共和国重型装备制造发展中功勋卓著,被誉为"国宝级工厂"。

作为新中国制造业的大哥,它们从零开始,到今天的功勋卓著,其间又经历了怎样惊心动魄的产业升级和革命?

■ 中国一汽

在新中国汽车工业发展的灿烂星河里,中国一汽无疑是最为闪亮的那颗星。从第一台卡车驶出生产线,到第一辆红旗轿车惊艳亮相,再到如今庞大且多元的产品系,中国一汽不仅承载着中国人的汽车梦想,更在东北振兴以及大国工业制造、产业安全的宏大叙事中,书写着浓墨重彩的篇章。

回望 1958 年,新中国的工业建设刚刚起步,汽车制造领域更是一片荒芜。在那样一个一穷二白的年代,中国一汽人怀揣着对汽车工业的无限憧憬,在简陋的厂房里,开启了一场艰苦卓绝的造车之旅。

没有先进的设备,就靠双手一点点打磨零件;缺乏技术经验,就日夜钻研、反复试验。终于,第一台解放汽车诞生了!这台凝聚着无数人心血的汽车,就像划破夜空的第一缕曙光,宣告着新中国汽车工业的觉醒。

中国一汽

中国第一汽车集团有限公司是国有特大型汽车企业集团。前身为第一汽车制造厂,是国家"一五"计划重点建设项目之一。1953 年奠基,1956 年建成投产。一汽的建成,开创了新中国汽车工业的历史。中国一汽经过 70 余年的发展,建立了东北、华北、华东、华南、西南等五大生产基地,构建了全球化研发布局,拥有红旗、解放、奔腾等自主品牌和大众(奥迪)、丰田等合资品牌,累计产销汽车超过 6100 万辆,销量规模位列中国汽车行业第一阵营。

解放 CA10

1956 年 7 月 13 日，由毛泽东亲自命名的新中国第一辆汽车——解放 CA10 型载货车在经过数年的筹备与研发后，终于成功下线。车型名称中的 C 既代表了中国，也指向着长春，A 则象征着它是新中国汽车工业的起点。解放 CA10 的诞生，标志着中国汽车工业从无到有的历史性跨越。图为 2023 年中国一汽成立 70 周年庆典，从第一代 CA10 型号到最新一代 J7 型号解放卡车在长春的街道上巡游。

中国一汽先进制造车间

      随后，第一辆红旗轿车也在万众瞩目中缓缓驶出。红旗轿车的诞生，承载着更为深厚的民族情感和国家使命。它那庄重大气的外观、精雕细琢的内饰，无一不彰显着中国汽车工业的匠心与追求。

      红旗轿车作为国家礼宾用车，频繁出现在重要外交场合，向世界展示着中国汽车工业的风采，成为当之无愧的"国车"。它是中国汽车工业的骄傲，也是

大东北

民族汽车梦的启航之舟，让中国在世界汽车舞台上有了属于自己的独特标识。

历经岁月洗礼，中国一汽不断发展壮大，如今已构建起涵盖轿车、SUV、商用车等丰富多元的产品体系。从经济实用的家用轿车，到动力强劲的SUV，再到高效可靠的商用车，一汽的每一款产品都紧跟时代步伐，满足着不同消费者的需求。在新能源和智能网联汽车领域，一汽也积极布局，不断推出创新产品，向着汽车产业变革的前沿大步迈进。

中国一汽的发展历程，始终与大东北这片土地紧密相连。作为东北地区的支柱企业，一汽的兴衰深刻影响着东北经济的走向。大量的就业岗位，从生产线上的工人，到研发部门的工程师，再到销售服务领域的工作人员，为当地百姓提供了稳定的生活保障。上下游产业链的协同发展，带动了众多零部件供应商、物流企业的繁荣，让东北老工业基地重新焕发生机。它就像一台强劲的发动机，为东北振兴注入源源不断的动力。

如今，在中国一汽的红旗智能工厂里，"5G+工业互联网"技术让百年汽车城焕发新生。这种传统产业与数字经济深度融合的转型实践，正在破解"东北现象"的发展困局。当数字经济浪潮席卷全球，东北的"数实融合"战略为老工业基地转型升级提供了中国方案。

■ 中国一重

在新中国锻造工业发展的壮丽征程中，中国一重的万吨水压机宛如一座大海之上的灯塔，闪耀着独特的光芒。它的成长史，就是一部与国家工业发展紧密相连、波澜壮阔的奋斗史诗。

20世纪50年代末，新中国重工业初兴，却面临着一个巨大难题——缺乏大型锻压设备。许多关键工业领域，如能源、机械制造等，因为没有足够吨位的水压机，无法生产大型锻件，不得不依赖进口，这严重制约了国家工业的自主发展。在此背景下，研制万吨水压机成为新中国工业领域一场志在必得的攻坚战。

1958年，万吨水压机项目正式启动，来自全国各地的机械专家、

中国一重

中国一重前身为第一重型机器厂，是国家"一五"期间156项重点工程项目之一，始建于1954年，是中央管理的涉及国家安全和国民经济命脉的国有重要骨干企业之一。70多年来，中国一重始终秉承"发展壮大民族装备工业，维护国家国防安全、科技安全、能源安全、产业安全和经济安全，代表国家参与全球竞争"的初心和使命，紧紧围绕钢铁、核电、火电、石化、船舶、汽车、矿山、航天航空、深潜、军工等国民经济和国防建设需要，为国铸器。

中国一重自主研发建造的 12500 吨水压机

[亲历者说]

我们现在生产的最大锻件吨位已经达到了 715 吨，最大的成品的吨位已经达到 420 吨，最大的空心件的直径达到 9 米，这是我们这台压机的锻造能力。

我作为这台压机的操作者，能在我的岗位上，为国家装备制造业做出一些贡献，我感到非常自豪。

冯永亮
中国一重铸锻钢事业部
水压机锻造厂锻七班班长

扫码观看
亲历者说

技术工人齐聚齐齐哈尔，他们怀着满腔热血和坚定信念，投身到这场艰难的技术攻关中。没有经验，就摸着石头过河；技术难题重重，就夜以继日、上下求索。在物资匮乏、技术落后的艰苦条件下，建设者们凭借着顽强的意志和卓越的智慧，攻克了一个又一个难关。

终于，在 1962 年，我国自主设计制造的 1.25 万吨水压机在中国一重建成投产。1.25 万吨的力量，让它能像揉面一样，锻造几百吨重的金属部件，中国第一艘核潜艇的重要部件，白鹤滩水电站的水轮机转轮，都是它的作品。它的诞生，填补了国内重型锻造设备的空白，让新中国一举迈入世界大型锻压技术强国行列。

从那以后，万吨水压机就成为中国工业制造的中流砥柱。在能源领域，它锻造出了无数大型电站设备的关键部件，从火电到水电再到核电，为我国电力事业的飞速发展奠定了坚实基础。有了它，我国能够自主生产大型发电机转子、汽轮机叶轮等，结束了这些关键设备依赖进口的历史，保障了国家能源安全。

在机械制造行业，万吨水压机更是发挥了不可替代的作用，大型船舶的曲轴、矿山机械的大型轴类零件等，这些原本制造困难的大型锻件，在万吨水压机的强大压力下完美成型，助力我国机械装备制造业不断迈向新高度。

万吨水压机，不仅是一台大型机器，它更是国家工业尊严的捍卫者。在国际竞争中，大型锻件制造能力曾是衡量一个国家工业水

上／　中国一重车间内，正在对冶金产品进行热处理

下／　中国一重铸铁轧辊厂钢水冶炼浇注现场

平的重要标志。当我国成功拥有万吨水压机，能够自主生产高端大型锻件时，西方国家再也无法在这一领域对我们进行技术封锁和贸易限制。它让中国在国际工业舞台上挺直了脊梁，以实力证明了中国工业的崛起。

　　大国重器，是一个国家工业实力的象征，万吨水压机作为新中国早期自主研制的重型锻造设备，拉开了我国自主制造大型高端装备的序幕，为后续一系列大国重器的诞生提供了技术支撑和人才储备。

以"焊"为笔，
书写海洋心脏的东北力量

[亲历者说]

———————

这种 LNG（液化天然气）船，储罐的材料，它主要是用 9Ni 钢，它的最大一个特点，就是因为它要储存 −165℃（液化天然气）这种液态，非常低温，那么对它（材料）的性能要求就非常严格。

朱先波
中国船舶集团首席技师

扫码观看
亲历者说

在中国船舶集团，有这样一位传奇人物，他叫朱先波，身为首席技师的他，用自己的智慧与汗水，研发出了 LNG-天然气运输船的"免清根"焊接工艺，在船舶制造领域掀起了一场技术革新的风暴。

LNG-天然气运输船，素有"海上超级冷冻车"之称，与航空母舰、大型邮轮并称为造船工业皇冠上的三颗明珠。满载液化天然气的船舶，也被业内称为"沉睡的氢弹"。

要焊接好储存液化天然气的箱体，而且能经受远洋运输的风浪颠簸考验，需要顶级的焊接工艺。因为这种钢的厚度只有 1.5 毫米，焊接时力度掌控稍有不当，钢板很容易就被击穿。

过去，传统焊接工艺中的清根环节，不仅耗费大量人力、物力和时间，而且给焊接质量带来诸多不稳定因素。几十年来与电焊火花起舞的朱先波，看在眼里，急在心里，他暗下决心，一定要攻克这一难题。

无数个日夜，朱先波扎根在车间。他反复研究焊接材料的特性，调试焊接设备的参数，像一位执着的探险家，在未知的技术领域摸索前行。每一次焊接试验，都是一次与失败的较量。

有时，焊缝出现气孔；有时，焊接强度不达标，但朱先波从未放弃。他仔细观察每一道焊缝的纹路，如同解读古老的密码，分析问题产生的原因。终于，在经过成百上千次的试验后，他成功研发出了"免清根"焊接工艺。这一工艺就

全球首艘液化天然气（LNG）双燃料动力 VLCC"远瑞洋"号

像是为船舶焊接找到了一条捷径，直接省去了繁琐的清根工序，大大提高了生产效率，同时焊接质量也得到了质的飞跃。

这项"免清根"焊接工艺对于中国船舶制造而言，意义非凡。它就像一把万能钥匙，打开了船舶制造高效、高质量发展的大门。以往，一艘LNG-天然气运输船的建造周期因为复杂的焊接工序而漫长。如今，"免清根"焊接工艺让建造周期大幅缩短，使中国船舶在国际市场上更具竞争力。而且，高质量的焊接保障了船舶的安全性和稳定性，让中国船舶的品牌形象更加深入人心，为中国从船舶制造大国迈向船舶制造强国奠定了坚实基础。

凭着这项焊接工艺，中国船舶引得无数订单雪片般飞来，目前，大连造船手持大型LNG（液化天然气）船的订单数量已达17艘，船期排到了2028年。

船舶焊接作业现场

很显然，对于大东北的产品制造升级来说，朱先波的"免清根"焊接工艺更是起到了示范引领作用。

大东北，这一共和国的工业重镇，正处于产业转型升级的关键时期。这一先进工艺的出现，就像一束火光照亮了传统制造业的天空。它让东北的制造企业看到了技术创新带来的巨大潜力，激励着更多企业加大在技术研发上的投入。以船舶制造为突破口，带动了上下游产业链的协同创新，从钢材生产到零部件加工，都开始追求更高的质量标准和生产效率，促进了整个大东北产品制造向高端化、智能化迈进。

"免清根"焊接工艺是一个强有力的助推器。东北振兴需要强大的产业支撑，船舶制造作为大东北重要的产业之一，其技术的革新有着牵一发而动全身的作用。这一工艺吸引了更多的人才和资金流入东北船舶制造领域，创造了大量的就业岗位，提升了区域经济的活力。同时，也增强了东北在全国乃至全球制造业中的话语权，为东北振兴注入了新的动力。

在新时代中国工业战略的大棋盘上，朱先波研发的"免清根"焊接工艺占据着重要的地位。它是中国工业坚持自主创新的生动例证，表明中国工业有能力在关键核心技术上实现突破。这不仅提升了中国工业的整体实力，也为其他行业树立了榜样，鼓励各行各业勇于创新，掌握核心技术，摆脱对国外技术的依赖，向着制造强国的目标大步迈进，让中国工业在世界舞台上绽放更加耀眼的光芒。

不只在焊接领域，在超大型船用曲轴的生产技术上，大东北通过自主研发的攻关技术，为各类船舶工程装备提供了有力的支撑。大连重工华锐曲轴就是其中的优秀代表。

作为船舶动力系统的核心部件，船用曲轴就像是船舶的心脏，其技术水平直接影响着船舶的性能和运行效率。

在过去，大型船用曲轴制造技术长期被国外企业垄断，我国船舶工业面临着"卡脖子"困境，不得不在这一关键领域严重依赖进口。如此一来，不仅采购成本高昂，而且供货周期长、稳定性差，极大地制约了我国造船业的发展，使得我国船舶制造业时常面临"船等机、机等轴"的尴尬局面，严重阻碍了我国从造船大国迈向造船强国的步伐。

这种受制于人的局面，激发了国内企业自主研发的决心。大连重工华锐曲轴应运而生，扛起了打破国外技术垄断、实现大型船用曲轴国产化的重任。

全球首支 世界最大2

集装箱船用曲轴(W12X92)

大连重工研制的世界最大 22000 标准集装箱船用曲轴

经过多年的不懈努力，大连重工华锐曲轴取得了丰硕的成果，已全面掌握了国际高端船用曲轴的生产技术，实现了具有国际领先水平的特大型曲轴的系列化和批量化生产。

如今，大连重工华锐曲轴的年产量已达到 180 根，这一成绩不仅彰显了其强大的生产能力，更为各类船舶工程装备提供了坚实有力的支撑。以国内某大型集装箱船为例，该船采用了大连重工华锐曲轴生产的曼恩系列曲轴，在实际运营中，该曲轴凭借其高精度的制造工艺和卓越的性能表现，为船舶提供了稳定、强劲的动力输出。它充分证明了华锐曲轴的可靠性和稳定性，也展示了其在大型船舶动力系统中的重要作用。

华锐曲轴的发展，对具有国际竞争力的海洋工程装备产业集群的形成起到了关键的推动作用。在产业集群内，华锐曲轴作为核心企业，与上下游企业形成了紧密的协同发展关系。上游的原材料供应商，如通裕重工，与华锐曲轴达成长期战略合作伙伴关系，为其提供高质量的曲轴毛坯，确保了原材料的稳定供应和质量可靠性。下游的船舶制造企业，如大连造船等，通过采用华锐曲轴的产品，提升了船舶的动力性能和整体质量，增强了自身在国际市场上的竞争力。

这种上下游企业之间的协同合作，不仅提高了整个产业集群的生产效率和产品质量，还降低了生产成本，形成了产业集群的规模效应和协同效应，进一步提升了我国海洋工程装备产业在国际市场上的竞争力。

如今，以大连重工华锐曲轴为核心的海洋工程装备产业集群，正在迎风起航，向着更高的目标迈进，为我国海洋经济的发展注入强大动力。

窥一斑而知全豹，从船舶制造这一窗口瞭望过去，我们似乎可以纵览大东北制造在关键领域和技术上的不断突破——

辽宁，先进装备制造等 4 个万亿级产业基地和航空装备、机器人等 22 个重点产业集群正在加快建设；

黑龙江，重型装备、载人航天、深海探测、国防军工，样样精通；

吉林，进入大高铁时代，高铁领跑中国速度，也为全球带去新的发展契机。

新时代新征程里，大东北以其完备的产业体系，守护着中国制造的产业安全和尊严，这也是大国重器的根基和底气。

中车长客：
诠释中国制造和中国速度

2024 年夏季的一天，中车长客迎来了一批国际客人。在参观的人群中，有一位客人心情格外激动。因为他的国家即将拥有生产线上的高速列车。这位客人就是塞尔维亚社会党主席、政府副总理兼内务部长顾问普雷莫维奇。

匈塞铁路，这是一条连接匈牙利首都布达佩斯和塞尔维亚首都贝尔格莱德的双线电气化客货共线高速铁路，全长 341.7 公里，设计速度和运营速度均为每小时 200 公里。铁路的高速动车组，就是由中车长客提供的。

谈到这一点，普雷莫维奇难以抑制激动，他动情地说道："匈塞铁路塞尔维亚境内段马上就要全部建成通车了。这段铁路塞尔维亚境内段完全是由中国设计、施工建设。工人、工程师还有建设的设备都来自中国。"

2025 年，不但塞尔维亚境内段实现通车，匈塞铁路全线也将全线开通运营。

也不唯在欧洲，同样由中车长客制造的电气化铁路客车，已经在非洲的亚吉铁路上奔驰。

除此之外，美国波士顿地铁、澳大利亚墨尔本地铁、以色列轻轨、哥伦比亚地铁和有轨电车等一个个大型国际交通项目，9000 多辆列车 130 亿美元的订单，也都把信任票投给了代表中国制造、中国标准、中国速度的中车长客。

中车长客何以有如此魅力？在它的背后，又隐含着怎样的大国崛起的产业传奇？

在当今世界，中国高铁已然成为一张耀眼的国家名片，而中车

> **中车长客**
>
> 中车长春轨道客车股份有限公司前身为长春客车厂，始建于 1954 年，是国家"一五"期间重点建设项目之一。2002 年 3 月改制为股份公司。中车长客是我国知名的轨道客车研发、制造、检修及出口基地，是中国地铁、动车组的摇篮。近年来，随着我国轨道交通行业的快速发展，中车长客实现了技术升级和产品更新换代，经营业绩连年跨上新台阶，品牌效应和社会影响力也不断提升。

在巴西里约热内卢博塔弗戈地铁站，一辆由中车长春轨道客车股份有限公司制造的地铁列车驶入站台

大东北

长客在其中扮演着至关重要的角色。

多年来，中车长客不断突破技术瓶颈，助力中国高铁一次次刷新速度纪录。从和谐号到复兴号，列车的营运速度和试验速度不断攀升。复兴号智能动车组更是实现了时速 350 公里的自动驾驶，在京张高铁上，它风驰电掣般穿梭，将时间与空间的距离不断压缩。

为了实现这一速度跨越，中车长客的工程师们付出了巨大努力。在京张高铁复兴号动车组设计之初，车头方案制作了 42 套，样车新方案评审累计316 次，绘制结构图纸 5289 份，升级了 4 版电气图纸，累计近万张。

正是凭借着这种精益求精的态度和不懈的探索精神，才让中国高铁以令世界惊叹的速度驰骋在广袤的中华大地，让中国速度惊艳世界。

如今，中国高铁网络不断延伸，从东北的白山黑水到南海之滨，从东海之畔到西部边陲，从中华大地到全球布局，中车长客生动而具象地诠释了什么是中国制造和中国速度。

时速 160 公里的城际动车组、时速 350 公里的复兴号动车组、时速 400 公里的跨国互联互通高速动车组……中车长客不断刷新着中国速度，稳步走在世界高铁发展的最前沿。

作为产业引擎的实力担当，在它的身旁和身后，是一条庞大而完善的产业链，而且，还正以它的触角不断延伸，书写着中国轨道交通装备的传奇篇章。

一车"链"千企，复兴号动车组零部件 4 万多个，涉及钢铁、铝材、电子电器、信息系统、精密仪器等工业领域，材料来源涉及 20 个省 2100 多家配套企业。

这条长长的产业链所传达出来的信息，是整个

上 / 中车长客外景

下 / 复兴号中国标准动车组

大东北

国家制造体系和产业集群的完备，而居于这个产业链核心中的中车长客，显然就是这个产业链的"链长"。

从诞生之初的艰难创业，到如今成为全球先进的轨道客车装备制造基地之一，中车长客产业链的发展历程是一部波澜壮阔的奋斗史、创新史。它见证了中国轨道交通装备从弱到强的伟大跨越，也为中国制造业的崛起树立了东北范式的样本。

大东北产业安全，牵一发而动全身，是国家发展棋局中的关键一子。守护好大东北产业，不仅是实现大东北振兴之所需，更是实现中华民族伟大复兴中国梦的坚实保障。

这片土地产业的安全系数，丈量着中华民族伟大复兴的历史刻度。老工业基地的每一次淬火重生，都在为多极世界里的中国崛起注入不可撼动的战略底气。东北产业安全，终究是大国博弈时代一份沉甸甸的终极答案：一个民族的现代化征程，必须拥有自我掌控命运的能力与尊严。

当全球产业链深度重构，东北产业链的战略价值已超越地理边界。这里不仅是装备制造的物理载体，更是国家创新体系的神经中枢。

从白山黑水间崛起的产业力量，正在以链式创新重构中国制造的全球坐标。在建设制造强国的征程中，东北产业链既是压舱石，更是推进器，持续为国之重器的诞生提供不竭动力。

这片承载着工业文明基因的土地，必将在新一轮科技革命中，续写大国重器的新传奇。

[亲历者说]

从复兴号中国标准动车组开始，是我们自主设计的开始，到后来的京张高铁智能动车组，再到后来批量的复兴号智能型动车组，我们走的这个过程，就是一直在探索用户需求的一个过程。然后我们研究用什么样的技术，来实现和满足用户的需求。用四个字来概括，就是"想您所想"。

张国芹
中车长客股份公司高级工程师

通过战略合作，打造产业链命运共同体，与产业链的上下游企业协同攻关，协同验证，协同产业化。加快推动轨道交通装备产业链高质量发展。

朱彦
中车长客国家轨道客车
工程研究中心副主任

扫码观看
亲历者说

进入 2025 年，
当深度求索（DeepSeek）的横空出世震撼美国硅谷，
当《哪吒之魔童闹海》的爆火横扫各大票房排行榜，
一场由人工智能引发的新质生产力革命正在中国大地迅猛发生。

大东北，向来不缺少智慧的大脑。
从渤海之滨一路向北，大连理工大学、东北大学、
辽宁大学、新松机器人、吉林大学、长春光机所、
哈尔滨工业大学、哈尔滨工程大学……
一个个如雷贯耳的名字就像一个个芯片，
给大东北插上了智能的翅膀，
让大东北在卫星导航、航空航天、生物医疗、人工智能、
机器人智造等各大领域都树立起一个行业的标杆。

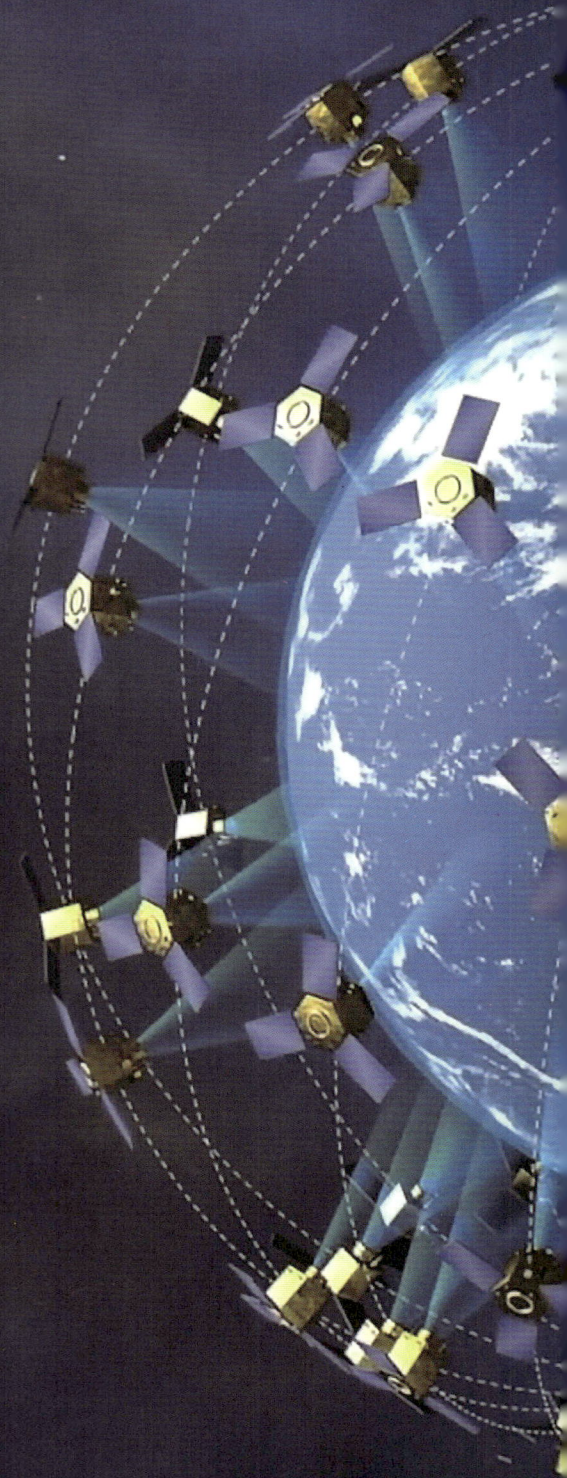

"吉林一号"卫星星座示意图

向新而行

[第九章]

DADONGBEI

新松机器人：
东北振兴的智能引擎

新松机器人

沈阳新松机器人自动化股份有限公司成立于 2000 年，是一家以机器人技术和智能制造解决方案为核心的高科技上市公司。

作为国家机器人产业化基地，新松以智能制造为业务主攻方向，为产业升级提供全体系核心支撑，打造了集自主核心技术、核心零部件、核心产品及行业系统解决方案于一体的全产业价值链。新松拥有自主知识产权的工业机器人、移动机器人、特种机器人三大类核心产品以及焊接自动化、装配自动化、物流自动化三大应用技术方向，同时面向国家主导产业及战略性新兴产业，持续孵化汽车工业、电子工业、半导体、新能源、智慧城市、智慧康养等具有高度竞争力和良好成长性的优势战略业务，构建了健康科学可持续的产业体系。

2024，北京亦庄。

一年一度的世界机器人大会，向来是全球顶尖企业展示自身智能科技实力的舞台。在本届展会上，169 家企业带来 600 多件创新产品同台竞技。其中，一家来自中国东北的机器人企业备受关注。

它，就是来自沈阳的新松机器人自动化股份有限公司。

与其他公司不同的是，它的这台 AI 大模型赋予机器人"更强大脑"，让参观者通过语言、图像等方式下达指令，在小小的七巧板上，机器人可自主完成数百种图案的智能摆放。

沈阳这家公司的机器人何以有如此魅力？它又经历了一场怎样的崛起之旅？

在中国机器人产业的发展版图中，沈阳新松机器人如同一面旗帜，不仅见证了国产机器人从实验室走向全球市场的崛起历程，更成为东北老工业基地转型升级的标杆。

早在 1979 年，中国科学院沈阳自动化研究所就率先提出了研制机器人的方案，但由于各种因素制约，一直未能实施。截至 20 世纪末，中国汽车制造等高端产业领域几乎被外资机器人所垄断，核心技术也受制于人。

基于此，2000 年，以蒋新松院士名字命名的沈阳新松机器人自动化股份有限公司正式成立，由此开启了中国自主机器人产业的破冰之旅。

回望新松机器人的创业进程，大致经历了三个阶段——

从 2000 年到 2010 年，在这第一个十年间，新松机器人率先攻克工业机器人控制器、伺服系统等关键技术，研发出国内首台洁净真空机器人，打破国外垄断。随后，他们的移动机器人成功进入通用、福特等跨国车企生产线，让"中国造"机器人首次跻身全球高端制造平台。从 2011 年到 2020 年这十年，是新松机器人走进现实场景开始布局产业的十年。这十年，新松机器人从工业机器人向服务、特种、医疗机器人延伸，构建起涵盖智能制造、智能物流、智能交通的产业矩阵。2014 年，沈阳新松推出国内首台七轴协作机器人，引领人机协作新趋势；2019 年，他们自主研发的蛇形臂机器人被应用于核电高危环境，彰显了其独特的技术硬实力。

2021 年至今，是新松机器人开启智能化全球化阶段。这期间，他们深度融合人工智能、5G、数字孪生技术，打造"机器人 +AI"生态。2023 年，沈阳新松公司发布全球首款智能焊接机器人系统，焊接精度达 0.02 毫米。十余年间，他们的移动机器人系列产品出口至 40 余个国家，在宝马德国工厂、特斯拉美国超级工厂等国际顶级场景均实现落地。

在新松机器人众多硬核成果中，合装移动机器人无疑是最具代表性的一款。

张雷，作为新松机器人的首席技术官，他和团队在合装移动机器人的关键技术上实现了多项突破。他们自主研发的系统，赋予了合装移动机器人在复杂工业环境下精准的车体控制与逻辑调度能力。从汽车制造车间的狭窄通道到大型工厂的开阔场地，搭载 IMRS 系统的合装移动机器人都能如臂使指，灵活穿梭，高效完成物料搬运、部件合装等任务。

导航技术作为移动机器人的"眼睛"，张雷团队在这一方面同样取得了显著进展。他们将行业领先的 SLAM 技术应用于合装移动机器人，并针对工业场景的特殊需求，进一步优化核心算法。这使得机器人在面对车间内复杂多变的环境，如临时堆放的货物、频繁移动的叉车等障碍物时，能够迅速做出反应，主动更新路径规划，确保作业高效、安全进行。

在实际应用中，新松的合装移动机器人能够在短短 60 秒内完成

蒋新松（1931—1997）

机器人专家。江苏省江阴人。中国工程院院士。曾任中国科学院沈阳自动化所所长。我国机器人事业的开拓者之一、著名专家。20 世纪 70 年代初率先从事人工智能与机器人学研究。1985 年研制出 HR—01 水下机器人。1988 年研制出我国第一台示教再现机器人。后通过引进创新研制出水深 300 米有缆水下机器人 Recon- Ⅳ -SIA-300，实现国产化 70%，该成果获科学院科技进步奖一等奖和 1992 年国家科技进步奖二等奖。后又领导并参加了 CR-01（6000 米无缆）水下机器人的研制。创建了国家机器人技术研究开发工程中心和中国科学院机器人开放实验室。对 CIMS 技术有很深的造诣，连任三届国家"863"计划自动化领域专家委员会首席科学家，不断提出方向性、战略性的新思想和新见解。在他的领导下，我国在 CIMS 领域，从一无所有到在国际上占有一席之地；我国特种机器人也从几乎空白发展到今天令人瞩目的水平，成绩斐然。

沈阳新松机器人自动化股份有限公司生产的点焊机器人

底盘合装移动机器人

底盘合装移动机器人

前、后悬总成底盘合装移动机器人，是移动机器人中最典型的一款产品，为满足其特殊的运输及装配的使用需求，该款移动机器人不仅要对自身的运行进行精确控制，同时还要与生产和装配线体进行实时的信号互锁，在满足车身装配工艺需求的同时还要考虑操作人员的使用安全性。按照移动机器人上的举升配置数量不同，可分为单举升、双举升、三举升、四举升等移动机器人。近年来随着新能源汽车的兴起，很多主机厂需要同时生产燃油车和新能源车，对装配线柔性需求大大提高。新松举升移动机器人既可以实现电池包与前、后悬整体举升合装，也可以采用单举升与双举升结合的方式实现电池包与前、后悬的分体式合装。

一辆汽车的合装下线工作，且随着技术的持续升级，这一速度不断加快，极大提升了汽车制造企业的生产效率。

新松的合装移动机器人在新能源汽车产业的应用，堪称张雷团队技术实力的生动注脚。面对新能源汽车制造过程中对智能化、柔性化生产的严苛要求，团队积极承担辽宁省创新联合体科技重大专项，全力攻克技术难题。最终，成功实现国产新能源汽车焊装线应用的重大突破。

随着我国新能源汽车产销量连续十年位居全球第一，对装配线的需求也越来越高。这里加快1秒，传导到整个产业链，或许就会产生1公里的跨越。

如今，在国内多家新能源汽车生产线上，新松合装移动机器人正忙碌而有序地工作着，它们精准地搬运、装配零部件，助力新能源汽车产业迈向智能化生产新阶段，同时也为我国新能源汽车产业摆脱对国外技术的依赖、实现自主可控发展贡献了重要力量。

转换新赛道，打开新空间。作为中国最大的机器人产业化基地，新松有全球最全的机器人产品线。从工业机器人到移动机器人、从洁净机器人到特种机器人等，新松的机器人正在赋能航空航天、大型基建、新能源等众多行业发展。

从 1979 年中国科学院沈阳自动化研究所提交的第一份机器人方案开始，近半个世纪的岁月流沙，辽宁成为国家级先进制造业集群涉及的唯一踏足机器人领域的省份。

作为东北地区最具代表性的高科技企业，新松的成长轨迹与东北振兴战略同频共振，为区域经济转型提供了强大革命性支撑。在老工业基地传统型生产衰退的背景下，新松以年均 15% 的研发投入占比，带动东北从"锈带"向"智带"转型。其所在的沈阳智慧产业园聚集了 200 余家上下游企业，形成百亿级机器人产业集群，激活了东北高端装备制造生态。

新松的成功打破了"投资不过山海关"的世俗偏见。仅 2023 年，就吸引了华为智能视觉、科大讯飞等一大批高新企业落户，从而带动东北高新技术产业投资同比增长 23%，成为国家先进制造业集群的重要增长极。

显然，新松机器人是大东北走向新质生产力的一个新时代样本。这种"智能体 + 工业场景"的深度融合，重构了生产要素组合方式，推动生产力向数字化、网络化、智能化方向迭代。从产业带的角度来说，它实现了跨界融合的生态重构——从赋能汽车制造到服务光伏、锂电等新兴产业，从医疗手术机器人到星载机械臂，新松打破行业边界，构建起"机器人 +"创新生态。

新松的征程印证了"创新是引领发展的第一动力"。在培育新质生产力的国家战略中，新松的故事不仅是一家大东北企业的成长史诗，更是解码中国创新驱动发展、区域协调共进、全球科技治理的鲜活样本。当越来越多的"新松"在神州大地涌现，大东北，甚至全中国高质量发展的未来图景必将更加恢宏壮丽。

[大家话东北]

中国是全世界最大的机器人市场，也是全球最大的制造业市场，那么在新质生产力的整个培育过程当中，其实机器人产业起到了至关重要的作用。首先针对的是像传统产业，那么在传统产业进行转型升级的时候，机器人产业也作为一个新兴战略产业的代表，它本身也焕发出一个巨大的市场空间。

张进
沈阳新松机器人
自动化股份有限公司总裁

我们的这些移动机器人，在生产线里，它基本上就是一个瓶颈的环节，如果它的节拍能够加快 1 秒、2 秒，那么可能对于整个生产线来说，成本就下降了百分之几，甚至 10%，对整个生产线对行业影响都是非常大的，越快的生产速度，意味着越低的成本。最终让我们整个生产水平和技术，提高到一个新的层次。

张雷
沈阳新松机器人
自动化股份有限公司首席技术官

扫码观看
大家话东北

东软医疗，
铸就国产 CT 辉煌

当新松的机器人在国内外高端制造领域大放异彩之时，来自沈阳的另一家高端制造研究机构也不甘落后，他们也同样在和时间赛跑。

这家机构就是来自沈阳东北大学的东软医疗。说起东软医疗和时间赛跑，我们有必要先对时间建立一个基准概念：

0.235 秒意味着什么？

——雨滴在空中下降 5 厘米。

——人类眨一次眼睛。

——也是截至目前全球高端 CT 的极限转速。

对，0.235 秒，这也正是东软医疗智慧影像软件研发中心研制的国产 CT 的转速。沈阳，这座诞生了新中国第一枚金属国徽、第一台车床等 300 多个"第一"的城市，在 1997 年，生产出中国的第一台 CT 机。

高端医疗装备行业的发展，关乎国计民生，一次次技术革新的背后，是国产 CT 设备的奋斗史。

自 1971 年人类第一台 CT 机诞生以来，中国在 CT 制造技术上就一直处于追赶状态。直到 1997 年，怀揣着"制造属于中国人自己的 CT"的崇高理想，东北大学计算机影像中心的努力有了重大突破——东软医疗发布了中国第一台国产 CT，从而实现了零的突破。

它标志着中国从此成为全球第五个掌握 CT 制造技术的国家。这一里程碑式的跨越，犹如黑暗中的一盏明灯，开启了国产 CT 的新纪元。

从那时起，东软医疗就再也没有停下进击的脚步。他们在技术研发的道路上不断探索、持续创新，从低端机型的空白填补，逐步迈向高端、超高端机型的市场突围。多年来，他们在这一领域创造了国内多项"第一"。

如今，东软医疗已成为中国最大的 CT 制造商和出口商。

在东软医疗的科技线上，最引人瞩目的就是目前代表国产最高水平的宽体螺旋 CT 机，也是全球首台 0.235 秒宽体螺旋 CT 机——NeuVizEpoch+。它能够在一次心跳的时间内完成对患者心脏的扫描和全部数据的采集，且患者无需屏住呼吸，大大提高了检查的成功率和舒适度。它的意义在于，从探测器模块到数据采集系统，全面实现了国产化。这一技术的重大突破，让中国 CT 技术从此站在了世界最前沿。

不仅如此，东软医疗在 CT 技术研发上持续发力。2024 年，其自主研发的光子计数 CT 成功获得了首幅人体图像。这一技术具有高分辨率成像能力和多能谱成像特点，能捕捉到更为精细的组织结构和微小病变，极大提升了诊断的准确性，同时大幅降低辐射剂量，减少对患者和操作人员的潜在危害。其实，早在 2016 年 3 月，当全球尚无同类成熟产品问世时，东软医疗就已经踏上了这一技术的自研之路。历时九年攻克一系列世界级技术难题。

如今，东软医疗更是投入了全新的自然体绘制技术的研究。此类技术创新，无疑将加速高端医疗设备国产替代进程。

东软医疗在 CT 机领域的大踏步跨越，对大东北高质量发展新质生产力有着不可估量的价值和意义。

东软医疗作为该领域的领军企业，起到强大的产业集聚效应。其在沈阳的发展，吸引了众多上下游企业围绕其布局，涵盖零部件制造、软件开发、医疗服务等多个领域，在形成完整的高端医疗装备产业链的同时，吸引大量上下游企业聚集，不仅创造了就业岗位，还带动了相关产业的技术升级和创新发展，促进了电子信息、材料科学等领域的技术进步，为大东北制造业的高质量发展注入了新动力。

今天，国产呼吸机和人工智能医学影像、手术机器人等高端医疗器械和装备纷纷反向输出，我国高端医疗装备产业已踏上国际化征程。

[大家话东北]

自然体绘制技术，是一种新型的三维渲染技术，它可以让比如说像 CT 重振这样的影像，由二维转变成三维的一种显示，它可以让组织器官显示得更加真实，比如说肿瘤和血管之间的位置，那医生在切除肿瘤的时候，就可以避开血管，让手术变得更加高效、精准。

马锐兵
东软医疗智慧影像软件研发中心总监

这次党的二十届三中全会，把"医疗装备"跟"集成电路""工业母机"并列放在这个文件里面。一个民生，牵扯到国家安全这样一个产业，过去我们国内，基本上都是被国外垄断的。也是几代人的努力，东软医疗在这个领域杀出一条血路。

武少杰
东软医疗首席执行官

扫码观看
大家话东北

CT系统装配区
CT System Assembly Area

主机装配工位1
Gantry Assembly Station 1

主机装配工位2
Gantry Assembly Station2

A05

东软医疗 CT 系统装配区

辽宁瓦轴：
驱动东北振兴飞速运转

今天的大东北，孕育出越来越多的机器人企业。从研发、生产到应用，5 万亿元的国家产业投资，将用于机器人产业的发展，哪怕是机器人关节上的一个小小零件，都要做到极致。对于这种极致追求，当然也包括辽宁瓦房店的轴承。

2024 年仲夏的一天，在渤海大连湾畔瓦房店的一个智能制造车间里，一组直径 4.2 米的超大型盾构机主轴承正在进行最后检测。这批即将出口德国的"钢铁关节"，承载着 3500 吨轴向载荷的惊人数据，它标志着瓦房店轴承集团突破了全球高端轴承市场的最后堡垒，走在了世界同行的前列。

这个名不见经传的东北小城，通过转动的力量将"中国轴承之都"的名号刻写在世界工业的版图上。

别看这座距大连 90 多公里的城市小，但它的来头可是不小。中国第一套工业轴承、汽车轴承、大型跟踪望远镜轴承以及用于冶金、铁路等国之重器的关键轴承部件，均出自这里。

轴承被誉为"工业的关节"，从机械制造到汽车工业，从航空航天到能源产业，轴承应用几乎覆盖了所有机械领域，有力推动了现代工业的发展。而轴承的硬核，来自自由旋转的能力。

为了使轴承的运转受力保持均匀平稳，在瓦轴的轴承创新研发工作室，研发人员要对新研发的轴承性能进行仿真分析，这是轴承研发中必不可少的一环。至于瓦轴的核心技术，其精细程度更令人振奋：纳米级表面处理技术，使轴承寿命延长 3 倍；独创的"多自由度约束"设计理论，将振动噪声降低 12 分贝；智能润滑系统实现 50 万公里免维护。

[大家话东北]

力的要点，是要让八列一定受均载，如果你设计不合理的话，特别像某一列受力大了之后，它可能先坏，它坏了，就代表整个轴承都坏了。

郝旭
国家轴承工程技术研究中心副主任

扫码观看
大家话东北

瓦轴集团为世界最大吨位取料机配套的超大型轴承

哈尔滨轴承集团有限公司始建于1950年，是我国"一五"期间156个重点建设项目之一，是中国轴承行业三大生产基地之一；可成系列生产内径1毫米至外径1000毫米九大类型、各种精度等级8000余个规格和品种的轴承。产品主要为汽车农机、机床机电、冶金矿山、石油化工、航空航天、国防军工等行业和企业配套服务，为我国国防工业和装备制造业做出了重大贡献。2005年荣获"中国名牌"产品称号。

这些创新使企业从生产农机轴承跃升至航空航天级别，为"天宫"空间站提供的真空轴承，在−180℃至300℃极端环境下仍能精准运转。这使得瓦轴在市场上享有绝对的号召力和吸引力。

据统计，全球大约有7万种型号的轴承，瓦房店就占约4万种。以此观之，足见"轴承之都"的绝对功力。

在我国，瓦房店产的瓦轴、哈尔滨的哈轴和洛阳的洛轴，被业内誉为轴承业的"三剑客"，他们共同构成了中国轴承工业的重要支柱，而在"三剑客"之中，大东北就占了两席。

从手工作坊到智能工厂，从农机配件到太空装备，瓦房店轴承的进化史恰恰是中国精密制造的缩影。当直径6米的深海机器人关节轴承在马里亚纳海沟完成万米测试，当时速600公里磁浮列车轴承开启商业化应用，世界终于发现：这颗在辽东半岛旋转了85年的钢珠，正带动大东北制造向着全球价值链顶端攀升。

2024年底，工业和信息化部发布2024年国家先进制造业集群竞赛胜出集群名单，共有35个集群上榜，其中有3个来自辽宁。它们分别为大盘绿色石化集群、沈大工业母机集群、沈阳航空集群。

瓦轴集团生产车间

大东北

瓦轴集团轴承产品

此前辽宁已有沈阳机器人及智能制造产业集群获此殊荣，截至2025年2月，在已经选出的80个国家集群中，辽宁省上榜4个，总数居全国第六位、东北地区首位。

就辽宁的新质生产力发展态势，辽宁省委书记郝鹏在接受《大东北》摄制组的采访时表示：

习近平总书记创造性提出了新质生产力理论，是引领现代化产业体系建设的革命性力量，是推动东北、辽宁全面振兴的强劲引擎。

我们坚持推动科技创新和产业创新融合发展，把科技资源优势转化为高质量发展胜势，构建具有辽宁特色优势的现代化产业体系，先进装备制造等4个万亿级产业基地焕新提质，航空装备、船舶及海工装备、工业母机、集成电路装备等22个重点产业集群集聚成势，一批更具含"绿"量、含"新"量的大国重器在辽宁诞生，"辽宁装备"正在更好地装备中国。

作为老工业基地的辽宁，以智造为支点带动传统产业升级。它们的每一次脉动，都在为大东北的新质生产力发展注入澎湃的动力。

长光卫星：
遥感卫星照亮振兴路

当沈阳的机器人和医疗装备等产业在全球完成布局的同时，长春的卫星产业也开始迈向太空。

2023 年夏，随着"吉林一号"高分 06A 星划破苍穹，中国首条航天信息产业链在长春悄然成型。从 2015 年首颗商用遥感卫星升空到建成全球最大亚米级商业遥感卫星星座，长光卫星技术股份有限公司用 8 年时间改写了全球航天产业格局。

这家诞生于东北老工业基地长春的企业，以平均每 10 天造 1 颗卫星的速度，在浩渺太空书写着大东北新质生产力的传奇。

绚烂的星云之中，117 颗在轨运行的卫星组成了全球最大的亚米级商业遥感卫星星座"吉林一号"。作为中国人在浩渺太空中的"千里眼"，在 50 万米的太空，它可将这颗我们赖以生存的蓝色星球的美景尽收眼底。如果说光学遥感卫星是太空中的"千里眼"，那 97 毫米厚的微晶玻璃反射镜就是"千里眼"的"眼角膜"。小小的一片反射镜，不仅可以让卫星在遥远太空清晰地俯瞰大地，还给不同的行业带来了发展的便捷。

在传统产业增长趋缓的背景下，长光卫星的崛起绝非偶然。其技术基因可追溯至 1952 年成立的中科院长春光机所。

这家曾研制"神舟""天宫"光学载荷的国家队，在 2014 年敏锐捕捉到商业航天的巨大市场潜力。通过混合所有制改革的形式，科研人员带着价值 4.7 亿元的 136 项专利进入市场，开启了它的商业化之旅。

随后，长光卫星在一系列核心技术上的突破令人瞩目：

——空间分辨率达 0.5 米的光学镜头，它的重量相对传统设计减

2023 年 6 月 15 日 13 时 30 分，太原卫星发射中心长征二号丁运载火箭，将吉林一号高分 06A 星等 41 颗卫星成功发射升空

轻了 40%，成本则降低了 50%；

——自主研发的 CMOS（互补金属氧化物半导体）图像传感器实现进口替代；

——智能卫星平台实现"太空自拍"功能。

种种创新，使一颗卫星的制造成本从过去的 8 亿元骤降至 800 万元，量产速度提升 10 倍。2023 年，"吉林一号"全国遥感卫星影像正式对外开放。从城市到山脉，从大海到沙漠，从一片农田的长势到全球范围洪涝、地震等自然灾害监测，地球每一寸脉络都以前所未有的清晰度展现在人们面前。"吉林一号"先后为 170 多个国家和地区的上千家机构提供高质量的遥感信息服务，创造了航天领域

中科院长春光机所

中国科学院长春光学精密机械与物理研究所是新中国设立的第一个光学专业研究机构，在奠基光学事业、服务国家需求、培养高级人才和促进光学发展等方面做出了突出贡献，被誉为"新中国光学的摇篮"。28 位在所工作或学习的科研人员当选为两院院士，涌现出"两弹一星"元勋王大珩、"知识分子的优秀代表"蒋筑英等英模人物。

的"长春奇迹"。

在长春北湖科技开发区，"星工厂"全自动生产线每 17 分钟下线 1 个卫星部件。这种革命性制造模式带动了东北精密制造全面升级：

——哈工大机器人集团研发卫星装配机械臂；

——沈阳新松机器人自动化股份有限公司提供智能物流系统；

——中科院长春光机所突破碳化硅反射镜制造技术。

目前，吉林省已聚集 47 家航天配套企业，形成从研发到应用的完整产业链。

商业模式的创新更具颠覆性。通过"遥感 +AI"技术，"吉林一号"每天处理超 2PB 数据，为农业保险提供精准承保方案，为电力巡检节省 60% 成本。在松嫩平原，卫星监测使化肥使用量减少 20%；在长白山林区，卫星监测使火情预警响应时间缩短至 15 分钟。

这种"天眼经济"正重塑东北产业形态。无疑，长光卫星的实践验证了东北振兴的新路径——2023 年企业营收突破 23 亿元，带动吉林省空天信息产业规模达 87 亿元，吸引 3000 余名高科技人才回流。更重要的是，它证明了传统工业基地完全能培育尖端科技——利用原有装备制造基础，通过数字化转型实现涅槃重生，鹤舞九天。

2024 年，商业航天首次被纳入《政府工作报告》，成为新的经济增长引擎。从此，商业卫星进入了快速发展阶段。

KM4000 空间环境模拟实验设备

[大家话东北]

以前咱们国家造卫星，一个卫星几个亿就算便宜的了，那么我们现在生产模式包括科研，包括我们整个运营模式都在改变，这样就大幅度降低了卫星的成本，卫星便宜了，你的数据就便宜，然后你的数据便宜了，你的应用场景就会特别多。下游企业发展得非常快，现在也 400 多家了，而且这个数据还在迅速增多。所以，在各个行业都很快获得一个应用，这个应用的展开速度是非常快的，这些新的应用，反过来又对行业自身的发展，起到了一个倍增器的作用。

贾宏光

长光卫星技术股份有限公司党委书记

扫码观看
大家话东北

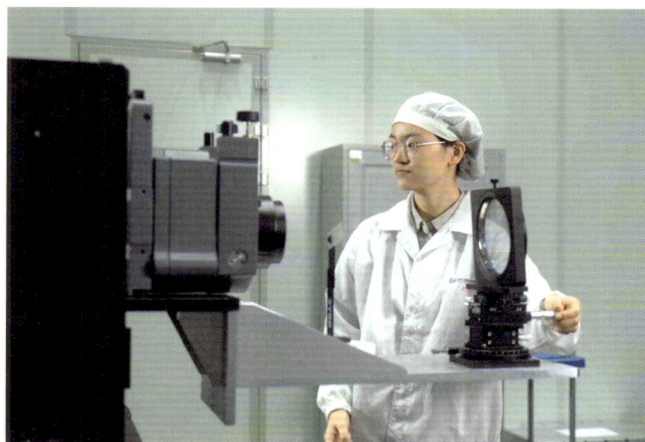

长光卫星工作人员有序开展工作

从 1970 年"东方红一号"卫星升空开创中国航天史新纪元，到如今卫星深入百姓美好生活，中国商业航天"千帆竞发"赋能千行百业新发展的背后，离不开一次次技术的飞跃和合作模式的创新协同。

这种创新范式正在产生裂变效应：

——沈阳布局商业火箭基地；

——哈尔滨建立卫星数据应用中心；

——长春谋划建设"航天城"。

东北三省围绕"星、箭、站、用"的产业协同，使该地区商业航天产业发展增速连续 3 年超 40%，成为全国空天信息产业的第四极。

当"吉林一号"星座完成全部 138 颗卫星组网时，在地球上的任意一点都可实现 10 分钟重访。这双俯瞰地球的"天眼"，不仅凝视着东北黑土地上的春种秋收，更见证着这片老工业基地如何借助新质生产力实现华丽蜕变。从星工厂飞出的金凤凰，正照看着东北振兴进入星辰大海的新征程。

[大家话东北]

习近平总书记提出发展新质生产力，要求在科技创新上，在科技创新和产业的融合上，要争取抢占更高的制高点。东北拥有一批领先的高端制造企业，比如在机器人、商业航天、高端医疗设备领域都具有国际竞争力的独角兽企业。此外，东北的科研基础也很扎实，关键在于如何把这些资源要素真正地整合起来，让技术创新真正转化为产业竞争力。

张占斌

中共中央党校（国家行政学院）

中国式现代化研究中心主任

扫码观看
大家话东北

地壳一号：
深入钻探东北振兴密码

孙友宏

中国工程院院士。担任国务院学位委员会学科评议组成员，自然资源部科技咨询委员会委员，第八届教育部科技技术委员会地学与资源学部副主任，教育部高校地质类专业教学指导委员会副主任委员，中国地质学会副理事长，中国高等教育学会资源能源教育分会理事长。

长期致力于深地、深海、极地和国家潜在油气资源等领域研究，主持研发南极冰下湖钻进采样与观测系统等。

在长光卫星的"吉林一号"进入浩渺太空展现大东北雄姿的时候，来自吉林大学的"地壳一号"也在尽情地向地下潜行，探寻大地深处的奥妙。

在科技飞速发展的今天，人类探索自然的脚步从未停歇。"上天、入地、下海、登极"，这四大壮举见证着人类对自然的好奇与挑战。其中，以陆地科学钻探为主的"入地"工程，就像一把神秘的钥匙，用以打开地球深部奥秘的大门。而吉林大学研发的"地壳一号"，正是这把钥匙的关键所在。

这台相当于钻透珠穆朗玛峰的万米大陆科学钻机，不仅创造了陆相沉积盆地钻探深度的新纪录，更以硬核科技为东北老工业基地的新质生产力发展注入澎湃动能。

回溯历史，"地壳一号"的诞生，源自东北对未来振兴的突围渴望。作为我国最重要的能源基地之一，东北地区常规油气资源日渐枯竭，而深部地热、干热岩等新能源开发却受制于勘探技术。

2009 年，国家为满足地球深部探测工程的重大需求，启动了"深部探测技术与实验研究专项"。吉林大学勇挑重担，承担起了这项被国际同行评价为"地狱级难度"的重大项目。

彼时，团队面临着诸多挑战，几乎是从零起步。在时任吉林大学副校长孙友宏院士的带领下，组建了强大的攻关团队，已故地球物理学家、吉林大学地球探测科学与技术学院教授黄大年在这项工程中担任第九项目"深部探测关键仪器装备研制与实验"的负责人。为了攻克难关，整个团队齐心协力，踏上了漫长而艰辛的研发之路。

经过 4 年多坚持不懈的技术攻关，2013 年，团队联合四川宏华

双钻头仿生自平衡钻进系统的总装试验

石油设备有限公司，成功研制出我国首台万米大陆科学钻探专用装备"地壳一号"万米钻机。这一成果，填补了我国在深部大陆科学钻探装备领域的空白，让中国成为世界第三个具备万米大陆科学钻探能力的国家。

"地壳一号"钻机高 60 米，占地 1 万多平方米，钻进能力可达 1 万米纵深，犹如一个钢铁巨人，屹立在科研的前沿阵地。2018 年 6 月，它在松辽盆地完成"首秀"，以完钻井深 7018 米创亚洲国家大陆科学钻井新纪录。此后，从 2019 年 5 月起，"地壳一号"又在新疆塔里木盆地持续发力，先后完成 6 口完钻井深超 8000 米和 1 口完钻井深超 9000 米的油气钻井工程，成绩斐然。

如今，虽然黄大年教授已经故去，但吉林大学"地壳一号"攻关团队并没有因悲伤而停止前行的脚步。他们不断探索创新，研发出异向回转的双钻头仿生自平衡钻具。这种钻进技术不依赖钻机和钻杆就能顺利进行钻进，能够保证钻井质量并减少能量损失，尤其是在深部钻探中效果更加明显。

吉林大学教授高科，曾全程参与"地壳一号"万米钻机研发及其在"松科 2 井"的应用，在他看来，如果把地球比成一个鸡蛋，目前我们连"鸡蛋壳"都没打破，人类对于深地的探索还有无限空间。研发颠覆性的钻探技术与装备是高科和团队"钻"研到底的任务。

科学，不只有冷冰冰的实验数据，科学家也并不是刻板的代名词，他们往往是最关注自然现象的一群人。无论是植物生长或是动物行为，都是高科探索未知领域、发现新原理的最佳途径。

双钻头仿生自平衡钻进系统的研发灵感，就是来自自然界中的毛毛虫和鼹鼠等动物的行为启发。高科和团队将自然界生物的特点，应用于技术的革新。

“地壳一号”团队不仅打造了一台钻机，更催生出“遁地经济”的生态系统。如今，由吉林大学牵头成立的深地科学与工程研究院，汇聚中国科学院、中国地质调查局等 18 家单位，建成全球首个深部地质信息共享平台。

深地科技更重塑了东北人才引力场。2023 年，吉林省地质类高层次人才净流入量首次转正，长春地质宫周边崛起 12 个科创孵化器，吸引 127 个科创团队入驻。

从地表向地心，从制造到智造，“地壳一号”钻透的不仅是岩层，更是一度制约东北振兴的困局。它证明：黑土地之上不仅能收获粮食和生态，更能孕育深地科技；老工业基地不仅能焕新传统产业，更能在向地球深部进军中培育新质生产力。当钻头持续向地心挺进，一场以深地科技为引擎的大东北振兴浪潮，正在掀起一场新质生产力发展的激情叙事。

吉林省委书记黄强在接受《大东北》摄制组采访时表示：

习近平总书记始终牵挂着东北振兴发展，党的十八大以来三次视察吉林，赋予我们新担当、新突破、新作为的重大责任使命。在新的征程上，我们正在加快吉林现代化产业体系的构建，因地制宜发展新质生产力，我们始终坚持新发展理念这个“指挥棒”“红绿灯”，努力走出一条高质量发展的新路。

长春地质宫

位于长春市“八大部”建筑中心区——新民大街北端，是闻名中外的宫殿式建筑，具有雄伟的建筑造型及传奇的历史色彩。民国二十三年（1934），地质宫所在地被伪满洲国规划为“宫内府用地”，包括楼前的“顺天广场”及北面的“宫廷花园”，占地 52 万平方米。

该建筑于民国二十九年（1940）开工，民国三十一年（1942）停工，当时仅浇筑了地下室与部分正面门柱的混凝土。1952 年新中国在旧址上建成了长春地质学院教学楼，故名地质宫，时任中国科学院院长郭沫若曾为地质宫题字。如今，地质宫已成为长春市标志性建筑。1954 年，吉林大学地质博物馆迁入修建完成的地质宫。

观天听海，
开创东北新赛道

[大家话东北]

这个平台我们相当于是构建环境来设计仪器，来搞算法，但真正地来支撑，比如无论是材料、生命，包括一些重要的生物体的磁信息，相关领域的科学家，拿到了这些信息之后，是非常有可能推动这个领域发展的。

我们这个脑磁仪是非常有特点的，它不再像传统的脑磁仪、核磁CT不得不用人去配合设备，我们做了一个非常有趣的实验，在这里任意角度、任意姿态行走的时候，我们同样能采集到声音刺激带来的枕叶的脑神经元的信号的一个释放，我们相信将会带来一种新的脑科学、脑磁捕捉的实验范式。

潘东华
哈尔滨工业大学空间环境
与物质科学研究院磁环境与磁信息
研究室主任

扫码观看
大家话东北

当辽宁、吉林通过各自的黑科技在新质生产的宏图上画出美丽的画卷，黑龙江省的科学家们也在他们独特的赛道上奋勇向前。

2023年9月，习近平总书记在黑龙江考察时指出，整合科技创新资源，引领发展战略性新兴产业和未来产业，加快形成新质生产力。

黑龙江这个科研、教育大省，正在加速科创引擎，向"新"而进。

在哈尔滨工业大学校区的各楼宇中，分布着真空、高低温、带电粒子、电磁辐射、空间粉尘等九大类空间环境因素的模拟装置，它们共同组成了中国首个航天领域大科学装置，被称为"地面空间站"。

过去很多需要抵达太空才能进行的实验，今天在地面上就能完成。

在空间磁环境科学装置实验室，一场场脑磁实验有序进行。在特定零磁环境下，科研人员通过一次次的磁传感和磁探测领域的实验，获取了更多精准且有价值的测量数据。超高灵敏磁场测量，正

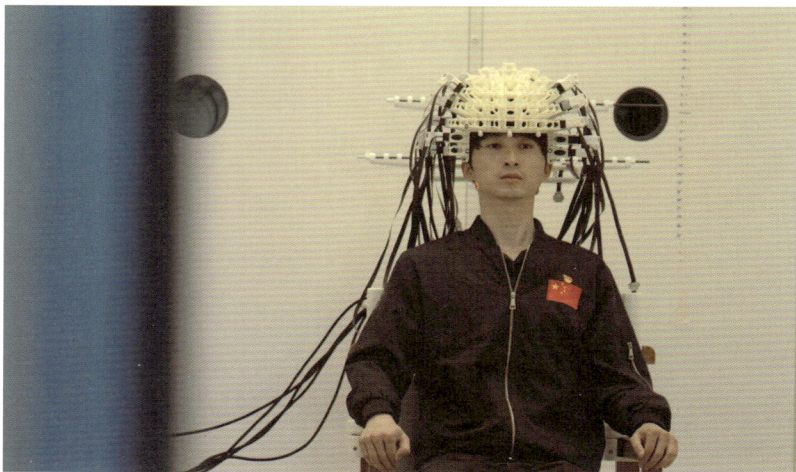

脑磁实验中的科研人员

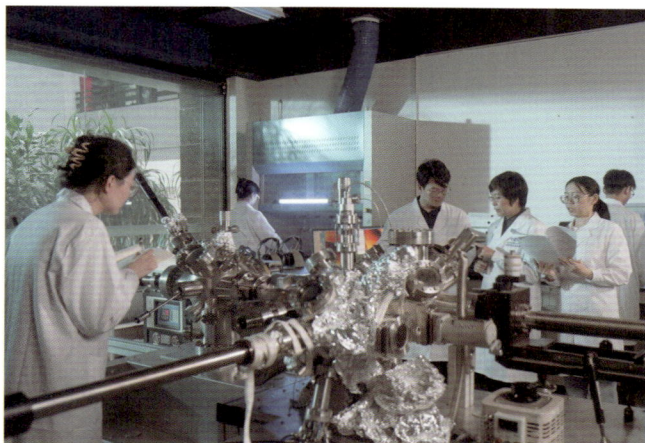
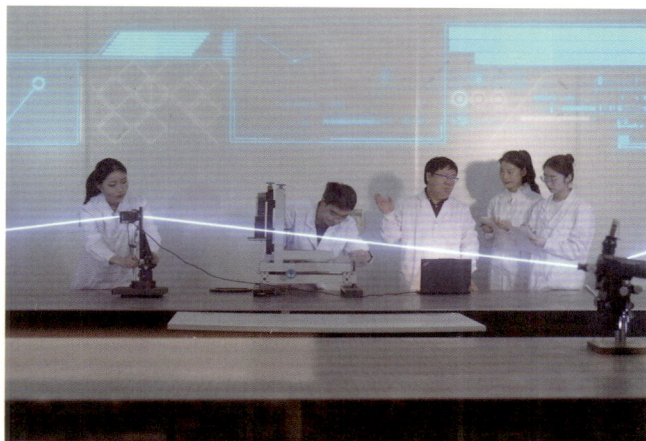

哈尔滨工业大学"地面空间站"科研场景

在成为科学家获取新实验数据、发现新科学规律的新工具。

太空探索不再遥远，科研正转化为现实应用。"地面空间站"的溢出效应已经显现，截至目前，数百家机构参与合作，累计获得国际和国内发明专利120多项。在新一轮科技变革驱动下，新材料、生命健康、高端仪器、辐射育种等新兴产业快速生长。

从火箭设计到"神舟"飞天，从"天宫"对接到探月工程，70多年来，哈工大"立足航天、服务国防"，伴随着中国航天事业的发展，在浩渺无垠的苍穹，镌刻下中华民族的时代印记。

可上"九天揽月"，也可下"五洋捉鳖"。

在这座城市的另一头，一群年轻的哈尔滨工程大学学者们正在为挺进深蓝扬帆。这个曾荣获第28届"中国青年五四奖章"的团队，平均年龄只有35岁。他们的任务就是"为国听海"。

多年来，哈尔滨工程大学水声通信与定位技术创新团队，采用自主研发的一系列水声领域"拳头"设备，多次赴极地开展冰下噪声场、声传播特性、冰下水声通信等方面的研究。他们通过一次次的实验，勇闯我国乃至世界水声领域的"无人区"。

如今，哈尔滨工程大学水声学院的青年教师刘洪卫，正和他的团队一起根据极地的实验情况和数据，对水声通信设备的功能进行优化。

哈尔滨工程大学
水声通信与定位技术创新团队

身在北方，向海而行，破冰探极，他们将哈军工精神镌刻在300万平方公里蓝色海洋，奋力打造"海洋新质生产力 + 水下新质战斗力"科研双翼，用声波铸就水下国门利器，用育人点亮海洋强国梦想。

——第28届中国青年五四奖章颁奖仪式

"奋斗者"号

　　"奋斗者"号是中国研发的万米
载人潜水器，于 2016 年立项，由以
"蛟龙"号、"深海勇士"号载人潜水
器的研发力量为主的科研团队承担。
2020 年 6 月 19 日，中国万米载人潜
水器正式命名为"奋斗者"号。

哈尔滨工程大学水声学院科研场景

[大家话东北]

党的十八大，就提出了建设海洋强国这么一个目标。做大做强海洋技术与装备，也是建设海洋强国的一个必由之路。那么海洋探索的过程中，就要依托各种技术的创新和装备的创新，探索的这个过程，其实也是我们技术的发展、装备发展、更新迭代的这么一个过程，这也是促进我们新质生产力的一个发展。

韩笑

哈尔滨工程大学科学技术协会秘书处
副秘书长、教授

扫码观看
大家话东北

他们通过大量珍贵的冰下声学数据，解决了极地冰下稳健水声通信和跨冰层介质通信难题，从而让我国的深海装备可以"耳聪目明"，精准定位水下目标，为"奋斗者"号、"蛟龙"号等国之重器，提供可靠的水下通信与定位技术保障。

哈尔滨工程大学源自新中国第一所综合性高等军事工程技术院校哈军工，为我国的船舶工业、海军装备、海洋开发、核能应用领域奠定了坚实的国防科技基础。从研制世界第一艘海上长航气垫船到中国第一艘试验潜艇，从为"深海勇士"号到"奋斗者"号的精准定位，哈工程有力撑起中国海洋装备研制领域的"半壁江山"。

黑龙江省委书记许勤在接受《大东北》摄制组的采访时表示：

我们坚持以体制机制创新激发新活力，健全因地制宜发展新质生产力体制机制，加快推进科技成果就地转化，发挥科技创新的增量器作用，实施一批关键核心技术攻关项目，形成一批原创性、颠覆性科技创新成果，为发展新质生产力提供创新源头供给。

青春点燃家国激情，家国激情映照青春身影。一代代人接续奋斗，在大东北这片从不乏创造热情的沃土，星辰大海已触手可及。

生物制药：
诠释东北振兴新密码

助力健康中国，服务大国民生。

作为新质生产力的重要领域，生物技术的创新正在为我国生物医药行业的发展不断拓展新的潜能。

在长春高新区北区，金赛药业亚洲最大的重组人生长激素生产基地里，直径 3 米的生物反应器昼夜不息地运转。这里每毫升培养液中包含的 500 万个 CHO 细胞，正以纳米级的精度合成蛋白质药物。这个曾让跨国药企垄断 20 年的技术，被金赛药业用独创的蛋白质结构稳定技术所打破，从而使药物活性保持率从 72% 提升至 98%。

金赛药业的科学家们正通过创新，优化药物进入人体后的反应速度。而这些实验数据会为 AI 不断丰富数据库，进而大大缩短药物研发上市的周期。

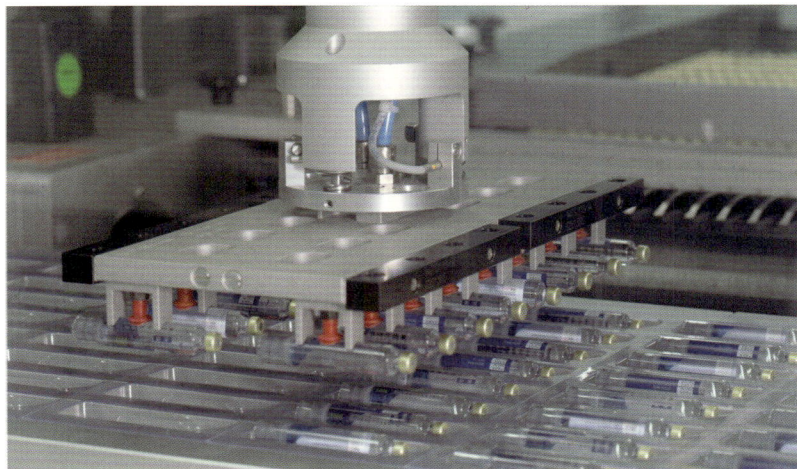

金赛药业药物生产

金赛药业工作人员进行药物实验

[大家话东北]

重工业其实包括制造业，很多还是这个国家的脊梁，从这个产业来说，东北一直是在国内领先的，但这个领先又不仅限于传统的大家说的制造业，其实也包括生物制药这个行业，医疗的创新可能是一个最大的驱动力，就是第一个它持续有新的需求，第二它不断地要有新的技术，它就会不断带动新的产业和配套产业出来，是驱动国家的整个经济发展，包括区域经济发展最强的一个动力。

金磊
长春高新集团总经理
金赛药业创始人、
总经理兼首席科学家

扫码观看
大家话东北

当数字技术与生物制药技术完美对接，会实现对一个产业生态的重塑。长春高新搭建的智慧医疗平台，连接东北地区 287 家医院，通过 AI 辅助诊断系统使生长障碍患儿确诊时间从 3 个月缩短至 7 天。在哈尔滨建立的生物样本库，存储着 200 万份东北人群基因数据，为新药研发提供"数字药田"。

从研发到生产，从渠道到销售，生物医药产业的新质生产力应用无处不在，推动着整个行业向更高效、更智能的方向发展。

今天，长春已建成亚洲最大的疫苗和细胞因子产品生产基地。生物医药领域科技创新成果的不断涌现，为我国从"医药生产大国"向"医药强国"迈进注入了强劲动能。

长春高新系的崛起，正在东北黑土地上培育出"生物经济森林"。投资 45 亿元建设的吉林省医疗器械创新产业园，已吸引强生、西门子医疗等 23 家跨国企业设立研发中心；长春新区规划的基因治疗中试基地，诞生了全球首个鹿茸干细胞治疗骨损伤药物；通化医药城借势转型，打造出人参皂苷生物合成全产业链。

这种"龙头 + 集群"模式，使东北生物医药产业规模飞速增长。

而人才的流动轨迹更折射出生物制药产业的吸引力。曾经孔雀东南飞的东北学子，如今在长春生物医药企业拿到对标深圳的薪资。2023 年，长春生物医药领域高端人才净流入量首超流出量，这个曾因为人口流失而担忧的城市，正变身为"生物人才强磁场"。

长春高新与金赛药业的故事，诠释着东北振兴的另一种抒情：在中车长客、中国一汽的钢铁洪流里，这片当年曾经被贴上重工业标签的黑土地，正在生物医药的分子世界里，书写着关于新质生产力的传奇。

通过对东北"向新而行"的梳理，我们会惊讶地发现，如今的大东北正经历着一场静默而深刻的生产力革命。

从长光卫星的镜片俯瞰大地，到瓦房店的轴承转动大国重器；从金赛药业的生物制药解码，到"地壳一号"向地球深处的探秘；从新松机器人和东软医疗的精密仪器，到哈尔滨"观天听海"的惊天动地……这片承载着共和国工业记忆的土地，正以新质生产力为密钥，破解"东北现象"的世纪命题，书写着老工业基地向全球价值链高端攀升的新史记。

新质生产力在东北的勃发，绝非简单的技术迭代，而是一场系统性的生产力要素重构。它巧妙地重组了装备制造、原材料、能源等传统产业集群的系统优势，在空天信息、生物医药、精密制造、绿色能源等赛道催生出东北高质量发展的聚变效应。

东北新质生产力的崛起不仅是维护"五大安全"的压舱石，更是构建新发展格局的战略布局。当新兴的产业革命与传统的钢铁火苗交相辉映，一个更具韧性、更富活力的新东北，正以新质生产力为引擎，制定着大东北高质量发展的立体坐标系。

历史再次赋予了大东北扛鼎的重任。

随着"向北开放"战略构想的实施和推进，

一个崭新的东北亚贸易逻辑正在构建和书写。

到大东北去；那是一方广袤的黑土，

更是一片充满希望的热土。

当世界新经济浪潮在文明的冲突和碰撞中校准航向，

大东北，正迎来它再度的热辣滚烫。

俯瞰广袤富饶的东北平原

希望热土

海天交响：
大连港的属性与张力

凌晨5点，天蒙蒙亮，大连港引航站副站长薄锋就爬上绳梯，给一艘即将靠港的集装箱货轮引航，以便让它尽早停靠大连码头。

由于涌浪和大雾，这艘万吨巨轮已经连续两天无法靠岸了。

凌晨的渤海水流十分强劲，薄锋凭借多年的大型船舶引航经验，果断指挥着货轮不断调整入港角度，并利用船舶的惯性以及流压的作用力，使它终于在靠泊窗口期的最后时刻平稳靠岸。

在确认货轮最终平稳靠泊后，薄锋长舒了一口气："看到我们这儿的货物，一件件从船上运到岸上，从岸上顺利地装到船上，我们内心无比自豪和欣慰。"

千百年来，这片海域见证了东北亚海上丝绸之路的通达与兴旺，它与陆地上的东北亚商贸文明走廊一起，诉说着当年古丝绸之路的熙攘与繁华。

今天，作为我国向北开放的新高地，大连港正在以港口为依托，构建东北亚开放合作的新叙事，让我们重新定义一座港口的战略坐标和贸易张力——

大连港，这座于1899年开埠的东方良港，在"一带一路"倡议10周年的节点上，吞吐量已经突破3.15亿吨，集装箱量稳居东北亚前列。

大连港

大连港地处辽东半岛最南端，背倚东三省，辐射东北亚，位于环渤海经济圈和东北亚经济区的中心地带，是东北地区走向世界的重要海上门户。主要包括大窑湾、大连湾、大港、长兴岛、旅顺等五大港区，拥有世界领先的45万吨级原油泊位、40万吨级矿石泊位、20万吨级集装箱泊位、7万吨级汽车滚装泊位，是国内经营货种最齐全的综合性港口之一。大连港航线网络通达，基本覆盖全球主要航区，其中日韩航线网络密度居国内沿海港口前列。

辽港集团大连汽车码头

这不是简单的数字叠加，在某种程度上，它就像一个全球经济地理重构的隐喻——在陆海文明的千年对话中，在世界局势因不同文明的冲突与对垒而加速演进中，在今天全球供应链格式化重写程序的变局中，大连港将以怎样的姿态重新讲述21世纪海上丝绸之路的东方故事？

大连港的百年沉浮，浓缩着东北命运的跌宕起伏。从沙俄、日本租借时期的"达里尼港""关东州"，到新中国自力更生的万吨轮建造，直至2003年外资控股引发的"港口保卫战"。这些旧日的历史切片，是对一座港口的伤叹和寄托。

如今，乘着"一带一路"建设和东北全面振兴的浩荡东风，这座饱经沧桑的港口在新时代完成了革命性的跃迁。

大窑湾自动化码头实现"5G+北斗"的全域覆盖，无人集卡与智能理

大连港大窑湾港区自动化码头

货系统使港口装卸作业效率提升 26%。

北极航线的开通和常态化运营，使大连至欧洲海运距离缩短 7800 公里，冰级船靠泊量占全国的 38%。

全国首个"港区＋自贸区＋综合保税区"三区政策叠加，启运港退税政策惠及东北三省 70% 的外贸企业。

这种嬗变，使大连港从"东北出海口"进化为全球供应链的一极。2023 年，经大连港中转的日韩汽车零部件占全国进口量的 45%，俄罗斯钾肥进口量满足东北春耕需求的 82%，这种"超级接口"功能，正改写着海洋运输的传统叙事话语。

在大东北能源安全和粮食安全的战略定位中，大连港的价值尤显突出。

大连港长兴岛港区 30 万吨级原油码头年接卸能力达 8000 万吨，俄罗斯 ESPO 原油与中东液化天然气在此交汇，形成国家能源安全的"双循环稳压器"。

东北粮食"铁海联运"大通道，使得它的年粮食运输量突破 2000 万吨。这相当于 40 亿人口 10 天的口粮，在世界部分地区因不断冲突引发粮荒时，它在一定程度上保障了粮食的战略储备。

站在东北振兴和"向北开放"的端口，大连港的价值意义和战略地位更值得畅想。

如果站在当地的电视塔上俯瞰大连港，进进出出的万吨巨轮在阳光下劈波斩浪，恰似大连港在历史深处流转的曲线。从"以港兴市"到"以港兴国"，从"东北之港"到"世界之港"，大连港的进化史正是大东北发展史的海洋注解——当北斗系统为远洋货轮指引航向，这座港口正在书写新的历史哲学——潮起东北，这里激荡的不只是渤海湾的浪涛，更是人类命运共同体的深蓝交响。

吉林珲春：
撬动东北亚经济的地理支点

"雁鸣闻三国，虎啸惊三疆"，地处中、朝、俄三国交界地带的吉林珲春，曾是东北亚海上丝绸之路的重要节点。

今天，这里依然是东北亚地区重要的贸易枢纽。

珲春的特殊性在于其独特的"三疆"区位：东接俄罗斯哈桑经济特区，南临朝鲜罗先经济贸易区，西通中国东北腹地。这种"三国交境"的地理特征，使其成为连接东北亚六大经济体的天然枢纽。

据联合国亚太经社理事会的测算显示：以珲春为圆心，500公里半径内可覆盖日、韩主要港口，800公里半径内可覆盖俄罗斯远东主要城市，形成独特的珲春经济圈。

在珲春国际合作示范区水产工业园区内，一位帝王蟹批发商店主正忙着指挥员工打包、充氧、发货。

东北亚跨境电商产业园是珲春发展跨境电商的重要载体

一眼望三国

　　防川风景名胜区位于吉林省延边朝鲜族自治州的珲春市东南部，天气晴朗时，站在瞭望塔上向俄罗斯方向眺望，可见浩瀚的日本海和深入陆地的日本海小海湾及海岸线。左边是俄罗斯的山川，右边是图们江和朝鲜，因而有"一眼看三疆山川风貌，双耳听三国鸡鸣狗吠"的美誉。

货车在珲春口岸有序通关

　　这些帝王蟹从俄罗斯远东的深海被捕捞上船，经过快速通关检验，仅需一天就能进入中国市场。每天清晨，珲春口岸的海关检疫人员都要对进口过来的水产品进行严格的检验、检疫。他们要确保这些水产品能够以最新鲜、安全的状态进入中国市场。

　　在陆海联运体系的构建中，珲春展现出惊人的潜力。中欧班列"珲春—马哈林诺"线路的常态化运营，将东北地区与欧洲的陆路运输时间缩短至12天。同时，在借港出海战略的推动下，珲春经扎鲁比诺港至日本新潟的航线，使东北地区货物出海距离缩短800公里。这种"陆海双栖"的运输模式，正在改写东北亚物流版图。

　　2022年，珲春综合保税区跨境电商进出口额突破30亿元，对俄贸易额年均增长17.8%，展现出强劲的外向型经济活力。

　　这种增长不是简单的规模扩张，而是基于制度创新的质变：以向北开放为发端，中俄"单一窗口"互联互通、跨境人民币结算试点、海关监管模式创新等改革举措，正在重塑珲春边境贸易产业链的新生态——

　　依托俄罗斯水产资源的水产品加工园年产值超50亿元，利用朝俄劳动力的服装产业园出口额突破10亿美元，配套的冷链物流、跨境金融等现代服务业同步崛起。这种产业链的垂直整合，有效破解了边境地区"通道经济"的困局。

大东北

在东北亚商贸秩序的重构中，珲春的战略价值持续提升。随着北极航道商业化进程加速，珲春—扎鲁比诺港有望成为"冰上丝绸之路"关键节点；而《区域全面经济伙伴关系协定》（RCEP）框架下的贸易规则创新，则为中、日、韩、俄、朝、蒙六国合作提供制度接口。这种战略机遇的叠加，使珲春从边缘走向区域合作中心。

珲春口岸的发展，也为文化交流架起了桥梁。不同国家的商人、游客汇聚于此，带来各自的文化。俄罗斯的油画、朝鲜的歌舞、日本的动漫，与中国东北的民俗文化相互交融。

走在珲春街头，既能看到中式的飞檐斗拱，也能看到俄式的尖顶建筑，还能听到不同语言的交谈声，仿佛置身于一个多元文化的大观园。这种文化交流，不仅丰富了人们的精神生活，也为经济合作奠定了更坚实的基础。

站在东北振兴的角度审视珲春，它所具有的战略意义已远远超越地理空间的范畴。这座边城如同中国古建筑的榫卯结构，紧密地将东北振兴与东北亚经济整合两大战略要素结合到一起——当"珲春模式"持续发挥效力，我们所看到的未来，不仅是大东北物流商贸的地域性突围，更是对东北亚经济圈的重新建构。

[亲历者说]

如果正常情况下，我们一车货也就是 5—10 分钟，就可以查验完毕，在提升通关效率方面，我们开辟了绿色通道，同时实施的是 7×24 小时的预约，这样我们就能做到帝王蟹的即到、即检、即放，大大提高了通关效率。

冯慧静
珲春海关工作人员

扫码观看
亲历者说

绥芬河：
东北亚十字路口的复兴密码

　　沿着东北边境线东线继续向北，当到达牡丹江绥芬河口岸时，我们看到的则是另一番风景：

　　绥芬河市雄飞经贸有限责任公司董事长丁晓生正在和几位来自俄罗斯的二手车买家谈生意，作为绥芬河的老外贸人，最近他把目光锁定在了二手车和汽车配件市场。趁着谈生意的间歇，他介绍说："他们（俄罗斯商人）到中国一看，我们的车还是比较便宜的，他们相中以后就开始订货。订完货后，我们根据贸易协议（《区域全面经济伙伴关系协定》），他们就在海参崴（符拉迪沃斯托克），或者乌苏里斯克（双城子）等着就行了。"

　　在这当口，俄罗斯二手车买家伊万走过来说："你们这里的许多车是真皮内饰，俄罗斯人很喜欢，还有座椅加热，因为我们那里冬天很冷。这里用旅游签证，不需要长期签证，可以马上过来，非常方便。"

　　今天绥芬河口岸通关便利、运输高效的二手车外贸生意，是几代海关人、铁路人付出努力的成果——

　　绥芬河地处东北亚经济圈几何中心，距俄罗斯符拉迪沃斯托克自由港（海参崴）210公里，与日本海直线距离仅50公里。这个因中东铁路而兴的"火车拉来的城市"，在"一带一路"框架下成为东北亚经济走廊的关键节点：向东经俄罗斯东方港联通日、韩，向北延伸至北极航道，向西衔接中欧班列网络，向南辐射东北腹地。这种四向辐射的区位优势，使其被定位为东北亚区域性国际贸易中心。

　　2023年，绥芬河口岸创新实施"铁路口岸＋综合保税区＋跨境电商综试区"三区联动模式，对俄非油贸易额占黑龙江省总额的39%。随着中俄"滨海1号"国际运输走廊提质升级，货物经绥芬河至黑龙江内河港口的运输时效缩短30%，构建起"铁水联运"新通道。这种空间重构，让绥芬河从边境通道升级为东北亚资源配置枢纽。

在向北开放战略的指引下，绥芬河率先开展 34 项国家级改革试点：全国首创"俄车直通"跨境运输模式，俄罗斯货车可直达牡丹江内陆港；建立中俄海关绿色通道，农产品通关时间压缩至 15 分钟；搭建对俄本币结算平台，人民币跨境结算占比提升至 58%。这些制度突破，使其成为沿边开放型经济新体制的"试验田"。

绥芬河数字口岸建设尤为亮眼。它通过智慧边检系统，出入境车辆实现"无感通关"。同时，跨境区块链平台可实现中俄物流数据实时共享，由此建立的数字孪生技术则构建起口岸运行的"超脑系统"。

仅以 2023 年为例，绥芬河跨境电商综试区交易额就突破 50 亿元，俄罗斯消费者通过"绥易购"平台购买中国商品时效缩短至 5 天，创造了"数字丝路"的新速度。

在 24 小时不打烊的国际联运大厅里，铁路、海关手续一站办齐。联运大楼外，集装箱换装库，换装实现机械化操作，通行效率大大提升。

中欧班列从沈阳集结中心北上，经绥芬河口岸出境，将产自东北地区以及长三角、珠三角等地的一批批"中国制造"运往欧洲。

与此同时，中欧班列从绥芬河入境南下，将从俄罗斯带回的木材、有色金属等，以及中国北方的粮食、煤炭等，再经由沈阳集结中心重新编组，源源不断运往韩国、日本和中国南方地区。这条陆海大动脉，在不知不觉中将中国与世界紧紧连接在一起。

这座口岸的进化史，也正是东北振兴进化论的真实写照。

当"钢铁驼队"与"数字丝路"在此交汇，当传统边贸升级为制度型开放，绥芬河不仅是中国向北开放的战略支点，更成为新时代内陆边境城市转型的样本。

[大家话东北]

向北开放，是向东北亚开放。俄罗斯是东北亚地区的一个大国，这无疑是个重点。还有日本，还有韩国，而且这俩是发达国家，发达工业国，它们跟我们中国的贸易和交往很密切。

常修泽
中国宏观经济研究院教授、
博士生导师

扫码观看
大家话东北

绥芬河铁路口岸

    黑龙江省绥芬河市地处东北亚经济圈中心地带，是我国中欧班列"东通道"重要的通行口岸。随着"一带一路"建设不断深入，经绥芬河铁路口岸开行的中欧班列数量稳步增长，出入境货物品类持续增加。绥芬河铁路、海关等部门发挥联动作用，充分利用数字口岸系统，缩短货物入站、换装、运输等环节用时，提升班列通关和运输效率。

黑河大桥：
解码国际贸易新棋局

[大家话东北]

黑河公路口岸开通之后，彻底解决了我们口岸四季通关的问题。目前每天进出境车辆是在 200 台左右，最高峰时可达到 300 台。

郝连江
黑河市口岸服务中心主任

扫码观看
大家话东北

横跨在黑龙江之上的中俄黑河—布拉戈维申斯克大桥于 2022 年正式通车，是首座中俄跨境公路桥。这座连接两国的桥梁在"一带一路"的纵深推进中，催生出一种产业重构和商业共生的边境发展范式，为东北振兴提供了可复制的商业生态。

每天，当飘浮在黑龙江水面上的雾气随着太阳的升起慢慢散去，一条横跨黑龙江的巍峨的钢铁大桥也在晨雾里慢慢清晰起来。从黑龙江的这边望过去，目力所及，在阳光的照射下，就能清晰看到江对岸布拉戈维申斯克市（海兰泡）的街道。

随着大桥的开通，两边人民的日子也变得清晰起来。

这对于从小在江边长大的黑龙江省黑河市市民宁琳来说，体会最深："我家就在江边，我所在的学校就在对岸俄罗斯境内的江边，就是隔江相望，站在黑龙江江边，就可以看到对岸学校的房顶。"

宁琳是俄罗斯布拉戈维申斯克国立师范大学主攻教育心理学的研究生。由于家乡黑河与俄罗斯近在咫尺，从小接触俄语和俄罗斯文化，她选择了这条留学之路。

来自俄罗斯布拉戈维申斯克市（海兰泡）的乌桑诺夫·阿瓦兹别克，则与宁琳正好相反。作为一个俄罗斯人，他选择了来中国留学。为了表达对中国武术的喜爱，他还给自己起了一个中文名：李小龙。

就这样，两人在彼此的故乡，通过今天的一座大桥的联结，成了非常要好的朋友。

从俄罗斯到黑河，只需几分钟的车程，这一举措让黑河的人气快速飙升，大批俄罗斯人纷纷前来品尝各种美食。黑河早市成为俄罗斯人的美食天堂。他们不仅被这里的美食吸引，更被这里的中俄

连接中俄两国的黑河—布拉戈维申斯克大桥

文化交流氛围所感染。

黑河大桥的贯通，打破了东北一些沿边地区"有边无贸"的困境，催生了地理空间与商业逻辑的双重变革。通关时效也大大缩短，从而深度激活了"哈尔滨—黑河—俄远东" 3 小时经济圈。

2023 年从俄罗斯进口的农产品，经黑河口岸进口的占总量的 35%，跨境电商包裹日均突破 5 万件，迅猛增加的来往货物也带动了跨境物流的繁荣。顺丰、俄速通等 17 家龙头物流、快递企业在此设立东北亚分拨中心。

黑河跨境电子商务综合试验区吸引了 327 家中小企业入驻，2023 年对俄电商交易额突破 50 亿元，重构了东北传统外贸格局。

中俄首创"一单到底"跨境贸易规则，信用证结算周期从 14 天缩短至 72 小时；区块链溯源系统覆盖 80% 的进口商品，建立了东北首个中俄商业信用互认体系。

中俄共建的智慧农业示范区面积突破 50 万亩，在引入俄罗斯耐寒小麦品种的同时，东北大豆种植北界也向北推进了 200 公里；跨

黑河—布拉戈维申斯克大桥

中国东北的黑河与俄罗斯布拉戈维申斯克（海兰泡）隔黑龙江相望，被称为"中俄双子城"。黑河—布拉戈维申斯克大桥是中俄首座跨黑龙江界河公路大桥，构造为钢混叠合梁矮塔斜拉桥，大桥全长 1284 米、宽 14.5 米，主航道跨径达 147 米。这座大桥的建成和开通，在中国东北地区和俄罗斯远东地区之间开辟出了新的国际运输通道，成为中俄跨境互联互通建设的标志。

黑河片区是中国最北的自由贸易试验区

境农业全产业链形成，俄罗斯非转基因大豆在黑河保税区加工成植物蛋白，出口至欧盟的附加值提升 4 倍。

这场变革恰切地阐释了"枢纽即平台"的商业定律——当物理通道升级为规则通道，边境城市就能从过去的商业边区跃升为商业枢纽。

商贸规则和逻辑的改变，也改变了两边人民的生活方式。如今的黑河，已经变成了一个名副其实的国际都市，不同文化的人们在此构建着新型的生活社区。

生活方式的变化，也增进了外国人对中国传统文化的了解和喜爱，尤其是中医，越来越多的俄罗斯人喜欢上了中医。尤莉娅就是其中的代表，在哈尔滨，她用她的热情和坚持，在这片黑土地上找到了自己的归属感："那时候我来中国学汉语，我就开始学中医，还有中国历史、中国文化，特别感兴趣。喜欢这边，喜欢中国人。"

尤莉娅与中医的缘分，始于她在中国求学时的一次偶然经历。当时的她，因为身体原因不易怀孕，在哈尔滨接触到了中医，经过几个月的调理，她终于如愿以偿，生下了大儿子。这个奇迹般的经历，让她对中医充满了

大东北

感激，也让她萌生了学习中医、开设中医诊所的想法。"我开了一个中医中心，顾客都是俄罗斯人，还有一些外国人，欧洲人、美国人都有。"

尤莉娅的三个儿子都在这里出生、成长，在哈尔滨的这些年里，她不仅收获了事业的成功，更拥有了一个温馨的家庭。

热闹的边境贸易、宜居的城市环境、璀璨的中国文化，让生活在这片土地上的人们，深深地爱上了东北。

黑龙江省委书记许勤表示：

黑龙江是我国对俄开放合作的最前沿和共建"一带一路"的重要节点，在国家对外开放大局中地位特殊、优势明显。发挥人文荟萃优势，深化科技、人文、体育、旅游等领域交流。

我们贯彻落实习近平总书记构筑我国向北开放新高地的重要指示，强化前沿意识、开放意识，深度融入共建"一带一路"，加快建设高水平的开放龙江，更好服务构建新发展格局。

当中俄货车在大桥上交错而过，由北而南，发往各地，货柜里装载的不仅是商品，更是一个个正在重构的生态系统。

在美西方供应链"去中国化"背景下，黑河大桥成为国际贸易战略的破局利器，它的战略价值在于它证明了东北振兴的密码不只有重振工业制造，通过构建商贸也能形成多元的市场生态。

当黑龙江口岸的商业创新通过东北铁路网扩散至中国内陆腹地，这片土地正描绘着新时代边贸文明的崭新画卷。

满洲里：
欧亚大陆桥上的商贸繁华

[大家话东北]

东北地区作为我国面向北方的关键开放门户，在我国联结国内国际双循环的战略布局中，发挥了至关重要的作用。

董万成
国家能源局发展规划司副司长

扫码观看
大家话东北

沿着边境线向西，越过大兴安岭，就来到了内蒙古的满洲里。

当晨曦掠过呼伦贝尔草原，位于中、俄、蒙三国交界的满洲里口岸已是一片轰鸣。这一承担中俄贸易65%的陆路运输量的"东亚之窗"，2023年货物吞吐量突破1800万吨，中欧班列通行量占全国总量的23%，在"一带一路"倡议10周年的历史坐标下，它以"交通枢纽＋产业平台＋制度特区"的复合形态，展现出一个边贸口岸的繁华。

满洲里位于东北振兴战略与西部大开发战略的叠加区，是"中蒙俄经济走廊"与"新亚欧大陆桥"的黄金交会点。这种双重区位优势使其形成独特的辐射网络：

第一，它实现了东西贯通：向东经哈尔滨连接东北老工业基地，向西经二连浩特深入蒙古国腹地，形成横跨2400公里的"东北亚能源大通道"。

第二，它加强了南北联动：向北通过西伯利亚大铁路直抵莫斯科，向南经京哈高速辐射京津冀，构建起纵贯5500公里的"中俄商贸走廊"。

第三，它实现了立体连接："空中丝绸之路"开通至伊尔库茨克、新西伯利亚的货运包机，跨境光缆直连莫斯科数据中心，形成"铁公机＋数字丝路"四维通道。

这种空间重构催生了满洲里的化学反应：2023年经满洲里口岸进出境的中欧班列突破5000列，货值超过

满载着木材的列车由满洲里驶入我国

400亿美元，带动东北三省对俄贸易额同比增长38%。尤其是汽车出口激增，一汽解放重卡、华晨宝马整车经此发往俄罗斯，日均通关汽车超500辆，使满洲里成为"中国制造"北上的重要门户。

满洲里突破"通道经济"桎梏，形成三大价值转化链：

——木材产业集群：依托年进口800万立方米俄罗斯木材优势，建成全国最大樟子松加工基地，培育出联众、友谊等龙头企业，产品附加值提升至原料的5倍。通过"俄罗斯原木—满洲里粗加工—河北精加工—欧洲

雄伟矗立着的满洲里国门

终端市场"产业链，带动东北林业机械制造业产值增长 25%。

——能源战略枢纽：中俄原油管道二线在此增压，年输油量增至 3000 万吨；进口俄罗斯液化天然气满足东北三省 15% 的需求。边境经济合作区建成百万吨级煤炭储运基地，形成"俄煤入境—满洲里分选—吉林热电"的能源保障链。

——冷链物流革命：建成 –60℃超低温冷库群，俄罗斯帝王蟹实现 48 小时从鄂霍次克海到长三角餐桌，带动东北冷链物流装备产业规模突破百亿元。2023 年进口俄罗斯农产品增长 72%，助推黑龙江、吉林现代农业转型升级。

这些产业变革使满洲里从"过货通道"转型为"价值转化器"，近 5 年累计为东北地区创造跨境产业链就业岗位 12 万个，诠释着口岸经济撬动区域振兴的发展哲学。

在"一带一路"倡议指引下，满洲里创造出多项全国首创：

通关：中俄海关"三互"监管模式，实现"一次查验，双边互认"，整车出口通关时间压缩至 2 小时；

金融：卢布现钞跨境调运中心日处理能力达 5 亿卢布，本币结算占比提升至 61%，规避汇率波动风险；

数字：建设"智慧口岸"大脑系统，集成北斗定位、AI 验放等技术，跨境电商包裹通关效率提升 400%。

特别在近几年全球供应链重塑中，满洲里创新"界桥交接""甩挂运输"等非接触式通关模式，保障中欧班列日均开行量逆势增长 18%，成为稳定亚欧供应链的"战略阀门"。

当西伯利亚大铁路的汽笛声与东北振兴的号角共鸣，满洲里这座百年口岸的蜕变，揭示着陆地商贸的当代复兴。

这里不仅是货物跨境的中转站，更是制度创新的试验场、文明对话的会客厅、区域振兴的发动机。

在"一带一路"的壮阔版图上，满洲里正如其俄语名的寓意——它是联结大陆与海洋的希望之地。

轻关易道，开放前行。

让一座座边贸城市忙起来、火起来的背后，是开放包容的大东北。为了更深入地与世界相连，大东北正在编织着一张雄心勃勃的海陆空立体交通网。

中欧班列穿越亚欧大陆，联通汉堡、杜伊斯堡等境外城市；海上航线不断拓展，港口新航线开通，为东北腹地提供更多海运物流通道；空中航线日益完善，加强与全球主要经济体的空中连接，贸易联通迈向新高度。

平台之上：
两个老牌企业的蓝色起舞

[亲历者说]

1946 年，为了打通解放区的贸易物资生命线，中国外运的前辈在党的领导下，在东北开辟了满洲里、绥芬河口岸办事处。1948 年，又开辟了安东（今丹东）口岸办事处，这三个口岸办事处，也成为中国外运最早的起源。

随着国家深入推进东北全面振兴，东北已迎来前所未有的发展机遇，这将为企业提供更广阔的市场空间，我们对新时代东北全面振兴充满信心，将持续加大在东北地区的布局投入。

宋嵘

中国外运股份有限公司党委书记、
总经理

扫码观看
亲历者说

无疑，中国外运正在"一带一路"这个实践平台上运输着大东北的蓝色梦想。

在东北大窑湾港口，一艘满载货物的巨轮缓缓靠岸。码头上，中国外运公司的货代人员正紧张有序地忙碌着。

码头上这些集装箱里装载着各式各样的货物，从精密的电子仪器到大型的机械设备，从时尚的服装鞋帽到丰富的农副产品，门类繁多，应有尽有。

成立于东北的中国外运公司，见证了东北国际贸易的变迁史。

1946 年 11 月 26 日，满洲里口岸办事处成立，不久就完成了第一笔国际贸易，向当时的苏联出口了一列车哈尔滨发来的面粉。

一份中国外运绥芬河口岸办事处 1946 年至 1950 年的统计报表，记录了绥芬河口岸办事处成立初期运输的出口物资，主要是粮食、

中国外运的货车正在装卸作业

中国外运的工作人员在码头上忙碌

肉类、木材、煤炭等货物，用以换取战时军需民用物资的进口，为支援解放战争、发展解放区生产和稳定民生经济发挥了重要作用。

从最初以农副产品、原材料等初级产品为主，到如今的大型工业设备、新能源汽车等。中国外运的货运单里，记录着东北经济的崛起与多元发展。而中国外运也跟随着东北全面振兴的脚步，实现着自身的迭代成长。

自2017年起，中国外运打造了沈阳国际班列平台，率先在东北地区实现了国际班列东、中、西三通道、六口岸的全面覆盖，并设立了10个境外枢纽站，辐射全球20余个国家50多个城市。

20世纪90年代之前，东北是国营单位最为完备和发达的地区之一，造就了一个令全国人民向往的工业化和城市化的东北。

如今，共建"一带一路"带来的机遇，东北地区立足于打造向北开放的重要窗口的定位，结合各自优势，选择特色突出而又相互衔接的路径，实现东北老工业基地振兴与"一带一路"建设对接。

中国外运

中国外运股份有限公司是招商局集团物流业务统一运营平台和统一品牌，其产品和服务包括海运、空运、公路和铁路运输、船务代理、仓储及配送、码头服务等。根据全球物流业权威杂志 *Transport Topics* 2024年公布的全球海运／空运货代50强榜单，中国外运海运货代位居全球第二、亚洲第一；空运货代位列全球第五、亚洲第一。作为世界知名的海运代理服务商之一，中国外运能提供中国各主要港口与全球各国家和地区之间以及全球第三国之间的全程物流服务。

左／　孔雀表业自主研发的机芯
右／　孔雀表业生产制造的手表

孔雀表业

孔雀表业（集团）有限公司的前身是辽宁手表厂，始建于 1957 年，是中国机械表生产的主要基地。从 20 世纪 50 年代的"前进牌"手表、60 年代的"辽宁牌"手表、70 年代的"红旗牌"手表至 80 年代享誉全国的"孔雀表"，不但为中国手表工业的发展做出了突出贡献，也为当时匮乏的物质生活平添了一抹靓丽。孔雀表业经过长达半个多世纪的发展，形成了从元配件、零部件生产到装配完备的机械手表生产体系，是国内少数集创新、研发、制造于一体的机械手表生产制造商。

在这个实践平台上起舞的还有孔雀表业。始建于 1957 年的孔雀表业，也是东北对外开放的见证者，更是受益者，它见证了新中国表业的从无到有。

回溯历史，丹东孔雀表业曾是国产手表行业的象征性标签。从第一块宝石花手表诞生，孔雀表就凭借精准工艺和精美设计，走进千家万户，成为中国人生活品质的象征。在物资匮乏却激情燃烧的岁月里，拥有一块孔雀表，是无数人的心愿，它见证着生活的重要时刻，也凝聚着东北老工业基地的制造实力。

20 世纪 80 年代，孔雀表业迎来了发展的辉煌时期，年产机芯一度达到 380 万只。

到了 20 世纪 90 年代初，在国外电子表的冲击下，很多手表厂退出了历史舞台。为了走出困局，孔雀表业不得不选择开辟新的赛道——研发高端国产机芯。

头发花白的老制表师们，用匠心打磨了一个个零件，终于研发出了高端的中国机芯，并成功攻克了表中之王——陀飞轮这一难关。这只曾经折翼的"孔雀"，重新在世界舞台腾飞。

对东北制造业升级来说，孔雀表业是当之无愧的先锋官。在智能制造浪潮下，孔雀表业没有故步自封。走进今天他们现代化的生产车间，智能设备高效运转，工人们专注地操作着精密仪器，机械表机芯的每一个零件在这里被赋予灵魂。

同时，孔雀表业每年都投入大量资源进行技术研发，SL-4802薄型自动码表机芯等创新成果不断涌现，引领行业迈向高端。它就像一个示范样本，激励着东北的传统制造业告别粗放模式，拥抱创新与智能，向着产业价值链的上游攀登。

"一带一路"无疑给孔雀表业搭建了一条通向世界的宏伟桥梁，沿着广袤的陆上丝绸之路和繁忙的海上贸易航线，他们的手表远销至中亚、欧洲和东南亚等地。精美的表盘、精湛的工艺，让孔雀表在国际市场上收获赞誉无数，不仅为企业带来丰厚的利润，也为东北创造了可观的出口收益，成为东北制造走向世界的闪亮招牌。

跨越半个地球，法国商人阮奕信和罗宾就因"孔雀"的吸引来到了丹东，他们正与孔雀表业合作打造自己的品牌。这家老字号最令他们着迷的就是精益求精的匠心。基于此，他们将品牌旗下首个中国特色的机械手表命名为"瓷之旅"，希望通过这种方式向中国制表行业的先进技术致敬。

阮奕信对此充满信心，他说："我对未来五到十年很有信心，丹东孔雀将真正成为行业的龙头。"罗宾也坚信："孔雀表在业内有成为世界头部企业的要素和潜质，不仅能成为中国最好的，同时也能成为世界上最好的企业。"

在"一带一路"的时代浪潮中，孔雀表业正以全新的开屏姿态，续写孔雀起舞的辉煌。

[亲历者说]

影响中国手表产业发展的核心要素，应该是机芯的制造水平，那现在机芯的产品，我们现在算是异军突起。

杨薇
孔雀表业（集团）有限公司
执行总裁

一代人做一代人的事情，现在我们生产的机芯，开始就是做出口，出口到国外，出口到瑞士，以前是国内同行业有竞争，现在我们的竞争是放眼全球了。

滕振宇
孔雀表业（集团）有限公司
工具厂厂长

扫码观看
亲历者说

东北新叙事：
色彩斑斓的国际进化

沈阳，这座古老而又现代的城市，也在演绎着它国际化的新城市景观。

来自也门的整形医生阿杜，已经在沈阳一家整形医院工作10多年了。在中国大学毕业后选择将沈阳作为自己的第二故乡："我是2005年来的中国，第一次是先到北京，读了一年汉语。然后从2006年就一直在沈阳，一直没离开，这种生活习惯我特别喜欢，东北人特别友好，特别客气。"

阿杜有三个孩子，他们都在沈阳上学，一口地道的沈阳话。他平时下了班会到菜市场购物，然后和妻子给孩子们做一顿家乡菜。得益于"一带一路"建设，以前他需要好友带回来的调料，现在在家门口就能买得到。

四季分明的气候、发达的工业、美味的东北菜，还有热情的东北人，让阿杜全家人深深地爱上了沈阳，爱上了东北。

像阿杜一样爱上沈阳的，还有华晨宝马汽车有限公司研发中心副总裁米乐。这位自称是"沈阳人"的外国人米乐，是一名来自德国的新东北人。他从1990年就开始为宝马公司工作，2018年来到沈阳，担任华晨宝马汽车有限公司研发中心副总裁。他说："在沈阳生活的这六年里，我亲眼见证了这座城市发生的巨大变化，这当然是经济的繁荣带来的变化。今天的沈阳，已经成长为一座现代化的城市。"

宝马与东北的缘分始于2003年，那一年，中国私人汽车保有量突破了1200万辆。看好中国市场潜力的宝马与华晨成立了合资公司，准备在沈阳建厂。当时，宝马德国总部在内部招聘来中国工作的员工，报名的人屈指可数。而今天，沈阳的岗位成了香饽饽，很多德

华晨宝马沈阳生产基地

华晨宝马沈阳生产基地是宝马集团全球规模最大的生产基地，拥有生产整车的大东工厂、铁西工厂以及里达厂区，生产发动机和动力电池的动力总成工厂以及研发中心。自2010年以来累计投资近1000亿元，年产能达到83万辆，全球每生产3辆BMW车型，就有1辆来自沈阳。华晨宝马沈阳生产基地遵循宝马集团最先进的iFACTORY生产战略，赋能制造业升级，为沈阳、辽宁乃至中国的新质生产力发展做出了积极贡献。

国员工抢着来中国。

米乐分享说:"沈阳这座城市给了我们家的感觉,不只是我这么认为,从德国来的同事和工作人员,他们都认可。"宝马集团大中华区总裁兼首席执行官高翔也兴奋地讲着他的快乐哲学:"宝马,家在中国,独乐乐不如众乐乐,一个人的快乐,不如一群人的快乐。"

如今,沈阳生产基地成为宝马全球最大的生产基地。米乐和他的同事们正在致力于新能源汽车的研发,他们希望能更加深入地参与到中国新能源汽车生态体系的建设中,共同走向世界汽车工业的绿色未来。

让沈阳变得充满国际化色彩的,还有今天的沈阳中日产业园。

沈阳中日产业园的独特价值,在于其突破了传统产业园的"飞地经济"模式,这个集聚 87 家日企、年产值突破 600 亿元的跨国园区,在《区域全面经济伙伴关系协定》生效与东北亚地缘格局重塑的背景下,不仅创造了中日经贸合作的新范式,更揭示了老工业之城向新型国际社区进化的密码。

每年的中日工业设计大赛,吸引 300 余家机构参赛,沈阳老厂房的工业遗存与隈研吾建筑理念融合,催生"新工匠精神"。

丰田生产方式(TPS)与东北国企改革经验碰撞,孵化出"精益党建"管理模型。

浑南科技城的"中日创客街区",每晚举行日语技术沙龙,形成 24 小时创新生态圈。

这种文明互鉴,使沈阳日企员工本土化率提升至 82%,远超其他外资产业园区平均水平。

当暮色中的产业园亮起中日双语的霓虹,照亮的不只是智能工厂的玻璃幕墙,更是两种工业文明在当代融合共生的图景。

沈阳中日产业园证明了东北振兴的实质不是简单的产业复兴,而是文明形态的进化——通过技术基因的跨国重组、制度密码的破壁交融、商业生态的有机生长、文化生活的碰撞与重组,老工业之城正在完成向新工业文明和国际新型社区的蜕变。

目前,全球音响领军企业美国哈曼选择在辽宁丹东打造全球最大的汽车音响生产基地。米其林沈阳轮胎有限公司扎根沈阳,持续

沈阳中日产业园

沈阳中日产业园是继中德(沈阳)高端装备制造产业园之后,沈阳市全力打造的又一对外开放重大平台。依托沈阳市浑南区国家级高新区、国家级自主创新示范区和自贸试验区等独特优势,沈阳中日产业园围绕医疗健康、节能环保、城市消费领域,着力构建生产、生活、生态"三生融合"的国际化产业园区,致力于打造一座高端产业项目、高品质国际社区、日式风情商业街、国际品牌教育集聚的园区。园区与东芝、三菱、松下、罗森等众多日本知名企业签订产业合作协议。目前,中日产业园一期基本满园,将推动二期开工建设。

大连中远海运川崎大型集装箱船在旅顺下水作业

中远海运川崎，是中远集团和川崎重工（20世纪）90年代合资的一个船厂，希望能够引进世界上的优秀的造船技术。应该说，也是走过了引进、消化吸收，然后到再创新的这么一个过程。

莫中华
大连中远海运川崎党委书记、
副总经理

扫码观看
亲历者说

追加投资、增产扩建。同时也有像中远海运川崎这样的合资造船厂；还有中韩长春国际合作示范区、中俄沈阳经贸合作产业园，聚集着大量立足东北、憧憬全球的中外知名企业。

随着东北制造畅销全球，特别是中国提出的共建"一带一路"倡议在全世界广受欢迎，四通八达的边境口岸和蓬勃发展的边境贸易，也正支持辽宁、吉林、黑龙江三省及内蒙古自治区深度融入共建"一带一路"大格局，助力经济不断跑出加速度。

"一带一路"，在把世界引入东北的同时，也把大东北输出到全世界：从南非销售中国产的汽车，到在南非生产中国汽车，一汽立足南非，打开了整个非洲大陆的市场。如今，南非制造的中国汽车，正驰骋在这片充满希望的大陆上，它们不仅承载着中国制造的骄傲，更成为中非友谊的桥梁。

沈阳机床的高档数控机床，广泛应用于全球制造业。

大连船舶重工的LNG（液化天然气）船，成功出口多个国家，助力航运业绿色发展。

中国一汽南非公司生产现场

哈尔滨电机的大型水轮发电机，在全球水电站中稳定运行。
辽宁的特高压变压器，为多个国家的电网建设贡献力量。
……
辽宁省委书记郝鹏表示：

辽宁是"一带一路"建设的重要节点，是东北地区唯一的陆海双重通道。我们深入落实习近平总书记关于打造对外开放新前沿的重要要求，发挥区位优势，构筑战略支点，着力畅通东北海陆大通道，提升开放平台的能级，推动东北亚的开放合作枢纽地建设，提质加速，努力为国家开放大局，贡献辽宁力量。

辽宁正以更加开放包容的姿态，在高质量发展、可持续振兴的新路上，阔步前行。

在 -30℃ 的严寒中，哈尔滨冰雪大世界的冰灯闪烁着火热的激情，而比这更炽热的，是黑土地上涌动的新经济浪潮。

[亲历者说]

我于 1994 年开始在一汽工作，我妻子会告诉你，我爱一汽胜过自己的房子，因为我曾经大部分时间都在一汽度过，即使是周末。我的孩子们也长大了，我们的生活也变得越来越好。随着一汽进入南非并发展壮大，许多人都获得了就业机会，他们从棚屋搬到舒适的房子，安居乐业。

哈里斯·穆德利
中国一汽南非公司技术负责人

扫码观看
亲历者说

曾经被误读的东北，正在"一带一路"与双循环战略的共振中，完成从"工业长子"到"开放先锋"和"国际商贸中心"的战略性蜕变。

　　这场蜕变并非简单的经济复苏，而是一场涉及地理空间、产业基因、文明形态的深层变革。这片黑土地的故事，正书写着中国式现代化的另一种可能——在开放中沉淀，在创新中传承，在碰撞中新生。

　　在这日常上演着的不经意的生活细节中，我们越来越清晰地发现，这种"以生活重塑产业，以开放定义发展，以商贸连接世界"的路径，正是东北再度走向辉煌的人文密码。

　　选择东北，热爱东北，圆梦东北。

　　东北是中国的开放前沿，也是世界认识中国的窗口。

　　他们在东北读懂中国。

　　他们从东北走向世界。

　　曾经在崇山峻岭与惊涛骇浪中开辟出的东北亚丝绸古道，如今，正在中国的高水平对外开放中，焕发出新的生机。从苦难辉煌中走来的大东北，背负使命、奋力振兴的大东北，披荆斩棘、向新而行的大东北，敞开胸怀、拥抱世界的大东北，还有那些不畏艰险、始终乐观，敢闯敢干、热情似火的东北人，让全中国、全世界看到一个天地广阔、大有可为的大东北。

大东北

后　记

　　2024 年 12 月 28 日，由中央广播电视总台策划制作的首部聚焦区域协调发展和东北全面振兴的大型纪录片《大东北》，在 CCTV-4 中文国际频道首播后，在短短两个多月的时间内，从央视到地方，连续重播七次，这样的播出频率对于一部纪录片来说，实属罕见。同时，随着本片的热播，也收获了罕见的追剧热潮。

　　2025 年 4 月，同名融媒体图书付梓印刷，顺利在辽宁人民出版社出版。作为这部纪录片的总导演，当我回顾这部作品的创作历程时，内心依然澎湃不已。

　　站在山海关的古城墙上远眺，凛冽的春风裹挟着历史的回声扑面而来，作为一名东北人、辽宁人，我从未像此刻这般清晰地听见这片黑土地的心跳。从在白山黑水间打响抗日的第一枪，到抗美援朝志愿军雄赳赳气昂昂跨过鸭绿江，再到"一五"计划期间，无数工厂拔地而起，机器轰鸣奏响工业崛起的乐章，东北作为"共和国长子"，走过了一段无比荣耀的岁月。

　　后来，当改革开放的浪潮席卷而来，相对于得风气之先的东南沿海地区，大东北与时俱进的步伐显得有点慢了。所以，在经济转型的初期，确实遇到了一些困难，让这片土地上的人们承受了太多的苦痛与迷茫。走在街头巷尾，听到那些无奈的自嘲、偶尔的抱怨，我深知，作为一名纪录片导演，我有责任要通过镜头，为家乡人说说话，要把那些藏在东北人心底的委屈释放出来，更要为这片土地重新注入蓬勃的生机，鼓舞每一个东北人的士气。

党的十八大以来，习近平总书记先后十多次到东北地区调研、三次召开专题座谈会，为东北发展把脉定向、领航掌舵，做出了开启新一轮振兴伟业的历史性决策。

总书记对东北各项工作的关心和重视，让我看到了党中央对东北振兴的坚定决心。2018年，深入推进东北振兴座谈会在沈阳召开，维护国家国防安全、粮食安全、生态安全、能源安全、产业安全，是习近平总书记交给东北的战略使命，也是赢得振兴发展战略主动的根本保证。

作为电视工作者，我们要紧跟党中央的步伐，把东北那些英勇无畏的、热血的、感人的故事，讲给全国的观众听，让大家知道东北依旧是那个值得依靠、值得信赖的东北，让大家看到东北人民刻在血脉中的拼搏精神和重新崛起的决心。

这几年，"尔滨热""东北热"火爆全网，冰雪大世界的梦幻冰灯、铁锅炖里的腾腾热气、东北人的豪爽热情，吸引着五湖四海的游客。大家对东北的喜爱，让我看到了新的契机。纪录片《大东北》也想借着这股东风，解读"尔滨热"背后的走红密码。东北的走红绝非偶然，是由独特的冰雪文化、享用不尽的特色美食、东北人骨子里的热情豪爽和深厚的历史底蕴共同造就的。我希望可以通过镜头，带观众走进东北，真正触摸到这片土地的灵魂，让大家不仅看到东北的热闹，更能感悟东北之"大"，理解东北的厚重，从心底里接纳东北，爱上东北。

东北，这片广袤而神奇的土地，有着独特的地域特色和深厚的历史底蕴，新时代的浪潮下，又肩负着维护国家"五大安全"的战略使命。作为首部聚焦东北全面振兴的大型纪录片，《大东北》主创团队在筹备阶段便确定了以多维度、深层次的视角来呈现东北之"大"。

第一集《何以东北》是全片的总述，强调了东北地区在推进中华文明五千年的传承中发挥的重要作用，刻画了东北于苦难中书写辉煌的"长子"担当；第二集《广阔天地》以东北开发史为脉络，呈现了这片广袤土地一直以来都是人们追逐梦想、干事创业的理想之地；第三集《精神闪耀》讲述东北这片热土上孕育出了一批入列中国共产党人精神谱系的伟大精神，这些精神刻进了东北人民的骨血，鼓舞着不同岗位的人们接续奋进、为国奉献，至此，纪录片完成了所有历史部分的叙述，东北的改革发展进入新

大东北

时代。第四集《关山可越》是全片承上启下的段落，以"改革""闯关"为关键词，讲述东北打破"投资不过山海关"的偏见论调，在改革中不断闯关夺隘、激流勇进的故事。第五集《大国粮仓》、第六集《万物生长》、第七集《动力澎湃》、第八集《国之重器》、第九集《向新而行》分集讲述了东北履行维护国家"五大安全"政治使命的生动实践，刻画出了一个大担当、大奉献、大有可为的大东北。第十集《希望热土》生动展现了在世界百年未有之大变局的特殊背景下，东北地区打造全国"向北开放"的桥头堡，在畅通国内国际大市场的双循环中发挥独特的作用，展望了东北亚视角下的东北全面振兴。

《大东北》十集节目虽然聚焦东北全面振兴的不同领域，但始终坚持"于担当中见东北"的创作主线，在东北承担的国家使命中，探寻东北全面振兴的历史性机遇，在助燃"冰雪经济"的同时，为"破冰"中的大东北奏响了一支加油助威的进行曲。

主创团队在用大格局、大视野描摹东北的同时，更从"小"处落笔，通过一个个具体的人和事，揭示独属于这片土地和这里人民的精神底色。

从繁华的大都市到广阔的北大荒，从大国重器的厂矿到生机勃勃的乡村，从博物馆、图书馆到大学校园、科研院所，主创团队深入走访调研，拍摄了近200个感人至深、催人奋进、生动鲜活的东北人物故事。他们中有连续十一年亲自迎接战友们回家的93岁志愿军老战士李维波；有几十年如一日坚守在科技攻坚第一线的王德民、陈温福、胡喜平、程杰成等；有曾经名满北大荒的中国第一代女联合收割机手刘瑛；有20多年与蛇共舞、与鸟为伴的大连蛇岛守护者王小平；有把响应人民群众诉求作为城市转变机关工作作风品牌的副市长；有平均年龄仅35岁、"为国听海"的哈尔滨工程大学水声通信团队；有返乡创业开启新牧民计划的"九〇后"小夫妻；有接力耕耘父辈垦荒地的高科技"新农人"，更有一大批经历过初创、辉煌与落寞，又在新时代东北全面振兴的大潮中浴火重生的追梦者……

镜头前，受访者情真意切，句句诉说着爱国、奉献与奋斗，尽显长子担当；镜头后，摄制组默默耕耘，以汗水与心血，凝铸一帧帧珍贵的影像。

2024年夏天，东北地区遭受强降雨的侵袭。摄制组的成员顶着大雨、蹚过积水，肩扛沉重设备辗转多地。雨水打湿了衣物，模糊了视线，却从未浇灭我们记录东北的热忱。每一次按下快门，每一次转动镜头，都是我们对这片土地热爱的见证。

在整理素材的关键阶段，辽宁老铁山成功列入《世界自然遗产名录》。这个消息让我们既兴奋又紧张，兴奋的是东北又增添一张世界级名片，紧张的是我们必须抓紧一切时间登岛补拍。老铁山又称蛇岛，岛内栖息着大量毒蛇，并不对外开放，为了能将这份独特的自然景观完整地呈现给大众，制作组开启了漫长而艰难的协调工作。无数次的沟通、协商，终于打动了相关部门，为我们争取到了珍贵的登岛机会，东北地区的首项世界自然遗产，经由我们的镜头，呈现在了全国观众的面前。

《大东北》的拍摄经历对团队中的每个人而言，都是一次意义非凡的旅程。之于出身东北的我们来说，此次拍摄为我们提供了一个深入挖掘东北的契机，令我们对家乡的热爱有了更为丰富的内涵，也对东北的未来充满了更多的期待。而对于外地的摄制组成员来说，东北则是一个充满未知与想象的地方。在他们以往的认知里，东北是被工业色彩涂抹的灰色区域，空气似乎也被工业污染所笼罩。但当他们真正踏上这片土地，亲身融入东北的生活，一切刻板印象都被彻底打破。他们在四季分明的景致里、在夜市档口的喧嚣中、在东北人幽默热情的言语里，认识到了一个真实、多彩、充满活力的东北。这段拍摄旅程中种种经历与感悟，早已镌刻进我们的生命，化作纪录片的灵魂，让每帧画面都饱含滚烫真情。

拍摄结束后，后期制作的压力接踵而至。为了赶上岁末年初这个黄金播出季，从审片到播出，仅有短短 10 天时间，这在央视纪录片制作历史上堪称极限挑战。当第一集首播时，后续几集的剪辑工作仍在紧张进行中。制作团队日夜坚守在剪辑室，以高度的专业精神和顽强的毅力，对每一个镜头、每一段解说词进行反复打磨，力求在有限的时间内做到尽善尽美。

兼具多种电视片属性的《大东北》一经推出，就成功吸引了全国观众的目光，上线仅 10 天，收视规模便突破 1 亿。它的新闻属性，使观众能够第一时间获取大东北最新的发展动态，感受这片土地上的蓬勃生机；它的政治属性则深刻体现了国家对东北振兴发展的战略布局与高度重视，展现了东北在国家发展大局中的重要地位；而精心打造的电视专题属性，则以多元视角对大东北进行深入剖析，为观众带来全面且深入的视听体验。

大东北

如今，看到《大东北》得到观众的广泛认可和好评，看到习近平总书记在蛇年春节前后两赴东北考察调研，我们制作团队所有的努力与付出都得到了最好的回报。

　　当最后一道剪辑线在时间之轴上凝固，《大东北》的创作周期虽已落幕，但那些未能在有限的画面和时长中舒展的叙事褶皱，始终叩击着制作组的心弦。我们曾试图以广角镜头丈量这片土地的壮阔，却不得不承认，真正的东北肌理，往往藏在那些未被挖掘到的动人细节里。

　　在人文维度的表达上，前几集因历史本身蕴含的人文厚度，使得人物故事的展现相对自然流畅。但随着主题的推进，当聚焦于大国制造与能源领域时，内容便显得过于侧重工业成果与技术呈现，生硬有余而温情不足。未竟的美食叙事，也始终是创作团队的心结。第六集《大国粮仓》聚焦科技种粮，本无可厚非，却也因此错失了展示东北美食文化的绝佳机会。"世界锅包肉大赛"在吉林引发的味觉狂欢，何尝不是一场流动的乡愁盛宴？那些散落在市井街巷的鸡架摊、飘着豆香的豆腐坊，还有毛泽东主席一生中提到 3 次的锦州苹果林，都应当成为解码东北性格的味觉密钥。抗联志士鲜血浸润的土地，如今正被这些人间烟火温柔包裹——这种历史与当下的对话，本应构成更动人的叙事张力。

　　在区域联动的叙事维度上，纪录片虽呈现了东北面向全球开放的战略布局，对东北与国内区域连通的刻画却略显单薄。东北与京津冀地区在经济、文化、人才交流等方面有着千丝万缕的联系，这种紧密的区域合作对推进区域协调发展与东北全面振兴、可持续振兴至关重要。然而，由于拍摄与制作时间的限制，这些关键内容未能充分展现，实在令人惋惜。

　　在文化内涵的深度挖掘上，纪录片中惊鸿一瞥的《瑞鹤图》，其未竟之语远不止于艺术赏析。《瑞鹤图》不仅是中国传统绘画艺术的杰作，更蕴含着中国人对吉祥美好的向往以及对人与自然和谐共生的深刻理解。我们本希望借由这幅画作，向观众传递生态文明理念在中国历史长河中的源远流长，阐述"天人合一"思想作为中国传统文化核心价值观，对当下生态文明建设的深远影响。但由于播出时间紧迫，这一文化精髓未能深入展开，实为憾事。

　　这些遗憾的交织，反而让我们更清晰地明确了《大东北》续作的创作坐标。大东北，这片充满豪情壮志与无限可能的土地，既有波澜壮阔的大战略、海纳百川的大胸怀和顶天立地的大企业，也有温情脉脉的民生百态与细腻入微的人文关怀。若能有幸制作《大东北》第二季，制作组将以民生为核心，全方位展现东北人民的生活风貌，让观众看到一个既有磅礴气势又充满人间烟火气的大东北，以弥补第一季的不足，不负这片土地的厚重与观众的期待。

当纪录片《大东北》及其衍生图书相继以完整姿态呈现在大众面前时，我的内心满是感慨与感恩。回顾纪录片《大东北》的创作以及同名图书的出版过程，在这段漫长而充满挑战的创作之旅中，每一个环节、每一次突破，都离不开众多志同道合者的倾心相助。

首先要感谢本片的出品人、总策划，中共中央宣传部副部长、中央广播电视总台台长慎海雄。从项目的最初构思，拍摄过程中的资源协调，后期制作的每一个关键节点，到出版同名图书的决策、策划，慎部长始终以高瞻远瞩的战略眼光和坚定不移的支持，全程贴心指导，为全链条工作撑起广阔的创作天空。

中央广播电视总台各级领导的专业指导与鼎力支持为项目成功提供关键推力。在《大东北》同名图书出版过程中，分管副台长王晓真倾注大量心血；在纪录片摄制过程中，时任副台长胡劲军以及华语环球节目中心主任麻静和副主任马勇给予全程指导和帮助。正是这种全局视野和自上而下的系统性支持，使得这部横跨影视与出版的复合工程得以问世。

在此，还要向中国书法家协会主席孙晓云女士致以特别鸣谢。其为本片挥毫题写的片名，令纪录片在启幕瞬间即迸发艺术张力，进而转化成同名图书的精美封面。

以邢广程、常修泽和葛海鹰先生为代表的学术专家，为《大东北》注入了严谨的学术力量。在拍摄前期的调研准备阶段，以及创作过程中对内容准确性和深度的把控上，学术专家们凭借渊博的知识和丰富的经验，为我们提供了专业的指导和宝贵的建议。那些关于东北历史、经济、文化等多方面的深入解读，不仅帮助我们弥补了许多认知上的局限，更让我们得以从全新的视角挖掘东北的内涵，使纪录片的内容更加丰富、扎实，禁得起时间的检验。

我还要向我们这个团队表示感谢，在无数个日夜的奋战中，他们克服重重苦难，守望相助，最终圆满交出了这份沉甸甸的答卷。

纪录片播出后，中共辽宁省委宣传部以卓越的组织协调能力，组织团队将纪录片改编成融媒体图书，为《大东北》带来了新的生命力。图书的文学改编白玮先生在创作中补充了大量纪录片由于时长和表现形式限制而无法囊括的历史细节，丰富了作品的内容层次，让读者能够更加深入地了解东北的过去与现在，感受到历史的厚重与生活的温度，使《大东北》在图书领域焕发出了独特的光彩。

最后，我要向全国的观众与读者献上最诚挚的感谢。你们的支持与喜爱，是我们创作的原动力，每一次播放量的攀升、每一条真诚的评论，都更加坚定了我们讲好东北故事的决心。

"关山皆可越，未来犹可期！"大东北，这片自始至终洋溢着蓬勃希望的丰饶热土，连同这片土地上那群永远拼搏奋进、开拓创新的人们，正以海纳百川的辽阔胸怀与满腔热忱，向着所有热爱生活、执着追求美好的人们，热烈张开怀抱。

来吧！选择东北，奔赴这充满无限可能的逐梦之地；

来吧！走进东北，感受它独一无二的风土人情；

来吧！圆梦东北，在这片广袤大地书写属于自己的奋斗篇章。

让我们携手并肩，共同见证东北全面振兴的伟大时刻，齐心铸就东北更加灿烂辉煌的明天！

吕涛

2025 年 3 月 28 日

记于北京八大处

致　谢

　　本书图片资料征集与整理过程中，承蒙各地方领导机关、行政部门，多家企事业单位、高等院校、科研机构和各界人士的鼎力支持。特别感谢鞍山钢铁集团有限公司、北大荒农垦集团有限公司、长春出版社、大连融科储能技术发展有限公司、大庆油田有限责任公司、东北抗联史实陈列馆、国能宝日希勒能源有限公司、哈尔滨电机厂有限责任公司、黑龙江喇嘛甸油田低碳示范区、黑龙江省林业和草原局、华能海上风电公司、吉林大学、吉林省通榆县委宣传部、辽宁报刊传媒集团（辽宁日报社）、辽宁省图书馆、内蒙古自治区扎鲁特旗委宣传部、沈鼓集团股份有限公司、通用技术沈阳机床股份有限公司、新华全媒新闻服务平台（新华社记者王建威、王聿昊、张涛、许畅、王天聪、潘昱龙、郑斌）、中国科学院大连化学物理研究所、中国科学院金属研究所、彰武县委、中国一重集团有限公司、陈松（中国摄影家协会短视频委员会委员、辽宁省摄影家协会副主席）、黄洪涛（中国美术家协会第九届理事、辽宁省美术家协会副主席）、王小平（辽宁蛇岛老铁山国家级自然保护区管理局副局长）授权使用他们珍藏的资料图片、艺术作品，为本书的视觉呈现提供了珍贵的素材。此外，本书部分图片来自《大东北》纪录片中场景的视频截取，感谢中央电视总台华语环球节目中心《大东北》节目组在视频转化图片过程中的专业协助，在此一并致以诚挚谢意。

　　限于编选时间紧张，部分图片未及与摄影者取得联系，在此，我们要向所有摄影者表达深深的感谢，不周之处恳请谅解。